조선시대 4대 천재 여류 시인들

허난설헌·이옥봉·이매창·김부용의 사랑과 문학

조선시대 4대

천재 여류 시인들

허난설헌 · 이옥봉 · 이매창 · 김부용의 사랑과 문학

박영순 저

역락

머리말

필자는 작년(2024)에 『조선시대의 여성문인들』이라는 책을 '역락'에서 출간하고 나서, 이들 33인 중 허난설헌, 이매창, 이옥봉, 김부용 등 네 명에 대해서는 좀 더 깊게 공부해 보고 싶어 다시 자료를 찾기 시작하였다. 학자에 따라서는 김부용 대신에 황진이나 신사임당을 넣기도 한다. 물론 사임당과 황진이의 시도 뛰어나다. 그러나 이 두 명의 여류는 시인이라기보다는 종합적인 전천후 예술가다. 그림도 음악도 모두 다 잘하여 학식과 예능을 겸비한 예인이었다. 그러므로 여기서 말하는 천재 여류 시인 범주에 포함시키는 건 아무래도 무리가 있다고 보았다. 무엇보다 시집이 없다. 김부용은 다른 세 명보다 200년 이상 후에 태어난 시인이므로 조선시대 여류 시인의 논의에서 빠뜨리는 경우가 많다. 그러나 반드시 포함해야 할 천재 여류 시인이다.

이들 네 명의 천재 시인들은 시작(詩作)에 있어 우열을 가리기 어렵다. 어릴 적의 성취로만 보면 단연 난설헌이 돋보이지만, 성인이 된 후는 비슷하다. 이들 네 명은 모두 뛰어난 시재(詩才)를 가진 것도 비슷하고, 인생의 고초를 겪은 것도 비슷하다. 자녀가 생장하지 못한 공통점도 있다. 정도의 차이는 있지만, 여성으로서 누릴 수 있는 복은 별로 타고나지 못한 것도 비슷하다. 이들 한 명 한 명의 사랑과 문학세계를 다루기 위하여 작품 자체를 많이 보여주는 데 주안점을 두었다. 독자들이 직접 그들의 작품을 보면서 생각하고 평가하길 바라서이다. 이들 천재들과 깊이 연관되어 있는 사람은 간단히라도 인적 사항을 밝히고 그들의 시도 한두 편씩 실었다. 예를 들어 허균, 신흠, 백거이, 이백, 두시, 두목 이야기가 나오는 대목에서는 이들의 대표적인 시 한두 수를 실었다는 것이다.

조선시대의 여성학자와 문인들은 모두 양반이고, 공부를 하는 집에서 태어났다는 공통점이 있다. 집안에 공부하는 아버지나 오빠가 없으면 이들도 공부를 하거나 글을 쓰지 못했을 것이다. 시대적 배경이 여성들에게는 매우 비우호적이어서, 여성들이 학업이나 문학작업을 하기에는 매우 어려웠기 때문이다. 조선시대 여성들은 서원에서 공부를 할 수도 없었고, 과거시험도 볼 수 없었다.

본서에서 논의하는 네 명 중 허난설헌과 매창의 시가 여성적이고 감성적이며 섬세한 느낌이라면, 이옥봉과 김부용은 몹시 호탕하고 재치 있으며 거시적인 느낌을 주는 것 같다. 허균은 이옥봉의 시가 "맑고 장엄하여 아녀자의 연약한 분위기가 없다."고 평했다.

그래서 우리는 이옥봉의 작품들이 많이 소실(消失)된 것을 아쉬워하게 되는 것이다.

허난설헌의 시들도 그녀가 죽기 직전 모두 불살라버려 아쉬움이 크다. 그나마 동생 허균이 평소에 베껴놓았거나 외우고 있던 시들과 친정에 남아있는 200여 편의 시를 모아 전해주니 다행이다. 옥봉의 시도 마찬가지로 대부분 소실되어 현재는 40여 수 정도만 전한다. 그러나 옥봉의 위대함을 논하기에는 부족하지 않다.

김부용은 진정 천재 시인임에도 앞의 여성 작가들보다 200년 이상 늦게 태어나서 논의에서 제외되기 십상이다. 그러나 김부용은 조선조 4대 여류 시인에 반드시 포함해야 할 인물이다. 김부용의 시는 질로나 양으로나 이들 네 명 중 어쩌면 맨앞에 놓아야 할 시인일 수도 있다. 350수의 시가 남아있기 때문이다.

이 네 명의 천재 시인들을 연대순으로 배치하였다. 우열을 가릴 수도 없으므로 이들의 출생 연도에 따라 순서대로 배치하였다. 단 이옥봉의 연대는 정확하지 않으나, 허난설헌과 동시대 인물임은 확실하다.

본서에서 논의하는 네 명의 천재 시인들은 만난을 헤치고 불굴의 의지로 시를 쓰고 또 썼다. 여성들에게 가장 어두웠던 조선시대, 남존여비의 엄혹한 시대, 여성들에게는 공부도, 문학 활동도 허락되지 않았던 시대였지만, 혼신의 힘으로 시대적 한계를 뛰어넘어 주옥같은 시를 남겨주신 이들 선대 문인들에게 존경과 감사를 드리지 않을 수 없다. 이들의 창의력, 진취성, 추진력, 학식과 문학적 재능, 이런 능력들이 우리 후손들이 오늘의 한국을 세계 10대 강국으로 만든 저력과 원천이 되지 않았을까?

차례

제1장

허난설헌의 삶과 문학세계

1.1 결혼 전의 문학 수업

허난설헌(許蘭雪軒, 1563~1589)은 명종 18년 강릉 초당 생가에서 태어났다. 본명은 초희(楚姬)이고 호는 난설헌(蘭雪軒)이며, 자는 경번(景樊)이다. 허초희는 부모님이 지어준 '초희'라는 이름 대신 자신이 지은 '난설헌'이라는 호를 즐겨 썼으므로 본서에서는 '난설헌'으로 쓰기로 한다. 난설헌은 고려 말의 유명한 재상인 양천 허씨 문경공 허공(陽川 許氏 文敬公 許珙)의 혈통을 이어 온 선조 때의 석학인 허엽(許曄)의 셋째 딸로 태어났다. 허엽(1517~1580)은 호가 초당(草堂)이고, 서경덕의 문인이며 경상도 관찰사를 지낸 동인의 영수였다. 첫째 부인 한씨와의 사이에 두 딸과 큰 아들 성(筬)을 두었고, 후처인 김씨(金氏)에게서 봉과 균과 난설헌 삼남매가 태어났다. 후처인 강릉김씨(江陵金氏)는 예조판서 광철(光轍)의 딸이다. 그런데 김씨 소생인 이들 삼남매가 모두 문학적인 감수성을 타고났으나, 남다르게 세상과 잘 어울리지 못하고 부딪히다가 일찍 죽었다.

난설헌은 '허씨 5문장가' 중 한 명이다. 즉 허엽, 허성, 허봉, 난설헌, 허균이 그들이다. 이복 큰오빠인 허성(許筬, 1548~1612)은 자는 공언(功彦)이며, 호는 악록(岳麓) 또는 산전(山前)으로 불리었다. 1583년 별시문과에서 병과로 급제를 하였다. 토요토미 히데요시가 일본을 통일한 1590년에는 왜의 동태를 살피기 위해 조선통신사가 결성되었는데, 이때 허성도 종사관으로 일본에 다녀왔다. 같이 통신사로 갔던 김성일 등의 동인은 전쟁에 대비할 필요가 없다는 주장을 펼쳤지만, 허성은 동인임에도 불구하고 서인이었던 황윤길의 전쟁 대비 주장에 동조하였다.

1592년 임진왜란이 발발하고 난 후 허성은 2년 후인 1594년에 이조참의로 승진되었으며, 이어 이조참판과 전라도 안찰사를 거쳐, 예조판서, 병조판서, 이조판서까지 요직을 두루 거쳤고, 1607년 선조의 유교를 받게 되어서 세인들이 말하는 고명칠신[1]의 한 사람이 되었다. 저서로는《악록집(岳麓集)》이 있다.

둘째 동복오빠 허봉(許篈, 1551~1588)은 호가 하곡(荷谷)이며, 자는 미숙(美叔)이다. 유희춘의 문인으로 허난설헌의 재능에 가장 많은 관심을 가졌던 인물이다. 1572년 친시문과에 병과로 급제하여 1574년 성절사의 서장관으로 자청하여 중국에 가서 기행

---

1 고명칠신(顧命七臣)-1608년(선조 41) 2월 2일, 선조의 사망 직후 인목대비에 의해 어린 영창대군의 보호를 당부하는 선조의 유교(遺敎)가 일곱 명의 신하들에게 전달되었다. 유교를 받은 신하들은 박동량(朴東亮), 서성(徐渻), 신흠(申欽), 유영경(柳永慶), 한응인(韓應寅), 한준겸(韓浚謙), 허성(許筬)이었다. 이들은 왕실과 인척으로 연결되고 평소 선조의 총애를 받으며 벗으로 일컬어지던 신하들이었다. 이들은 대부분 대북(大北) 세력의 집권기에 많은 고초를 겪었다.

문 '하곡조천기(荷谷朝天記)'를 썼다. 1575년 이조좌랑이 되었고, 1583년 창원부사를 역임하였다. 그는 김효원과 함께 동인의 선봉이 되어 서인들과 대립하였다. 1584년 십만양병설을 주장하였던 병조판서 율곡 이이의 직무상 과실을 들어 탄핵하였다가 도리어 함경도 종성에 유배되었고, 1585년 유배에서 풀려났지만, 방랑생활을 하다가 38세의 나이로 금강산에서 객사하였다. 저서로는《하곡집》등이 있다.

허균(許筠, 1569~1618)은 호가 교산(蛟山)이며, 난설헌의 동복동생이다. 문장에 뛰어났으며, 특히 사회고발 성격을 띈『홍길동전』을 쓴 시대적 선구자요 뛰어난 작가요 평론가였다.

난설헌은 1563년에 태어나 문장가였던 아버지와 오빠들 사이에서 자라며 자연스럽게 글을 배웠다. 특히 아버지가 퇴계뿐만이 아니라 화담 서경덕에게서도 글을 배웠으므로, 그의 집에는 도교에 관한 서적들도 많았으며, 모두가 공부하는 분위기여서 난설헌도 남자 형제들과 함께 공부를 할 수 있었다. 그녀는 특히『太平廣記(태평광기)』[2]를 즐겨 읽었다고 한다.

---

2 태평광기(太平廣記)는 중국 황제의 칙명에 따라 편집된 총 500권의 중국 소설집으로, 한대(漢代)부터 북송 초에 이르는 소설·필기·야사 등의 전적에 수록되어 있는 이야기들을 광범위하게 채록해, 7000여 조에 달하는 이야기를 수록한 책이다. 각 고사의 끝에는 채록 출처를 밝혀놓았는데, 인용된 책만 거의 500종에 가까웠으며, 중국 고소설의 변화, 발전을 연구하는 측에서 볼 때 ≪태평광기≫의 중요성은 지대하다. 이방, 후몽, 이목, 서현 등 12명이 978년부터 1년에 걸쳐 편찬 작업을 마쳤고, 981년에 목판을 새겨 출판했다.
내용은 거리의 소문, 개인의 에피소드, 진기하고도 색다른 이야기 등이

난설헌은 그 책들을 통하여 자연스럽게 신선세계에 접근할 수 있었다. 화담의 제자 가운데 神仙術(신선술)을 닦았던 문인들이 많았던 것을 생각하면, 난설헌이 후기에 신선세계로 눈을 돌린 것은 자연스러운 변모였다.

여동생의 재능을 아깝게 여긴 허봉의 주선으로 남동생 허균이 허성, 허봉과 평소 친분이 있었던 시인 손곡 이달(李達)[3]에게 시와 글을 배울 때 그녀도 함께 글과 시를 배울 수 있었다. 당시로서는 파격적인 배려였다.

허난설헌은 한국문학사에 뚜렷한 한 자리를 차지한 시인이다. 여성에게는 이름도 허락하지 않던 시대에 그는 스스로 자신의 이름을 만들어 가졌을 뿐만 아니라, 호와 자까지도 만들어 사용하였다. 여성에게는 학문의 자유가 없던 시대에 학문을 하고, 창작의 자유가 없던 시대에 시를 지었으며, 여성 최초의 단독 전문시집인 『난설헌집』을 갖고 있다. 그의 동생 허균에 의해 그의 시가

대부분으로서 신선·선녀 잡전기(雜傳記)·잡록(雜錄) 등으로 모두 92항목으로 분류되어 있다.
≪태평광기≫에 수록된 이야기는 신선귀괴(神仙鬼怪)와 인과응보에 관한 것이 비교적 큰 비중을 차지하고 있다.

3 이달(李達, 1539~1612)은 조선 중기에 『손곡집(蓀谷集)』을 저술한 시인이다. 본관은 홍주(洪州)이며, 자는 익지(益之), 호는 손곡(蓀谷)이다. 이수함(李秀咸)과 홍주 관기인 어머니 사이에서 태어났다. 조선 중기 시풍을 송시(宋詩)에서 당시(唐詩)로 바꾸었으며, 당대 최경창(崔慶昌)·백광훈(白光勳)과 함께 '삼당시인(三唐詩人)'이라 일컬어졌다. 이달이 뛰어난 학자요 문인인데도 벼슬을 할 수 없었던 이유는 그가 서자였기 때문이다. 이 일은 나중에 허균의 『홍길동전』의 모티브가 되었다.

중국 문인 오명제(吳明濟)에게 전해지면서, 그의 시들은 중국으로 전파되어 많은 중국 문인들의 주목을 받으면서 중국시집들에 수록되게 된다. 이는 조선에서도 당시 지식인들에 의해 '여성의 시 창작'이라는 화두에 대해 뜨거운 논쟁을 불러일으키는 계기가 되었다. 그녀의 청춘은 꿈과 희망이 있었으나 현실은 여성에게 꿈과 미래를 허락하지 않았다. 그러나 그녀는 자신만의 꿈을 가지고 자신의 희망과 미래를 담아 '난설헌'이라는 낭만적 호를 만들어 애용하였다. 이 호는 오랫동안 길이 역사에 남는 이름이 되었다.

어느 시점부터 그는 자주 신선세계를 상상했으며, 여덟살 때 지었다는 「광한전 백옥루 상량문」은 그의 독서와 상상력이 만들어낸 뛰어난 역사적 작품이다. 이글은 난설헌이 천재이고 신동임을 증명한 글이기도 하다.

이 상량문은 목판본. 『난설헌집(蘭雪軒集)』에 전하는 유일한 산문이다. 8세밖에 안 된 아이가 상량문을 지었고, 명문이라는 소문이 퍼지자 여러 사람들이 이 글을 보기를 청하였다. 「난설헌집」은 아우 허균(許筠)이 수안군수(遂安郡守)로 재직하던 1605년 5월에 명필 한호(韓濩)의 글씨로 충천각(沖天閣)에서 목판본으로 1차 간행하였다. 이 목판본은 1606년에 조선에 사신으로 왔던 중국인 주지번(朱之蕃)[4]의 요청에 의하여 중국으로 건너갔다.

4 주지번은 중국의 관리로 1595년에 장원급제하여, 한림원(翰林院) 수찬(修撰) 등을 거쳐 이부(吏部) 우시랑(右侍郎)에 임명되고, 사후에는 예부(禮

현재 국내에서는 1606년 판 「난설헌집」 목판본은 전해지지 않는다. '광한전 백옥루 상량문'은 허균이 공주 목사로 재직하던 1608년 4월에 간행한 목판본 2차 『난설헌집』[5]에 실려 있다. 『난설헌집』에는 모두 시만 실려 있고, 산문은 이 상량문 1편뿐이다.

상량문은 집을 지을 때 대들보를 올리며 행하는 상량의식에 쓰이는 글이다.

난설헌은 신선세계에 있다는 광한전 백옥루의 상량식에 초대

部) 상서(尙書)로 추증되었다. 특히, 그는 조선 사행(使行)의 업무를 잘 마치는 등 외교관으로 업적을 남겼다. 주지번은 서화(書畵)에 뛰어났다. 실제로 조선의 성균관(成均館) 명륜당(明倫堂) 등 여러 곳에 글씨를 남겼고, 그의 그림은 조선에 많은 영향을 주었다. (『선조실록』 39년 1월 23일). 만력제(萬曆帝)는 1605년 11월에 황태자의 첫째 아들이 태어난 것을 기념하여 주지번을 정사(正使)로, 양유년(梁有年)을 부사(副使)로 조선에 파견하였다. 주지번 등은 1606년 4월 11일에 한양에 도착하여 황제의 조서(詔書)와 칙유(勅諭)를 전달하였다(『선조실록』 39년 4월 11일). 주지번은 당시까지 조선에 온 사신들과 달리 뇌물 등을 요구하지 않을 정도로 청렴하였다. 주지번은 조선에 다녀온 후에 쓴 『봉사조선고(奉使朝鮮稿)』에 의하면, 1606년 2월 16일에 북경을 출발, 4월 10일에 한양에 도착하여 머물다가 4월 20일에 떠났다. 그가 조선에 머물며 허균 등과 시와 글씨를 주고받으며 한중문화교류에 큰 족적을 남겼다. 성균관 명륜관 앞에 있는 현판과 전주 객사(客舍)에 풍패지관(豊沛之館)이라는 글씨를 썼다. 즉, 전주가 조선 왕조의 발상지임을 나타낸 것이다. 그는 역대 중국 명가들의 시문 내용을 그림으로 그리고, 그 원문을 필사하여 첩 형식으로 꾸민 『천고최성첩(千古最盛帖)』을 만들어와서 선조와 원접사(遠接使) 유근(柳根)에게 주었다. 이것은 조선 화단에 상당한 영향을 미쳤다. 또한, 그는 허난설헌의 시집 『난설헌집』을 읽고 감탄하여 중국의 문단에 소개하기도 하였다. 이처럼 주지번은 한중 문화교류에 매우 적극적이었던 인물이다. 저서: 『사조선고(使朝鮮稿)』·『남환기성(南還紀胜)』·『난우시문집(蘭嵎詩文集)』 등을 남겼다.

5 2차 「난설헌집」은 본서의 저자가 1606년에 발간된 「난설헌집」과 구별하기 위하여 임의로 붙인 것이다.

받았다고 상상하면서 이 글을 지었다. 그녀는 『태평광기(太平廣記)』와 같은 책을 즐겨 읽어서 신선에 대한 이해가 깊었으며, 또 거기에 풍부한 상상력이 결합되어, 이처럼 속세를 벗어난 신선세계를 그린 작품을 창작한 것이다.

첫 부분에는 광한전 주인의 신선 생활을 묘사하고, 그가 여러 신선들을 초대하기 위하여 광한전을 짓게 된 배경을 묘사하였다. 이 모임에 수십 명의 신선들이 동원되고 여러 기술자들이 동원되었지만, 상량문을 지을만한 사람이 없었다. 그래서 작가(허초희)가 초대되어 이 상량문을 짓는다는 내용이 들어있다. 다른 상량문과 마찬가지로 포량(抛樑)의 동·서·남·북·상·하의 육위(六偉)가 묘사되고, 광한전이 신선세계에서 오래오래 서 있기를 기원하는 문장으로 끝난다. 이 상량문에서 난설헌은 실현 불가능한 현실 세계의 이상을 가상세계인 선계(仙界)에 설정하고, 초속적(超俗的)인 이상향을 실현하고 있다. '경번(景樊)'이라는 그의 자는 중국 초나라의 樊姬(번희)[6]를 사모하여 지은 것이다.

廣寒殿白玉樓上樑文(광한전 백옥루 상량문)

'광한전 백옥루 상량문'은 난설헌(허초희)이 8살에 상상 속의 광한전 백옥루 상량식에 초대받았다고 생각하고 지은 것으로, 그

---

6 번희는 초나라 장왕의 부인으로 매우 현명하고 지혜로운 사람이었다고 한다.

녀의 천재성을 보여주는 작품이다. 원문은 「한국문집총간」, 역문은 「한국의 한시 10 - 허난설헌시집」(허경진/평민사)의 것을 전재하였다.

8살 여아가 썼다는 것이 참으로 믿기 어려운 길고도 난해한 글이다. 물론 이 시의 작가에 대한 논란이 있다. 그러나 공식적으로 난설헌의 작품으로 되어 있으므로 본서에서는 난설헌의 작품으로 간주하고 서술하기로 한다. 언제 어느 때에 누구에 의해 난설헌이 아닌 성인의 작품이라는 공식적인 기록이 나오지 않는 한, 우선은 난설헌 작품으로 전제하고 논의를 할 수밖에 없는 현실이다.

述夫 寶蓋懸空 雲軿超色相之界 銀樓耀日 霞楹出迷塵之

(술부 보개현공 운병초색상지계 은루요일 하영출미진지)

- 서술하노라. 보배로운 일산(日傘)이 하늘에 드리워지니 구름 수레가 색상의 경계를 넘었고, 은빛 누각이 해에 비치니 노을 난간이 미혹된 티끌세상을 벗어났다.

壼雖復仙螺運機 幻作璧瓦之殿 翠蜃吹霧 嘘成玉樹之宮

(호수복선라운기 환작벽와지전 취신취무 허성옥수지궁)

- 신선의 나팔이 기틀을 움직여서 구슬 기와 궁전을 짓고, 푸른 이무기가 안개에 붙어서 구슬 나무 궁전을 지었다.

靑城丈人 玉帳之術斯殫 碧海王子 金櫝之方畢施 自天作之 非人力也

(청성장인 옥장지술사탄 벽해왕자 금독지방필시 자천작지 비인력야)

- 청성장인은 옥 휘장의 도술을 다하고, 벽해왕자도 금 궤짝의 묘방을 다 베풀었다. 이는 하늘이 지은 것이지, 사람의 힘이 아니다.

主人名編瑤籍 職綴瓊班 乘龍太清 朝發蓬萊 暮宿方丈

(주인명편요적 직철경반 승용태청 조발봉래 모숙방장)

- (광한전)주인의 이름은 신선 명부에 오르고, 벼슬도 신선 반열에 들어 있어서, 태청궁에서 용을 타고 아침에 봉래산을 떠나 저녁에 방장산에서 묵었다.

駕鶴三島 左挹浮丘右拍洪厓

(가학삼도 좌읍부구우박홍애)

- 학을 타고 삼신산을 향할 때 왼쪽에 신선 부구(浮丘)를 붙잡고, 오른쪽에 신선 홍애를 거느렸다.

千年玄圃之棲 遲一夢人間之塵土 黃庭誤讀 謫下無央之宮

(천년현포지서 지일몽인간지진토 황정오독 적하무앙지궁)

- 천년 동안 현포에서 살다가 꿈속에 한 번 인간 티끌 세상에 늦었는데, 황정경을 잘못 읽어 무앙궁에 귀양 왔다.

赤繩結緣 悔入有窮之室

(적승결연 회입유궁지실)

- 적승노파가 인연을 맺어주어, 다함이 있는 집에 들어온 것을 뉘우쳤다.

壺中靈藥 纔下指於玄砂 脚底銀蟾 遽逃形於桂字㗛

(호중영약 재하지어현사 각저은섬 거도형어계자소)

- 병 속의 신령스러운 약을 잠시 현모(玄砂)에 내리자, 발 아래의 달이 문득 계수나무 궁전으로 몸을 숨겼다.

笑脫紅埃赤日 重披紫府丹霞 鸞笙鳳管之神遊 喜續舊會錦幕銀屛

(소탈홍애적일 중피자부단하 난생봉관지신유 희속구회금막은병)

- 웃으면서 붉은 티끌과 붉은 해를 벗어나자 미궁의 붉은 노을을 거듭 헤치며, 난새와 봉황이 피리 부는 신령스러운 놀이의 옛 모임을 즐겁게 계속하였다.

之孀宿 悔過今宵 胡爲日宮之思綸 俾掌月殿之牋奏

(지상숙 회과금소 호위일궁지사륜 비장월전지전주)

- 비단 장막과 은병풍에 홀로 자는 과부는 오늘 밤이 지나가는 것을 아쉬워 하니, 어찌 日宮의 은혜로운 명령을 월전에까지 아뢰게 할 수 있으랴.

官曹淸切 足踐八霞之司 地望崇高 名壓五雲之閣

(관조청절 족천팔하지사 지망숭고 명압오운지각)

- 벼슬있는 관리들은 몹시 깨끗해서 그 발로 팔 색 노을의 관청을 밟으며, 지위와 명망이 드높으니 그 이름이 오색구름의 전각을 짓눌렀다.

寒生玉斧 樹下之吳質無眠 樂奏霓裳 欄邊之素娥呈舞

(한생옥부 수하지오질무면 악주예상 란변지소아정무)

- 옥도끼에서 차가운 기운이 나니, 계수나무 밑에서 오질(吳

質)이 잠들 수가 없었다. 예상우의곡을 연주하자, 난간 가에 있던 소아(素娥)가 춤을 추어 올렸다.

玲瓏霞佩 振霞錦於仙衣 熠燿星冠 點星珠於人勝

(영롱하패 진하금어선의 습요성관 점성주어인승)

- 영롱한 노을빛 노리개와 노을빛 비단이 신선의 옷자락에서 떨쳐지고, 반짝이는 성관은 별빛 구슬로 머리꾸미개를 꾸몄다.

仍思列仙之來會 尙乏上界之樓居

(잉사렬선지래회 상핍상계지루거)

- 여러 신선들이 모여들 것을 생각해보니, 상계에 거처하던 누각이 오히려 비좁게 느껴졌다.

靑鸞引玉妃之車 羽葆前路 白虎駕朝元之使 金綅後塵

(청란인옥비지차 우보전로 백호가조원지사 금침후진)

- 푸른 난새가 옥비의 수레를 끄는데 깃으로 만든 일산이 앞서고, 백호가 조회에 참석하는 사신을 태웠는데, 황금 수실이 그 뒤의 먼지를 따랐다.

劉安轉經 拔雙龍於案上 姬滿逐日 駐八風於山阿

(유안전경 발쌍룡어안상 희만축일 주팔풍어산아)

- 유안이 경전을 옮겨 전하자 두 용이 책상 위에서 태어나고, 희만(姬滿)이 해를 좇아가자 팔방의 바람이 산비탈에 머물렀다.

宵迎上元 綠髮散三角之髻

(소영상원 녹발산삼각지계)

- 밤에 상원부인을 맞아들이자 푸른 머리는 세 갈래 쪽으로

흩어졌고,

晝接帝女 金梭織九紋之綃

(주접제녀 금사직구문지초)

- 낮에 상제의 따님을 만났더니 황금 북으로 아홉 무늬 비단을 짜고 있었다.

瑤池衆 眞會南峯 玉京群帝集北斗

(요지중 진회남봉 옥경군제집북두)

- 요지의 여러 사람(신선)들은 남쪽 봉우리에 모였고,백옥경의 여러 임금들은 북두칠성에 모였다.

唐宗踏公遠之杖 得羽衣於三章

(당종답공원지장 득우의어삼장)

- 당종은 공원의 지팡이를 밟아 우의를 삼장에서 얻었고,

水帝對火仙之棋 賭寰宇於一局

(수제대화선지기 도환우어일국)

- 수제는 화선과 바둑을 두며 온 누리를 한 판에 걸었다.

不有紅樓之高構 何安絳節之來朝

(불유홍루지고구 하안강절지래조)

- 붉은 누각이 높게 지어지지 않았더라면 어찌 편하게 붉은 깃발을 세우고 조회에 참례할 수 있었으랴

於是 移章十洲 馳檄九海 囚匠星於屋底

(어시 이장십주 치격구해 수장성어옥저)

- 이에 십주에 통문을 보내고 구해에 격문을 급히 보내어 집 밑에 장인(匠人)의 별을 가두어 놓게 하였다.

木宿掄材 壓鐵山於楹間 金精動色 坤靈揮鑿
(목숙륜재 압철산어영간 금정동색 곤령휘착)
- 목성이 재목을 가려 쓰고 철산(鐵山)을 난간 사이에 눌러 놓으니, 황금의 정기가 빛을 내고 땅의 신령이 끌을 휘둘렀다.

騁巧思於般倕 大冶鎔爐 運奇智於錘範
(빙교사어반수 대야용로 운기지어추범)
- 노반과 공수에게서 교묘한 계획을 얻어내어 큰 풀무와 용광로를 쓰고, 기이한 재주를 도가니에 부리기로 했다.

青緞垂尾 雙虹飮星宿之河 赤霓昂頭 六鼇戴蓬萊之島
(청하수미 쌍홍음성숙지하 적예앙두 육오대봉래지도)
- 푸르고 붉은 꼬리를 드리우자 쌍무지개가 별자리의 강물을 들여 마시고, 붉은 무지개가 머리를 들자 여섯 마리 자라가 봉래섬을 머리에 이었다.

璇題燭日 出彤閣於煙中 綺綴流星 架翠廊於雲表
(선제촉일 출동각어연중 기철류성 가취랑어운표)
- 아름다운 구슬 추녀는 햇빛에 빛나고 붉은 누각이 아지랑이 속에 우뚝했다. 비단을 이어 붙인 듯이 별들이 흘러내려 푸른 회랑은 드리운 구름 너머로 가로질러 있다.

魚緝鱗於玉瓦 雁列齒於瑤階
(어집린어옥와 안렬치어요계)
- 옥기와는 물고기 비늘같이 이어졌고, 구슬계단은 기러기 같이 줄을 지었다.

薇連捧旂 下月節於重霧

(미연봉기 하월절어중무)

– 미련이 깃대를 받드니 월절이 자욱한 안개 속에 내리고

鳧伯樹纛 設蘭幄於三辰

(부백수독 설란악어삼진)

– 부백이 깃대를 세우자 난초 장막이 삼진에 펼쳐졌다.

金繩結綺戶之流蘇 珠網護雕欄之阿閣

(금구결기호지유소 주망호조난지아각)

– 비단 창문의 수술을 황금 노끈으로 매듭짓고 아로새긴 난간의 아름다운 누각을 구슬 그물로 보호하였다.

仙人在棟 氣吹彩鳳之香臺 玉女臨窓 水溢雙鸞之鏡匣

(선인재동 기취채봉지향대 옥녀임창 수일쌍난지경갑)

–신선이 기둥에 있어 오색 봉황의 향기로운 누대에서는 기운이 불어나오고 선녀가 창가에 있어 쌍 난새의 거울갑에서는 향수가 넘쳐흐른다.

翡翠簾雲母屛青玉案 瑞靄宵凝 芙蓉帳孔雀扇白銀床祥蜺晝鎖

(비취렴운모병청옥안 서애소응 부용장공작선백은상상예주쇄)

– 비취발과 운모병풍과 청옥 책상에 아지랑이가 서리고, 연꽃휘장과 공작부채와 백은 평상에는 낮에도 상서로운 무지개가 둘러섰다.

爰設鳳儀之宴 俾展燕賀之誠 旁招百靈 廣延千聖

(원설봉의지연 비전연하지성 방초백령 광연천성)

– 이에 봉황이 춤추는 잔치를 베풀고 제비가 하례하는 아름다운 정성을 펼치게 하였으며 널리 백여 신령을 초대하고 천여 성인을 맞이하였다.

邀王母於北海 斑麟踏花 接老子於西關 靑牛臥草
(요왕모어북해 반린답화 접로자어서관 청우와초)

– 서왕모를 북해에서 맞아들이자 얼룩무늬 기린이 꽃을 밟았고, 노자를 함곡관에서 영접하자 푸른 소가 풀밭에 누웠다.

瑤軒張錦紋之幕 寶簷低霞色之帷
(요헌장금문지막 보첨저하색지유)

– 구슬 난간에는 비단 무늬 장막을 펼쳤고, 보배로운 처마에는 노을빛 휘장이 나직하게 드리웠다.

獻蜜蜂王 紛飛炊玉之室 含果雁帝 出入薦瓊之廚
(헌밀봉왕 분비취옥지실 함과안제 출입천경지주)

– 꿀을 바치는 왕벌은 옥을 달이는 집에 어지럽게 날고, 과일을 머금은 기러기제왕은 구슬을 바치는 부엌에 드나들었다.

雙成鈿管晏香銀箏 合鈞天之雅曲 婉華淸歌飛瓊巧舞 雜駭空之靈音
(쌍성전관안향은쟁 합균천지아곡 완화청가비경교무 잡해공지영음)

– 쌍성의 나전 피리와 안향(晏香)의 은쟁은 균천의 우아한 곡조에 맞추고, 완화의 청아한 노래와 비경의 아름다운 춤은 하늘의 신령스런 소리에 얽혔다.

龍頭瀉鳳髓之醪 鶴背捧麟脯之饌

(용두사봉수지료 학배봉린포지찬)

– 용머리 주전자로 봉황의 골수로 빚은 술을 따르고, 학의 등에 탄 신선은 기린의 육포 안주를 바쳤다.

琳筵玉席 光搖九枝之燈 碧藕氷桃 盤盛八海之影 獨恨瓊楣之乏句

(임연옥석 광요구지지등 벽우빙도 반성팔해지영 독한 경미지핍구)

– 구슬 돛자리와 옥방석의 빛은 아홉 갈래의 등불에 흔들리고, 푸른 연과 하얀 복숭아 소반에는 여덟 바다의 그림자가 담겼다.(모든 것이 갖춰졌지만) 구슬 상인방에 글(상량문)이 없는 것만이 한스러웠다.

緊致上仙之興嗟 淸平進詞 太白醉鯨背之已久

(예치상선지흥차 청평진사 태백취경배지이구)

– 그래서 신선들에게 노래를 바치게 하였지만, 청평조를 지어 올렸던 이백은 술에 취해서 고래 등을 탄 지 오래이고,

玉臺摛 長吉唉蛇神之太多

(옥대리 장길[7]소사신지태다)

– 옥대에서 시를 짓던 사신은 너무 많아서 탈이었다.

新宮勒銘 山玄卿之彫琢 上界鐫璧 蔡眞人之寂寥

(신궁륵명 산현경지조탁 상계전벽 채진인지적요)

– 새로 지은 궁궐에 명문을 새긴 것은 산현경의 글솜씨요,

---

7 장길- 당나리의 시인 이장길

상계의 아름다운 옥을 아로새긴 것은 채진인의 적요한 솜씨라더라.

自慙三生之墮塵 誤登九皇之辟剡

(자참삼생지타진 오등구황지벽섬)

– 스스로 삼생에 걸쳐 속세에 태어나 사는 것이 수치스러운데 구황의 벽염(임금의 소환장)에 잘못 올랐구나.

江郎才盡 夢退五色之花 梁客詩催 鉢徹三聲之響

(강랑재진 몽퇴오색지화 양객시최 발철삼성지향)

– 강랑의 재주가 다해서 꿈에 오색찬란한 꽃이 시들었고, 양객이 시를 재촉하니 바리에 삼성의 소리가 메아리쳤다.

徐援彤管 咲展紅牋 河懸泉湧

(서원동관 소전홍전 하현천용)

– 붉은 붓대를 천천히 잡고 웃으며, 붉은 종이를 펼치자, 물이 내달리듯, 샘물이 솟아나듯 (상량문) 글이 지어졌다.

不必覆于安之衾 句麗文遒 未應頮謫仙之面

(불필복우안지금 구려문준 미응회적선지면)

– 자안(子安)[8]의 이불을 덮을 필요도 없었다. 구절이 아름다운 데다 문장도 굳세니, 이백의 얼굴을 대해도 부끄러울 것이 없었다.

---

8 자안의 이불을 덮을 필요도 없었다- (자안(왕발)의 문체를 모방할 필요도 없었다.) 자안(왕발 650~676)- 당나라의 시인으로 14살에 과거급제한 천재. 5언율시를 확립하였고, 당시(唐詩)의 시단을 이끌었던 인물.

立進錦囊之神語 留作瑤宮之盛觀 置諸雙樑 資於六偉

(입진금낭지신어 류작요궁지성관 치제쌍양 자어육위)

– 그 자리에서 비단 주머니 속에 있던 신령스러운 글을 지어 올리고 (백옥루에) 두어서 선궁의 장관을 이루게 하였다. 쌍대들보에 걸어 두고서 육위 (六偉)의 자료로 삼는다.

抛梁東

(포량동)

– 어영차 떡을 들보 동쪽으로 던지노니

曉騎仙鳳入珠宮 平明日出扶桑底 萬縷丹霞射海紅

(효기선봉입주궁 평명일출부상저 만루단하사해홍)

– 새벽에 봉황을 타고 요궁(瑤宮)에 들어갔더니 날이 밝으면서 해가 부상(扶桑) 밑에서 솟아올라 붉은 노을 일만 가닥이 바다를 붉게 비추네.

抛梁南

(포량남)

– 어영차 떡을 들보 남쪽으로 던지노니

玉龍無事飮珠潭 銀床睡起花陰午 咲喚瑤姬脫碧衫

(옥룡무사음주담 은상수기화음오 소환요희탈벽삼)

– 옥룡이 아무 일 없어 연못물이나 마시니 은평상 꽃그늘에서 낮잠 자다 일어나 웃으며 요희(瑤姬) 불러 푸른 적삼을 벗기네.

抛梁西

(포량서)

– 어영차 떡을 들보 서쪽으로 던지노니

碧花零露彩鸞啼 春羅玉字邀王母 鶴馭催歸日已低

(벽화령로채란제 춘라옥자요왕모 학어최귀일이저)

– 푸른 꽃 시들어 떨어지고 오색 난새가 우는데 玉字를 수놓은 비단옷 입고 서왕모를 맞아 학을 타고 돌아가니 날이 이미 저물었네.

抛梁北

(포량북)

– 어영차 떡을 들보 북쪽에 던지노니

溟海茫洋浸斗極 鵬翼擊天風力掀 九霄雲垂雨氣黑

(명해망양침두극 붕익격천풍력흔 구소운수우기흑)

– 해가 아득해서 북극성이 잠기고 붕새의 깃이 하늘 치니 그 바람에 물이 치솟고 만리 하늘에 구름이 드리워 비의 기운 어둑하네.

抛樑上

(포량상)

– 어영차 떡을 들보 위에 던지노니

曙色微明雲錦帳 仙夢初回白玉床 臥聞北斗廻杓響

(서색미명운금장 선몽초회백옥상 와문북두회표향)

– 새벽빛이 희미하게 비단 장막을 밝히고 신선의 꿈이 백옥 평상에 처음으로 감도는데 북두칠성의 국자 돌아가는 소

리를 누워서 듣네.

抛樑下

(포량하)

– 어영차 떡을 들보 아래에 던지노니

八垓雲黑知昏夜 侍兒報道水晶寒 曉霜已結鴛鴦瓦

(팔해운흑지혼야 시아보도수정한 효상이결원앙와)

– 팔방에 구름이 어두워 날이 저문 것을 알고 시녀들은 수정궁이 춥다고 아뢰고 새벽 서리가 벌써 원앙 기와에 맺혔네.

伏願上樑之後 琪花不老 瑤草長春

(복원상량지후 기화불로 요초장춘)

– 엎드려 바라오니, 이 대들보를 올린 뒤에 계수나무 꽃은 시들지 말고, 아름다운 풀도 사철 꽃다워지이다.

曦舒凋光 御鸞輿而猶戲 陸海變色 駕飄輪而尙存

(희서조광 어란여이유희 육해변색 가표륜이상존)

– 해가 퍼져 빛을 잃어도 땅과 바다의 색이 변해도 난새 수레를 어거하여 더욱 즐거움 누리시고, 더욱 길이 사소서.

銀窓壓霞 下視九萬里依微世界

(은창압하 하시구만리의미세계)

– 은빛 창문이 노을을 누르면 아래로 구만리 미미한 세계를 내려다보시고

璧戶臨海 咲看三千年淸淺桑田 手回三霄日星 身遊九天風露

(벽호림해 소간삼천년청천상전 수회삼소일성 신유구천풍로)

- 구슬이 바다에 다다르면 삼천년 동안 맑고 맑은 뽕나무밭을 웃으며 바라보소서. 손으로 세 하늘의 해와 별을 돌리시고 몸으로 구천세계의 바람과 이슬 속에 노니소서.

보는 바와 같이 이 작품은 허난설헌의 신선사상이 바탕이 된 천재적 상상력과 문장력이 돋보이는 탁월한 작품이다. 어느 기성 문인이 썼다고 해도 감탄할 만한데, 8살짜리 소녀가 썼다니 참으로 믿기 어려울 정도도 놀라운 작품이다. 더구나 상량문 형식을 다 갖추었지만, 모든 게 상상력의 산물이라는 것이 놀랍기만 하다. 한국 여류문학사의 기념비적 작품으로 보아야 할 것 같다. 난설헌은 사대부가의 여인이었지만, 남편이나 자식의 덕이 아니라 자신이 창작한 시로써 어릴 때부터 널리 그 이름을 떨쳤다.

16세기 조선은 한국 문학사에서 '목릉성세(穆陵盛世: 조선 선조와 광해군 시대의 문화적 융성함을 일컫는 말)'로 일컬어지는 문화적 전성기였다. 우주와 인성의 근본을 탐구하는 성리학이 꽃피며 문물이 흥성한 시기였고, 여성의 문학 활동이나 처신에 대해 후대처럼 경직된 태도를 지닌 때가 아니었던 까닭에 정실 마님을 비롯한 서녀 출신 여성도 문화계에서 활약할 수 있었다.

그러나 15세에 결혼한 이후부터 마주한 현실은 난설헌을 녹다운시키기에 충분했지만, 그래도 그녀는 강했다. 공부를 하고 글을 쓰는 것으로 모든 불행을 딛고 일단은 일어섰으나 난설헌은 꿈 많은 신동에서 서리 맞은 꽃이 되어 결국 27세에 세상을 떠나게 된다.

"신선들의 생활은 마치 눈에 보이는 듯 생생하고, 속세에서 벗어난 이상향은 참으로 흥미롭구나. 대체 누가 이것을 쓴 것이냐?"

『구운몽』의 저자이자 당대 조선 최고의 문장가였던 김만중은 우연히 장안에 유행하던 '광한전백옥루상량문'을 접한 뒤 극찬을 했다. 그리고 이 글의 저자가 여덟 살 밖에 되지 않은 여자아이라는 것을 알고는 경탄을 금치 못했다.

자유로운 집안 분위기에서 마음껏 책을 읽고 시를 짓던 난설헌. 그러나 15세에 명문가의 자제 김성립과 결혼한 후 그녀의 삶은 극도로 불행해진다. 난설헌은 글을 쓴다는 이유로 가부장적이고 보수적인 시어머니의 미움을 받게 되었고, 학식과 인품이 난설헌에 못 미쳤던 남편은 천재인 아내에게 열등감을 느껴서인지 밖으로만 돌았다. 어린 신부는 얼마 후 친정 부모님을 여의었고 오빠들마저 귀양살이를 하러 가고 종래에는 그토록 좋아하던 오빠가 죽고 외로운 나날을 홀로 버텨야만 하는 처지에 놓인다. 엎친 데 덮친 격으로 사랑하던 딸과 아들까지 전염병으로 차례로 잃고 급기야 뱃속의 아이마저 유산하게 되니 난설헌은 모든 삶의 의지를 상실하고 만다.

그녀에게는 세 가지 한(恨)이 있었다고 한다.

첫째 조선에 태어난 것, 둘째, 여자로 태어난 것, 셋째, 김성립의 아내가 된 것이 그것이다.

사실 친정에서는 자유로운 분위기에서 자랐고 마음껏 공부하고 글을 쓸 수 있었다. 그러나 혼인한 이후는 참으로 많은 비극을 겪어야 했다.

참혹한 일을 연달아 겪으며 난설헌은 '부용꽃 스물일곱 송이 붉게 떨어지니 달빛 서리 위에서 차갑기만 하여라"로 자신의 죽음을 암시하는 시를 남긴 채 27세에 숨을 거뒀다. 그녀의 유언에 따라 많은 시를 태웠지만, 유난히 누나의 시를 아꼈던 허균은 친정집에 남겨두었던 시와 자신이 암송하거나 베껴놓았던 시들을 모아 『허난설헌집』을 발간했고, 이후 중국과 일본에서 출간되어 많은 사랑을 받았다.

『난설헌집』에 수록된 작품은 시가 총 213수이고 기타 사(辭) 1수, 「몽유광상산시서(夢遊廣桑山詩序)[9]」 1편, 「광한전백옥루상량문(廣寒殿白玉樓上梁文)」 1편으로 이루어져 있고, 부록으로 주지번의 서문, 양유년의 「난설헌집제사(蘭雪軒集題辭)」가 있다.

문집에는 수록되어 있지 않으나 허난설헌의 작품으로 알려져 있는 것으로, 『지봉유설(芝峰類說)』에 실린 「독서강사(讀書江舍)」와 「채련곡(采蓮曲)」이라는 칠언절구 2수, 『동양여시선(東洋女詩選)』에 「빈녀음(貧女吟)」이라는 오언절구 1수가 실려 있으며, 가사 「규원가(閨怨歌)」 1편이 송계연월옹(松桂烟月翁)의 『고금가곡(古今歌曲)』에, 「봉선화가(鳳仙花歌)」 1편이 『정일당잡지(貞一堂雜識)』에 수록되어 있다.

---

9 몽유광상산- 천상에 있다는 상상 속의 산.

1972년 문경현(文暻鉉) 편역주의 『허난설헌전집(許蘭雪軒全集)』은 1692년의 동래부 중간본을 대본으로 하면서 문집에 유루되었던 위의 작품들을 모두 보충하였고, 여기에 유성룡(柳成龍)의 발문을 『서애집(西厓集)』에서 찾아 수록하였다.

그런데, 『난설헌집』에 실린 작품들이 실제로 모두 그의 작품인지에 대한 문단의 논란이 있다.

첫째로 난설헌의 시가 중국 시의 표절이라는 주장이 있다. 신흠(申欽)은 『난설헌집』에 실려 있는 작품, 예를 들어 「유선시(遊仙詩)」 같은 것은 태반이 옛사람의 시이며, 일찍이 그의 근체시 두 편을 보았는데 이것은 고인의 시에서 나온 것이라고 비판하였다.

둘째는 『난설헌집』에 중국 시인의 작품이 유입되어 있다는 설이다. 김만중(金萬重)은 허균이 누이의 명성을 높이고자 잘 알려지지 않은 원나라와 명나라 시인의 아름다운 시구를 집어넣었다고 하였다. 또 한 가지는 허균의 위작설이다. 이수광(李睟光)은 허난설헌의 일가인 참의(參議) 홍경신(洪慶臣)과 정랑(正郎) 허적(許積)이 항상 말하기를 '허난설헌의 시는 2, 3편 이외에는 모두 위작이라 했다'고 주장하였다. 그리고 「광한전백옥루상량문」 역시 허균과 이재영(李再榮)이 편찬한 것이라고 말하고 있다.

허난설헌의 작품이 기교나 시재(詩材)에 있어 중국 시와 비슷한 점이 있는 것은 사실이나, 작가가 동일 소재를 변형하여 재창조한 과정은 오히려 허난설헌의 작가적 능력을 재확인시켜 주는 자료가 된다고 보는 견해도 많다. 또한, 허균의 위작설은 그의 사람됨으로 보아 능히 그러한 일을 할 수 있었을 것으로 보이나, 두 사람의 시의 품격이 다르기 때문에 위작 여부는 어느 정도 가려낼 수 있다는 것이다. 남용익(南龍翼)도 허난설헌의 시격(詩格)이 허봉(許篈)보다도 높고, 허균 역시 누이에 미치지 못한다고 말한 바 있다.

허난설헌의 시는 첫째로 당시(唐詩)를 변형하여 재창작한 것이 많다. 난설헌은 특히 이백(李白)의 시를 좋아했는데, 그 중에서도 그의 악부시(樂府詩)를 소재로 한 의고적(擬古的) 시를 대부분 변형하여 창작하고 있다. 예를 들면 「소년행」·「장간행」·「대제곡」·「강남곡」·「축성원」·「출새곡」·「입새곡」·「상봉행」·「죽지사」·「고적사」 등은 한(漢)·위(魏) 시대에 유행하던 악부시들인데 당대에 다시 의작된 것으로, 허난설헌은 이 시들의 시의·관점·격조를 변형시켜 새로이 작품화하였다. 그러나 본서에서는 이 모든 논란을 무시하고, 있는 그대로의 작품을 해석하고 감상하는 데에 주안점을 두기로 한다.

둘째는 규원(閨怨)을 읊은 시이다. 혼인 후에 겪은 숱한 비극을 '곡자', '독서강사', '규원', '감우', '춘일유회', '추한', '야좌' 등은 참으로 불행했던 그의 생활을 적나라하게 보여주는 작품들이다.

셋째로 육친애의 뜨거운 정을 읊은 시다. '곡자', '기하곡', '기하곡적갑산' 등이 이에 속하는데, 사랑하는 자녀를 잃고 몸부림치는 모성을 그린 '곡자'는 가장 유명한 시다. 허난설헌은 여섯 남매 중 특히 동복인 허봉·허균과 우애가 깊었는데, 『난설헌집』

에는 허봉에게 부치는 시가 두 편 실려 있다. '하곡'은 멀리 산사에 있는 오빠 허봉에 대한 간절한 그리움의 정을 읊었고, '기하곡적갑산'은 갑산으로 귀양 가는 허봉을 한나라의 현신 가의(賈誼)[10]에 비하면서 조정에 대한 측면적 공격을 암시하고 있다.

넷째로 「유선사」 87수와 「보허사」·「망선요」·「상현요」·「동선요」·「광한전백옥루상량문」·「몽유광상산시서」처럼 가혹한 현실로부터 초탈하여 선경의 이상향을 그린 선시(仙詩)가 많다는 것이다. 이들 작품들은 대부분 허난설헌이 혼인 생활의 불행과 함께 가장 사랑하던 오빠 허봉이 계미삼찬(癸未三竄)[11]으로 귀양간 지 5년 만에 객사하는 등 충격과 슬픔을 겪어야 했던 말년의 현실도피적인 작품들로 보인다.

이들 작품에 나타나는 신선 사상은 허난설헌의 유일한 사상적 배경으로 나타나는데, 이는 도교를 가학(家學)이라 할 만큼 조예가 깊었던 친정의 영향을 받은 것으로 보인다. 이 선시들은 허난설헌 작품의 대부분을 차지하는데, 그 중 '몽유광상산시서'는 그가 죽기 전 마지막 꿈속에서 본 십주(十洲) 전경 중 가장 아름다운 선계에서 선녀의 황홀한 인도를 받아 노닐던 광상산의 선경을 묘사한 것이다.

---

10 가의(賈誼, BC 200~168) 중국 전한(前漢) 시대의 문인으로 낙양 사람이다. 어려서 시서(詩書)에 통하고, 문장을 잘하였으며, 문제(文帝)의 부름을 받아 박사가 되어 재능을 발휘하였고, 태중대부(太中大夫)에 올랐다.

11 계미삼찬- 1583년(선조 16) 동인 계열의 박근원(朴謹元)·송응개(宋應漑)·허봉(許篈) 등이 이이(李珥)를 탄핵하려다 모두 유배된 사건.

그리고 그가 여덟 살 때에 지은 것이라는 '광한전백옥루상량문'은 옥황상제가 살고 있는 궁전 중에서 가장 장려한 백옥루의 상량문으로, 이 문장 가운데에는 유명한 신선과 시선 이백, 그리고 '광한전백옥루상량문'을 짓게 하기 위하여 상제의 사자가 데려갔다는 이장길(李長吉)을 등장시키고 있다. 그러나 작가가 선계(仙界)를 현실과 완전히 초월한 영역으로 묘사하지 않고, 결혼이 있고 실망·질투·불면, 그리고 외로움과 기다림이 있는 등 현실과 연관된 세계로 그리고 있는 점은 특기할 만하다.

선조 31년(1598), 허균이 정유재란 때 원정 나온 명나라 오명제에게 난설헌의 시 200여 편을 전해주어 이 시가 명나라에서 편찬한 「조선시선」, 「열조시선」 등에 실렸다. 1606년 선조 39년, 허균이 명나라 사신 주지번, 양유년 등에게 난설헌의 시를 전해주어 「난설헌집」이 명나라에서도 간행되어 중국에서도 많은 사랑을 받았다. 이듬해 허균이 「난설헌집」을 국내에서 목판본으로 출판하였다. 1711년에는 분다이야 지로베이(文台屋次郎)에 의해 일본에서도 「난설헌집」이 간행되었다.

그럼 난설헌의 시를 보기로 하자.

寄何谷(기하곡)- 하곡 오라버니에게

暗窓銀燭低(암창은촉저)
- 어두운 창에 은촛불 나직하고

流螢度高閣(유형탁고각)
- 반딧불은 높은 누각을 날아다녀요

悄悄深夜寒(초초심야한)
- 근심스런 깊은 밤은 차가워지고

蕭蕭秋落葉(소소추낙엽)
- 쓸쓸히 가을 낙엽만 지네요.

關河音信稀(관하음신희)
- 오라버니 계신 변방에서 소식 없어

端憂不可釋(단우불가석)
- 근심스런 이 마음 풀 수가 없어요.

遙想靑蓮宮[12](요상청연궁)
- 아득히 오라버니 계신 청련궁을 생각하니

山空蘿月白(산공나월백)
- 산은 비어있고 담쟁이 덩굴에 달빛만 밝네요.

마지막 행 '산은 비어있고'란 표현도 매우 독창적이다. 가족이 아

12 청련궁- 실제의 궁이 아니고 이백의 호가 '청련거사'이므로 오빠를 이백에 빗대어 '오빠 계신 곳'을 높여 쓴 듯 함. 혹은 사찰(절). 이 대목 역시 난설헌의 창의적인 표현이 아닐까?

무도 옆에 없으니 외롭고 쓸쓸한 마음이 든 것을 '산은 비어있다'로 묘사한 것 같다. 오라버니를 생각하는 동생의 마음이 절절하다.

送荷谷謫甲山(송하곡적갑산)

- 갑산으로 귀양 가는 오라버니 하곡에게

遠謫甲山客(원적갑산객)

- 멀리 갑산으로 귀양 가는 나그네 우리 오빠

咸原行色忙(함원행색망)

- 함경도 고원 길에 행차가 바쁘리라

臣同賈太傅(신동가태부)

- 귀양가는 신하는 충신 가태부[13]와 같다지만

主豈楚懷王(주기초회왕)

- 귀양보내는 임금이야 어찌 어리석은 초회왕[14]이랴

河水平秋岸(하수평추안)

- 강물은 가을 강 언덕에 잔잔하고

關雲欲夕陽(관운욕석양)

- 변방 함경도의 산 구름 석양에 물들겠지

霜楓吹雁去(상풍취안거)

- 서릿발 찬 바람에 기러기 나는데

---

13 가태부- 한문제(漢文帝) 때의 학자, 정치가로 長沙王 태부(太傅)가 되었던 가의(賈誼)를 말함.

14 초회왕- BC 355~296. 중국 초나라의 7대 왕으로 어리석은 왕으로 유명.

中斷不成行(중단불성행)

– 중간에서 못가고 돌아왔으면

마지막 행이 매우 창의적이다.

鳳仙花歌(봉선화가)[15]

향규(香閨)의 일이 업셔 ᄇᆡᆨ화보(百花譜)ᄅᆞᆯ 혀쳐 보니

– 규방에 할 일이 없어 백화보를 펼쳐 보니

봉션화 이 일흠을 뉘라셔 지어낸고

– 봉선화 이 이름을 누가 지어 냈는가

진유(眞遊)의 옥쇼(玉簫)소ᄅᆡ ᄌᆞ연(紫煙)으로 ᄒᆡᆼ(行)ᄒᆞᆫ 후의

– 신선의 옥피리 소리가 선경으로 사라진 후에

규듕(閨中)의 나믄 닌연(因緣) 일지화(一枝花)의 머므ᄅᆞ니

– 규방에 남은 인연이 한가지 꽃에 머무르니

유약(柔弱)ᄒᆞᆫ 프른 입흔 봉의 ᄭᅩ리 넘너ᄂᆞᆫ 듯

– 연약한 푸른 잎은 봉의 꼬리가 넘노는 듯하며

---

15 「봉선화가」는 작자, 연대 미상인 규방가사로, '정일당 잡지'에 실려 있어 지은이가 조선 헌종 때의 강정일당이라는 설도 있으나, 허난설헌의 한시 '염지봉선화가'를 비롯한 기타의 작품들과 구절이나 시상이 흡사하여 허난설헌의 작품으로 보는 이가 더 많다. 본서에서는 허난설헌의 작품으로 간주하고 살펴보기로 한다.

ᄌᆞ약(自若)히 븕은 쏫츤 ᄌᆞ하군(紫霞裙)을 헤쳐ᄂᆞᆫ

- 아름다운 붉은 꽃은 신선의 옷을 헤쳐놓은(듯하다)

ᄇᆡᆨ옥(白玉)셤 조흔 흙의 죵죵이 심어 ᄂᆡ니

- 고운 섬돌 깨끗한 흙에 촘촘히 심어 내니

츈ᄉᆞᆷ월(春三月)이 지ᄂᆞᆫ 후의 향긔(香氣) 업다 웃지마고

- 춘삼월 지난 후에 향기 없다 웃지 말고

취(醉)헌 나븨 밋친 벌이 ᄯᅡ라올가 져허ᄒᆞᄂᆡ

- 취한 나비와 미친 벌들이 따라올까 두려워하네

정정(貞靜)ᄒᆞᆫ 져 긔상(氣像)을 녀ᄌᆞ 밧긔 뉘 벗ᄒᆞᆯ고

- 정숙하고 조용한 저 기상을 여자 외에 누가 벗 하겠는가

옥난간(玉欄干) 긴긴 날의 보아도 다 못 보아

- 긴긴 날 옥난간에서 보아도 다 못 보아

사창(紗窓)을 반ᄀᆡ(半開)ᄒᆞ고 차환(叉鬟)을 블너 ᄂᆡ여

- 사창을 반쯤 열고 차환을 불러 내어

다 핀 꼬출 ᄏᆡ여다가 수샹ᄌᆞ(繡箱子)의 담아 노코

- 다 핀 꽃을 캐다가 수상자에 담아놓고

녀공(女工)을 긋친 후의 듕당(中堂)에 밤이 깁고

- 바느질을 중단한 후 안채에 밤이 깊어

납촉(蠟燭)이 발가슬 제

- 촛불이 밝았을 때

나옴나옴 고초 안ᄌᆞ 흰 구슬을 가ᄅᆞ 마아

- 차츰차츰 고쳐 앉아 흰 구슬을 갈아 바수어

빙옥(氷玉)갓ᄒᆞᆫ 손가온ᄃᆡ 난만(爛漫)이 ᄌᆡ여 ᄂᆡ여

– 옥같은 손 가운데 흐무러지게 개어 내니

파ᄉᆞ국(波斯國) 져 뎨후(諸侯)의 홍산궁(紅珊宮)을

– 파사국 저 제후의 홍산궁을 헤쳐 놓은 듯하며

심궁풍유(深宮風流) 절고의 홍슈궁(紅守宮)ᄅᆞᆯ 마아 ᄂᆞᆫᄃᆞᆺ

– 심궁 풍류 절구에 홍수궁을 빻아 놓은 듯

섬섬(纖纖)ᄒᆞᆫ 십지상(十指上)의 슈(繡)실로 감아ᄂᆡ니

– 가늘고 고운 열손가락에 수실로 감아 내니

조희우희 불근 물이 미미(微微)히 숨의ᄂᆞᆫ 양

– 종이 위에 붉은 물이 희미하게 스며드는 모양은

가인(佳人)의 야ᄒᆞᆫ ᄡᅣᆷ의 홍노(紅露)을 ᄶᅵ쳐ᄂᆞᆫ ᄃᆞᆺ

– 미인의 뺨 위에 홍조가 어리는 듯하며

단단히 봉ᄒᆞᆫ 모양 츈나옥ᄌᆞ(春羅玉字) 일봉셔(一封書)ᄅᆞᆯ

– 단단히 묶은 모양은 춘나옥자 일봉서를

왕모(王母)의게 부쳔ᄂᆞᆫ ᄃᆞᆺ

– 서왕모에게 부치는 듯

츈면(春眠)을 늣초 ᄶᅵ여 ᄎᆞ례로 푸러 노코

– 봄잠을 늦게 깨어 열 손가락을 차례로 풀어 놓고

옥경ᄃᆡ(玉鏡臺)ᄅᆞᆯ ᄃᆡᄒᆞ여 팔ᄌᆞ미(八字尾)ᄅᆞᆯ 그리랴니

– 거울앞에서 눈썹을 그리려고 하니

ᄂᆞᆫᄃᆡ업ᄂᆞᆫ 븕근 ᄭᅩᆺ이 가지의 붓텃ᄂᆞᆫ ᄃᆞᆺ

– 난데없는 붉은 꽃이 가지에 붙어 있는 듯하여

손으로 우회랴니 분분(紛紛)이 ᄒᆞᆺ터지고

– 손으로 잡으려 하니 어지럽게 흩어지고

입으로 불야 ᄒᆞ니 셧ᄭᅵᆫ 안ᄀᆡ 가리와다

– 입으로 불려고 하니 섞인 안개에 가리웠다

녀반(女伴)을 셔로 불너 낭낭(朗朗)이 자랑하고

– 여자 친구를 서로 불러서 즐겁게 자랑하고

ᄭᅩᆺ 압회 나아가셔 두 빗ᄎᆞᆯ 비교(比較)ᄒᆞ니

– 봉선화 앞에 가서 꽃과 손톱을 비교하니

ᄶᅩᆨ 입회 푸ᄅᆞᆫ 물이 ᄶᅩᆨ의여서 푸르단 말 이 아니 오ᄅᆞᆯ손가

– 쪽 잎에서 나온 푸른 물이 쪽빛보다 푸르단 말이 아니 옳겠는가

은근이 풀ᄅᆞᆯ ᄆᆡ고 도라와 누어더니

– 은근히 풀을 매고 돌아와서 누웠더니

녹의홍샹(綠衣紅賞) 일녀ᄌᆞ(一女子)ᄀᆞ 표연(飄然)이 압희 와셔

– 녹의홍상한 여자가 홀연히 내 앞에 와서

웃ᄂᆞᆫ 듯 찡긔ᄂᆞᆫ 듯 ᄉᆞ례(謝禮)ᄂᆞᆫ듯 하직(下直)ᄂᆞᆫ 듯

– 웃는 듯 찡그리는 듯 사례하는 듯 하직하는 듯

몽롱(朦朧)이 잠을 ᄭᆡ여 정녕(丁寧)이 ᄉᆡᆼ각ᄒᆞ니

– 어렴풋이 잠을 깨어 곰곰이 생각하니

아마도 ᄭᅩᆺ귀신니 ᄂᆡ게 와 하직ᄒᆞᆫ다

– 아마도 꽃 귀신이 내게 와서 하직을 한다

슈호(繡戶)ᄅᆞᆯ 급(急)회 열고 ᄭᅩᆺ슈풀을 정검ᄒᆞ니

– 수호를 급히 열고 꽃수풀을 살펴보니

ᄯᅡ 우회 붉은 ᄭᅩᆺ치 가득히 슈(繡) 노핫다

– 땅 위에 붉은 꽃이 가득히 수를 놓았다

암암(黯黯)이 스러ᄒᆞ고 낫낫치 쥬어 ᄃᆞ ᄀ

– 마음이 상해서 슬퍼하고 낱낱이 주워 담으며

ᄭᅩᆺ다려 말 븟치ᄃᆡ 그ᄃᆡᄂᆞᆫ ᄒᆞᆫ(恨)치 마쇼

– 꽃에게 말하기를 그대는 한스러워 마소

세셰 년년(歲歲年年)의 ᄭᅩᆺ빗ᄎᆞᆫ 의구(依舊)ᄒᆞ니

– 해마다 꽃빛은 옛날과 같으며

허물며 그ᄃᆡ ᄃᆞ최 ᄂᆡ 손의 머무러지

– 하물며 그대 자취가 내 손톱에 머물렀지

동원(東園)의 도리화(桃李花)ᄂᆞᆫ 편시츈(片時春)을 ᄌᆞ랑 마소

– 동산의 복숭아꽃과 오얏꽃은 한 순간의 봄날을 자랑하지 마소

니십번(二十番) ᄭᅩᆺ바ᄅᆞᆷ의 젹막히 ᄯᅥ러진들 뉘라셔 슬허ᄒᆞᆯ고

– 이십 번 꽃바람에 적막하게 떨어진들 누가 슬퍼하겠는가

규둥(閨中)의 남은 닌연(因緣) 그ᄃᆡ ᄒᆞᆫ 모ᇝ분이로셰

– 규방에 남은 인연이 그대 한 몸뿐일세

봉션화(鳳仙花) 이 닐흠을 뉘라셔 지어 는고

– 봉선화 이 이름을 누가 지었는가

일노 ᄒᆞ여 지어셔라

– 이렇게 하여 지었구나.

'꽃에게 말하기를 그대는 한스러워 마소. 해마다 꽃빛은 옛날과 같으며 하물며 그대 자취가 내 손톱에 머물렀지'에 모든 내용이 응축되어 있다.

위의 작품은 규방가사로 예찬적, 독백적이고 매우 밝은 이미지의 글이다. 봉선화에 대한 여성의 깊은 정감을 나타낸 글로서, 의인법, 직유법, 대구법 등 다양한 수사법을 이용하여 여성의 섬세한 정감을 효과적으로 표현한 작품으로 평가된다.

이 가사는 내용이 매우 밝고 아기자기하여 난설헌이 결혼 전이나 직후 평화롭던 시기에 쓴 것으로 보인다.

賈客詞(고객사)- 바다 상인의 노래

掛席隨風去(괘석수풍거)

– 돛을 올리고 바람 따라 가다가

逢灘郎滯留(봉탄랑체류)

– 여울 만나면 그곳에 머문다네

西江波浪惡(서강파랑오)

– 서강의 풍랑이 거세어지니

幾日到荊州(기일도형주)

– 몇 일이 지나야 형주[16] 땅에 닿을까

瑤階寂歷生靑草(요계적역생청초)

– 이쁜 섬돌은 고요하여 푸른 풀만 돋아나고

寶瑟凄凉閉素塵(보슬처량폐소진)

– 귀한 비파는 처량하게 흰 먼지로 덮였습니다.

誰念木蘭舟上客(수념목란주상객)

– 누가 목란 배 위에 나그네를 생각할까요

白蘋花滿廣陵津[17](백빈화만광능진)

– 광나루터에는 하얀 마름꽃만 가득합니다.

이 시 역시 바다 상인의 애환을 상상하며 지은 시다.

閨情(규정)- 여자의 정

妾有黃金釵(첩유황금채)

– 저에게 황금 비녀 하나 있는데

嫁時爲首飾(가시위수식)

16 형주(荊州)- 고대 중국의 행정구역 중 하나. 장강(양쯔강)의 중류에 위치하여 풍부한 수자원과 수운 활동으로 경제가 번성했기 때문에 전략적으로 중요한 곳이었다. 삼국지 시대의 화약고인 형주를 두고 여러 세력의 형주 공방전이 벌어졌다. 현재 후베이성 징저우 지명으로 남아있다. 그러나 여기선 꼭 형주가 아니라도 목적지로 이해해도 될 것 같다.

17 광릉진(廣陵津)은 경기도 광주에 있는 한강나루터를 뜻한다.

– 시집 올 때 머리에 꽂았던 것입니다

今日贈君行(금일증군행)

– 오늘 그대의 행차에 드리오니

千里長相憶(천리장상억)

– 천리 먼 길에 오래도록 기억해 주소서

위의 시에서 '그대'는 남편일 수 있지만, 상상이나 막연한 동경 속의 '님'일 수도 있다. 이 시도 전형적인 여성시다.

采蓮曲(채연곡)- 연꽃을 따며 부르는 노래

秋淨長湖碧玉流(추정장호벽옥류)

– 가을은 맑고 긴 호수엔 벽옥 같은 물 흐르고

荷花深處繫蘭舟(하화심처계난주)

– 꽃 우거진 곳에 아름다운 목련배 매여 있어요

逢郎隔水投蓮子(봉랑격수투연자)

– 임을 만나 물 사이로 연밥을 던지다가

遙被人知半日羞(요피인지반일수)

– 멀리 사람들이 알아보아서 반나절이 부끄러웠네요.

여기서도 마찬가지로 '임'이 남편일 수도 있지만, '관념 속의 님'일 수도 있다. 위의 시와 마찬가지로 전형적인 여성시라 할 수 있는 시다.

夜夜曲(야야곡)- 밤마다 부르는 노래

玉淚微微燈耿耿(옥루미미등경경)
- 옥 같은 눈물 찔끔찔끔, 등잔불 깜박깜박

羅幃寒幅秋宵永(라위한폭추소영)
- 비단 휘장 싸늘하고 가을밤은 길기도 하다

邊衣裁罷剪刀冷(변의재파전도냉)
- 변방에 보낼 옷 다 짓고 나니, 싸늘해진 가위

滿窓風動芭蕉影(만창풍동파초영)
- 바람 따라 움직이는 파초 그림자만이 창을 채우네

이 시도 위의 시들과 마찬가지로 여성시다. 옆에 님이 없는 가을밤은 유난히 길게 느껴진다.

매일 밤 님을 생각하며 눈물을 흘리고 님에게 보낼 옷을 짓는다.

뜰에는 파초가 있어 바람에 따라 흔들거린다. 어쩐지 쓸쓸하고 외로운 밤이다.

貧女吟(빈녀음)- 가난한 처녀의 노래

手把金剪刀(수파금전도)
- 손에 바늘을 잡았는데,

夜寒十指直(야한십지직)
- 밤이 차가워 열 손가락 곱아 온다

爲人作嫁衣(위인작가의)
– 남을 위해 혼수 옷 지을 뿐

年年還獨宿(연년환독숙)
– 해마다 독수공방 신세라네.

난설헌은 일찌감치 동생의 재능을 알아본 오빠 허성의 배려로 글을 배웠다. 빈녀음은 난설헌이 어른이 되었을 때 '가난한 집 아씨는 열심히 옷을 만들어도 그 옷의 주인이 되지 못한다'면서 사회의 불평등을 비판하는 사회비평, 도교적인 가치관 등 다양한 가치관을 표현하였다. 역사학자 이덕일[18]은 허난설헌의 위의 시를 '임금노동자는 그가 생산하는 소유물을 갖지 못한다'는 맑스의 《소외론》과 비교할 정도'로 허난설헌의 예리한 재능을 극찬하였다. 물론 허난설헌은 문인으로서의 지성으로, 맑스는 사회학자로서의 지성으로 노동자의 소외를 말한 것이다.

18 이덕일(李德一, 1961년 10월 7일~)은 작가, 언론인이다. 아산군 온양읍에서 태어났으며, 30여 권의 역사비평서를 집필한 역사 작가이다. 경기대학 겸임교수 역임.

1.2 결혼 후의 비극적 삶과 문학적 업적

난설헌은 15세에 김성립(金誠立, 1562~1592)과 결혼을 했는데, 안동김씨 김성립의 집안은 5대나 계속 문과에 급제한 명문가였다. 그러나 정작 남편 김성립은 난설헌이 죽던 해에야 겨우 문과에 급제하여 정9품 홍문관 정자로 족보에 기록된 평범한 남자였다. 이러한 부부상의 차이 때문인지 부부는 금슬이 좋지 않았으며, 김성립은 바깥으로만 나돌았다. 과거 준비를 한다는 구실이었지만, 들려오는 소문은 남편이 바람을 피우고 방탕하게 지낸다는 것이었다. 신혼 중의 아내가 남편을 그리워하며 지어 보낸 시가 "방탕스러운 데에 가까우므로 시집에 싣지 않았다."는 평을 들을 정도로 난설헌이 살았던 시대는 여성에게는 비인간적인 시대였다. 그녀는 오지도 않는 남편을 기다리며 눈물로 세월을 보내야 했다. 이후 이러한 참담한 현실을 떠나서 신선세계[19]로 눈을 돌렸던 것이다.

---

19 신선설(神仙說)은 불로불사의 신선 또는 선인(仙人)이 실재한다는 것과 인간이 선인이 될 가능성을 가졌다고 믿는 사상이다.

그리고 그녀는 계속 시를 지었다.

이즈음 아버지가 병에 걸려 서울로 올라오다 상주 객관에서 죽었으며, 오빠 허봉이 율곡 이이를 탄핵했다는 이유로 귀양 갔다가 유배가 풀린 뒤에도 서울에 돌아오지 못하고 방랑하다 금강산 근방에서 죽고, 어머니가 전라도 진산에서 여행하다가 소화불량으로 객사했으며, 아들과 딸을 모두 잃고, 죽기 얼마 전에는 뱃속의 아기까지 잃는 등 참담한 불행을 연이어 겪었다.

난설헌은 서예와 그림에도 능했다.

[사진 1]
허난설헌이 그린 작약도
출처: 국립중앙박물관

사후, 중국과 일본에서도 그녀의 시가 애송되어 당대의 세계적인 여성 시인으로써 명성을 떨치게 되었다. 1612년에는 「취사원창」이란 이름으로 미간행 시집이 발견되기도 했다.

어느날 남편 김성립과 친구들이 서당에서 공부하고 있었다. 이때 친구 중 누군가가 난설헌에게 김성립이 기생집에서 술을 먹고 있다고 전했다. 이에 난설헌은 안주와 술을 보내면서 시(詩) 한 구절을 써 보냈다. "郎君自是無心者, 同接何人縱半間(랑군자시무심자, 동접하인종반간)" 이는 '낭군께선 이렇듯 다른 마음 없으신데, 같이 공부하는 이는 어찌된 사람이길레 이간질을 시키는가.'라고 했던 것이다. 편지를 본 김성립의 친구들은 그녀의 글재주에 탄복했다 한다.

한번은 남편 김성립이 서당 학생들이나 과거에 응시하는 유생들이 모여 이룬 동아리인 접(接) 모임에 간다 하고 기생집에 갔다. 허난설헌은 남편에게 다음과 같은 편지를 보냈다.

古之接有才(고지접유재)
- 옛날의 접(接)은 재주(才)가 있었는데

今之接無才(금지접무재)
- 오늘의 접(接)은 재주(才)가 없다.

이 편지에서 오늘의 접(接)에는 재(才)가 없다, 즉 '재'가 빠진 결과 첩(妾)만 남아있다며 남편에게 직언했다 한다.

感遇(감우)- 느낀 대로 짓다

盈盈窓下蘭(영영창하난)
- 하늘거리는 창가의 난초

枝葉何芬芬(지엽하분분)
- 가지와 잎 그리도 향기롭더니

西風一被拂(서풍일피불)
- 가을바람 잎새에 한번 스치고 가자

零落悲秋霜(영락비추상)
- 슬프게도 찬 서리에 다 시들었네

秀色縱凋悴(수색종조췌)
- 빼어난 그 모습은 이울어져도

淸香終不斃(청향종불폐)
- 맑은 향기는 끝내 죽지 않아

感物傷我心(감물상아심)
- 그 모습 보면서 내 마음이 아파와

涕淚沾衣袂(체루첨의몌)
- 눈물이 흘러 옷소매를 적시네

난설헌은 찬서리에 시든 난초를 보며 자신의 모습을 보는 것 같은 느낌을 받는다. '맑은 향기는 끝내 죽지 않는다'라고 한 것은 현실적인 어려움이 닥쳐도 자신의 정신은 죽지 않는다는 말을 하고 있는 듯 하다.

恨情一疊(정한 일첩)- 한스러운 마음과 정이 겹치네

春風和兮白花開(춘풍화혜백화개)

- 봄바람이 화창해 온갖 꽃이 피어나고

造物繁兮萬感來(조물번혜만감래)

- 철따라 만물이 번창하니 감회가 새롭네

處深閨兮思欲絶(처심규혜사욕절)

- 깊은 규방에 묻혀서 그리움을 끊으려 해도

懷伊人兮心臟裂(회이인혜심장열)

- 그대가 생각나니 심장이 터질 듯 하네

夜耿耿而不寐兮(야경경이불매혜)

- 한밤이 이르도록 잠 못 이루더니

聽晨鷄之喈喈(청신계지개개)

- 새벽닭 울음소리가 꼬끼오 들리네

羅帳兮垂堂(나장혜수당)

- 비단휘장이 빈 방에 쳐지고

玉階兮生苔(옥계혜생태)

- 옥계단에는 이끼가 돋았는데

殘燈翳而背壁兮(잔등우이배벽혜)

- 깜빡이던 등불도 꺼져 벽을 기대앉았노라니

錦衾悄而寒侵下(금금초이한침하)

- 비단이불이 어설퍼 추위가 밑으로 파고드네

鳴機兮織回文(명기혜직회문)

- 베틀소리를 내며 회문금[20]을 짜보지만

文不成兮亂愁心(문불성혜난수심)

- 무늬는 이뤄지지 않고 마음만 어지럽구나

人生賦命兮有厚薄(인생부명혜유후박)

- 인생 운명을 타고난 것이 사람마다 너무나 차이가 있어

任他歡娛兮身寂寞(임지환오혜신적막)

- 남들은 마음껏 즐기지만 이 내 몸은 적막하구나

이 시에서는 난설헌이 매일 같이 외박하는 남편을 기다리며 얼마나 자존심이 상하고 마음이 복잡했을까를 생각하게 한다. 부모님들의 뜻에 따라 김성립에게 시집왔으나 주어진 현실을 어찌할 수 없다. 마음 다해 사랑하려 하나 남편은 밖으로만 도니 어린 나이에 얼마나 슬프고 적막했겠는가. 새벽닭이 울도록 잠도 이루지 못하고 눈물만 흘리고 있었던 난설헌이 그 긴 밤시간동안 수심을 잊으려 수를 놓아도 보지만 집중이 안 되어 무늬가 제대로 되지 않는다. '나는 왜 이리 매일 외롭고 쓸쓸하게만 살아야 하나?' 난설헌의 한탄하는 모습이 보이는 듯 하다. 이 시에서는 특히 행마다 어조사 '兮(혜)'가 들어가 있는데 '아' 하는 한탄을 나타낸 것 같다.

---

20 회문금- 여인이 낭군에게 보내는 시문, 전진의 여인 소혜가 유사에 가 있던 낭군 두도를 그리워하며 비단을 짜서 '回文旋圖詩(회문선도시)'를 보낸 고사가 있음.

夢作(몽작)- 꿈을 시로 짓다

橫海靈峰壓巨鼇(횡해영봉압거오)

– 바다 위 솟은 신령스런 봉오리 큰 자라를 누르고

六龍晨吸九河濤(육룡신흡구하도)

– 육룡이 새벽에 구하의 파도를 삼키네

中天樓閣星辰近(중천루각성진근)

– 하늘로 솟은 누각 별들에 닿을 듯 하고

上界烟霞日月高(상계연하일월고)

– 노을 속 하늘엔 해와 달이 높구나

蓬萊鶴駕歸何晩(봉래학가귀하만)

– 학 타고 봉래산 가기가 어찌 이리 더딘고

一曲吹笙老碧桃(일곡취생로벽도)

– 농익은 벽도 따라 피리 불며 올라 가네

金鼎滿盛丹井水(금정만성단정수)

– 황금 솥엔 단정수가 가득하고

玉壇晴曬赤霜袍[21](옥단청쇄적상포)

– 날 개인 옥단에선 적상포를 말리네

21 적상포는 선녀가 입는 긴 도포(아마 붉은 빛이 난 듯함).

哭子(곡자)- 아들 딸 여의고서

去年喪愛女(거년상애녀)

– 지난해 귀여운 딸애 여의고

今年喪愛子(금년상애자)

– 올해는 사랑스런 아들 잃다니

哀哀廣陵土(애애광능토)

– 서러워라 서러워라 광릉땅이여

雙墳相對起(쌍분상대기)

– 두 무덤 나란히 앞에 있구나

蕭蕭白楊風(소소백양풍)

– 사시나무 가지엔 쓸쓸한 바람

鬼火明松楸(귀화명송추)

– 도깨비불 무덤에 어리비치네

紙錢招汝魄(지전소여백)

– 소지 올려 너희들 넋을 부르며

玄酒奠汝丘(현주전여구)

– 무덤에 술을 부어놓는다.

應知弟兄魂(응지제형혼)

– 알고말고 너희 넋이야

夜夜相追遊(야야상추유)

– 밤마다 서로서로 얼려 놀테지

縱有腹中孩(종유복중해)

- 아무리 아해를 가졌다 한들

安可冀長成(안가기장성)

- 이 또한 잘 자라길 바라겠는가

浪吟黃臺詞[22](낭음황대사)

- 부질없이 황대사 읊조리면서

血泣悲呑聲(혈읍비탄성)

- 애끊는 피눈물에 목이 메인다.

허난설헌은 2년 동안에 아들 딸을 다 잃은 처참한 자신의 처지를 시작(詩作)으로 달래며 섬세한 필치로 애상적 시풍의 특유한 시세계를 이룩하였다. 그의 불행은 계속되어 곧 임신 중이던 뱃속의 아이까지 사산하였다. 그리고 남편 김성립은 계속 밖으로 나돌았다.

또한 아버지, 어머니, 오빠 허봉을 연거푸 잃고 동생 허균마저 귀양가는 등 비극의 연속으로 삶의 의욕을 잃었으나 독서와 시 창작으로 참담한 심정을 달랬다. 시 재주와 문명(文名)은 당대에도 알려졌으나, 남편을 기다리는 시조차도 음란하다며 홀대받았다. 조선 봉건사회의 모순과 잇단 가정의 참화로, 그의 시 213수 가운데 속세를 떠나고 싶은 신선시가 무려 128수나 되었다.

1589년 초 그녀는 나이 27세에 아무런 병도 없었는데 어느 날

---

22 황대사- 당나라 고종의 후궁인 측천무후가 태자들을 차례로 죽이는 고사.

갑자기 몸을 씻고 옷을 갈아입고서 집안 사람들에게 유언과 비슷한 시를 남겼다 한다.

今年乃三九之數(금년내삼구지수)
- 금년이 바로 3·9수에 해당되니

今日霜墮紅(금일상타홍)
- 오늘 연꽃이 서리에 맞아 붉게 되었다

이 말과 다음 시를 남기고 세상을 떠났다.

夢遊廣桑山詩(몽유광상산시)
- 꿈속에서 노닐던 광상산[23]에서 시를 쓰다

碧海浸瑤海(벽해침요해)
- 푸른 바닷물이 구슬 바다에 스며들고

靑鸞倚彩鸞(청난의채난)
- 푸른 난새는 채색 난새에게 기대었구나.

芙蓉三九朶(부용삼구타)
- 부용꽃 스물 일곱 송이가 붉게 떨어지니

紅墮月霜寒(홍타월상한)
- 달빛 서리 위에서 차갑기만 하여라.

---

23 광상산은 신선들이 산다는 상상의 산이다.

이 시 역시 자신의 죽음을 예언하는 것 같다. 허난설헌은 죽기 직전 자신의 작품들을 모두 소각하였다. 그러나 그녀의 시를 아낀 동생 허균이 친정집에 있던 작품과 베껴놓았던 시, 자기가 암송하고 있는 시들을 모아 「난설헌집」으로 펴냈다. 오늘날 전해지는 허난설헌의 작품 대부분은 그녀가 죽고 난 후 허균에 의해 세상에 알려지게 되었다. 난설헌은 그림에도 능하여 풍경화와 수묵담채화, 난초화 등을 남겼다.

[사진 2] 난설현

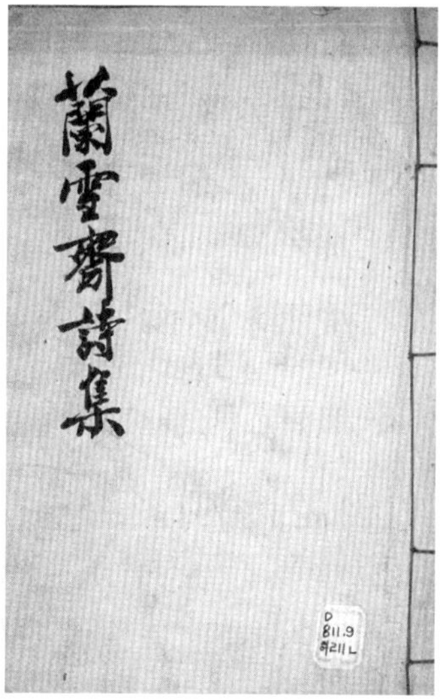

[사진 3] 「난설재시집」

[사진 4] 난설헌「양간비금도」

그녀가 1589년(선조 22년) 3월에 향년 27세에 한성 자택에서 죽자 남동생 허균[24]은 누이를 그리워하며 추모하는 시 한 수를

24 허균(許筠, 1569~1618)은 강릉 출신이며, 본관은 양천(陽川). 호는 교산(蛟山)·성소(惺所)이다. 임진왜란 당시 의병을 일으켜 싸운 공로로 선무원종공신 1등에 녹훈되었다. 1594년(선조 27년)애 문과(文科)에 급제하고 1597년(선조 30년) 다시 중시문과(重試文科)에 급제하여 공주 목사를 거쳤으나 반대자에게 탄핵받아 파면되고 유배당했다. 벼슬은 정헌대부 의정부 좌참찬 겸 예조판서에 이르렀다. 광해군 때 대북에 가담하여 실세로 활동하였으며, 1617년 인목대비 폐모론에 적극적으로 가담하였다.
그의 문집은 시류에 맞지 않는다는 이유로 조선 왕조 치하에서 모두 인멸(湮滅)될 뻔하였으나, 그가 죽음을 예상하고 당시 소년이던 외손자 이필진에게 전해줘서 후대에 전래되었다.《홍길동전》과《성소부부고》등을 남겼다. 특히《홍길동전》은 무명으로 발표하였으나 나중에 유몽인이 허균의 작품이라는 기록을 남겨 알려지게 되었다고 한다.「홍길동전」은 최초의 한글 소설이다.
유몽인(1559~1623) [어우야담(於于野談)]의 저자로 유명한데, 실제로 그 남겼다.

옥(玉)이 깨지고 별이 떨어지니 그대의 한 평생 불행하였다.

하늘이 줄 때에는 재색을 넘치게 하였으면서도

어찌 그토록 가혹하게 벌주고, 속히 빼앗아 가는가?

거문고는 멀리 둔 채 켜지도 못하고

좋은 음식 있어도 맛보지 못하였네

난설헌의 침실은 고독만이 넘치고

난초도 싹이 났건만 서리 맞아 꺾였네

하늘로 돌아가 편히 쉬기를

책은 우리나라에서 '야담'이라는 명칭이 처음으로 사용된 저서로, 다채로운 내용과 자유로운 문체를 높이 평가받고 있는 중요한 업적이다. 유몽인은 호는 어우당(於于堂)이고 시호는 의정(義貞)이다.

유몽인의 본관은 고흥(高興)이고 한양에서 태어났다. 그는 8세(명종 22, 1567) 때 아버지를 여의었지만, 뛰어난 학문적 성취를 이루어 14세 때 판관(判官, 종5품) 신식(申栻)의 딸과 혼인했고, 23세(선조 15, 1582) 때 사마시(소과)에 합격해 성균관에서 공부했다. 30세(선조 22, 1589) 때는 증광시에서 장원으로 급제하여 강원도 도사(都事, 종5품)·홍문관 수찬(정6품) 등을 지냈다. 그는 뛰어난 문학적·학문적 능력을 갖고 있었는데, 그것은 특히 사신 응대나 문서 작성 등과 관련해 외교에서 매우 중시되는 재능이었다.

임진왜란(1592)이 발발하자 그는 국난을 극복하기 위해 우선 의주로 몽진하는 선조를 호종한 뒤 이듬해부터는 명과의 외교 업무에 투입되었다. 전란 후에 홍문관 교리·대사간·도승지 같은 중요한 관직을 두루 거쳤다. 선조의 후사는 임진왜란 직후 광해군이 이미 세자로 책봉되어 결정된 상태였지만, 선조 39년에 적자인 영창대군(永昌大君, 1606~1614)이 태어나면서 영의정 유영경(柳永慶)이 이끄는 소북(小北)파가 영창대군을 지지하면서 광해군의 입지는 크게 흔들렸다.

뜬 세상 한순간 왔던 것이 슬프기만 하다.

홀연히 왔다가 바람처럼 떠나가니

한세월 오랫동안 머물지 못했구나

<허균>

孀婦嘆(상부탄)

七十老孀婦(칠십노상부)

일흔 된 늙은 과부가

單居守空壼(단거수공대)

홀로 빈 방을 지키고 있네

慣讀女史詩(관독여사시)

여사의 시도 읽었고

頗知妊姒訓(초지임사훈)

덕있는 부인의 교훈도 알고 있다네

傍人勸之嫁(방인권지가)

이웃이 시집가기를 권하면서

2년 뒤 즉위하기까지 광해군은 수많은 곡절과 위기를 넘겨야 했는데, 그 과정에서 유몽인은 일정한 역할을 수행했다. 그의 죽음은 아들 유약(柳瀹) 때문이었다. 유약은 성우길·정기수 등과 강화도로 가서 광해군 복위를 위해 거사하려고 했지만, 장마로 성우길의 군사가 모이지 않아 실패했다. 그런데 이 사건이 억울하게 유몽인에게 불똥이 튀었다. 그의 시 「상부탄」이 화근이었다. 아들 유약이 아버지의 이 시를 매우 좋아하여 거사를 모의했기 때문이다.

善男顔如槿(선남안여근)
무궁화 같은 얼굴의 선남이라네

白首作春容(백수작춘용)
흰 머리에 젊은 얼굴 단장하면

寧不愧脂粉(영불괴지분)
어찌 연지분이 부끄럽지 않겠소.

여기서 '늙은 과부'는 유몽인이고 '무궁화 같은 얼굴'은 인조다. 즉 광해군때 활동했던 자신이 어찌 인조를 다시 섬길 수 있느냐며 인조 치세에는 조정에 나가지 않겠다는 뜻으로 해석되었다. 이 시를 기화로 아들 유약이 광해군 복위 운동을 하는 바람에 은거하던 유몽인도 함께 처형되었다.

女史는 궁중에서 중전의 행적 기록과 문서를 맡아보던 여성 관리이다.

妊姒(임사)는 태임(太姙)과 태사(太姒), 각각 문왕과 무왕의 어머니로 덕 있는 부인. 유몽인은 천여 편의 시를 남겼는데, 가장 중요한 업적은 [어우야담]이다. 그는 실각한 뒤에 자신이 문장의 전범으로 생각한 [장자]의 우언적(寓言的) 기법을 사용해 자유롭고 다양한 문체와 내용을 보여주었다. <인륜편>·<종교편>·<학예편>·<사회편>·<만물편> 등 모두 558편으로 구성된 그 야담들에는 17세기의 시대상이 잘 담겨 있다고 평가된다.

허난설헌은 고부 갈등과 남편과의 불화로 당대의 평가는 부정적이었으나 조선 후기 사대부 지식인들 사이에서 재평가되어 뛰어난 천재로 인정하기 시작했으며, 영조, 정조 이후에 중인과 평민 등도 문학 활동에 참여하면서 그녀 시의 작품성과 천재성에 대한 평가가 나타나기 시작하였다.

2000년 9월에는 허난설헌의 시작품 168편을 모아 청 만력 40년(1612)에 중국에서 간행한 시집 『취사원창(聚沙元倡)』이 새롭게 발굴됐다. 『취사원창』은 중국 안후이성(安徽省) 출신 문인인 반지항(潘之恒, 1556~1622)의 문집 『긍사(亘史)』에 1책으로 수록되어 들어있었다. 이 시집에는 허난설헌의 산문 글 1편도 들어있었는데, 당시 중국 난징대학교 박사과정 유학생인 김영숙이 처음 발견했고, 한중문화교류사 전공인 순천향대 중문학과 박현규 교수가 대만 고궁박물관에 소장 중이던 이 소장품을 정밀 분석해 한국 학계에 소개하여 알려졌다. 그동안 「취사원창」은 중국 학계에서도 호문해(胡文楷)가 1957년 간행한 『역대부녀저작고(歷代婦女著作考)』라는 책에 이름만 언급되었을 뿐, 실전된 상태였다. 『취사원창』에 나타난 난설헌 시는 오언고시 14편, 칠언고시 11편, 오언율시 6편, 칠언율시 14편, 오언절구 20편, 칠언절구 103편이며 산문 1편은 그가 8세 때 지었다는 <광한전백옥루상량문>이다.

난설헌은 말년에 후원에다 별당을 지어놓고 화판을 쓰고 선녀처럼 살면서 늘 신선세계를 꿈꾸며 지냈다고 한다.

그러다가 어느 날 꿈속에서 신선세계에 올라갔다가 자기가 죽는 꿈을 꾸었다. 꿈에서 깨어난 뒤에도 그 경치가 하나하나 상상되므로 「夢遊記(몽유기)」를 지었다.

이러한 기록들을 보면, 난설헌은 문학적 상상력만이 아니라, 신선술도 닦아 초인적인 계시력도 가졌던 것 같다.

뒤에서 볼 「견흥」은 '흥에 겨워'라는 의미이다. '견흥'은 허난설헌의 자전적인 이야기가 담긴 시로 평가받고 있으며, 5언 율시 8수로 구성된 매우 긴 시에 속한다. 「견흥」 <제3수>와 <제4수>에서 시적 화자는 이별의 상황 속에서 '비단'과 '노리개'와 같은 정표에 의탁하여 자신의 사랑을 표현하며 남편에게 지조를 지킬 것을 요구하고 있다. 가부장적인 조선 사회에서 이처럼 적극적인 여성의 목소리가 드러나고 있는 점은 이 작품의 특징 중 하나이다. 또한 오언율시 8수나 되는 분량을 하나의 시로 썼다는 것도 드문 일이다. 그러나 8수가 모두 내용적으로 긴밀히 연관되어 있는 건 아니다.

遣興(견흥)- 거문고를 타면서 일어나는 감흥

遣興 一 (견흥 1)

梧桐生嶧陽[25](오동생역양)

- 오동나무 한그루가 역양에서 자라나

幾年傲寒陰(기년오한음)

---

25 嶧陽(역양)- 중국 강소성에 있는데 오동나무로 유명하다.

– 차가운 비바람속에 여러 해를 견뎠네.

幸遇稀代工(행우희대공)

– 다행히 보기 드문 장인을 만나

劚取爲鳴琴(촉취위명금)

– 베어다가 거문고를 만들었네.

琴成彈一曲(금성탄일곡)

– 다 만든 뒤 한 곡조를 타보았건만

擧世無知音[26](거세무지음)

– 온 세상에 알아들을 사람이 없네.

所以廣陵散[27](소이광릉산)

– 이래서, 광릉산 묘한 곡조가

終古聲堙沉(종고성인침)

– 끝내 전해지지 못했나 보네

---

26 知音(지음)- 백아가 타는 거문고 소리를 종자기만은 알아주었다는 데서 유래. 종자기는 초(楚)나라 사람으로 이름은 휘(徽)이고, 자는 자기(子期)이다. 춘추전국시대 초나라의 나무꾼이다. 전설에는 백아(伯牙, 유백아)가 한강(漢江) 변에서 거문고를 타고 있었는데, 우연히 종자기(鍾子期)를 만났다고 한다. 백아가 높은 산에 뜻이 있으면 종자기가 듣고 '태산같이 높구나'라고 하고 백아가 흐르는 물에 뜻이 있으면 '강물처럼 넓구나'라고 말했다. 백아가 생각한 것을 종자기가 반드시 알아맞췄다고 한다.

27 廣陵散(광릉산)- 진나라 죽림칠현 가운데 한 사람이었던 혜강(223~262)이 신선으로부터 전수받았다는 거문고 곡조인데, 혜강이 사형당한 뒤에는 그 곡조가 전하지 않는다. 혜강은 刑場(형장)에서 마지막으로 그 곡을 탄주하고 곡이 끝난 뒤에 탄식하기를 "袁孝尼(원효니)가 일찍이 나에게 광릉산을 배우겠다 하였으나 나는 그때마다 거절하였는데, 광릉산이 이제 맥이 끊기는구나(廣陵散 於今絶矣)"라고 하였다.

이렇게 백아와 종자기 두 사람은 결국 둘도 없는 친구가 되었다고 한다. 뒤에 종자기가 죽은 후에 백아가 '지음(知音)을 잃었다'고 탄식하고 거문고의 줄을 끊었다.

제1수의 핵심 내용은 세상에 지음이 없는 현실에 대한 안타까움이다.

遣興 二(견흥 2)

鳳凰出丹穴(봉황출단혈)

– 봉황이 단사 나오는 구멍에서 나타나

九苞燦文章(구포찬문장)

– 아홉 빛깔 무늬 드러나니 찬란하구나.

覽德翔千仞(람덕상천인)

– 은덕을 받아들이니 천 길이 상서롭고

噦噦鳴朝陽(홰홰명조양)

– 천천히 날아가며 아침 해에 노래하네.

稻粱非所求(도량비소구)

– 벼와 기장은 취하려 하지 아니하고

竹實乃其湌(죽실내기찬)

– 도리어 대나무 열매만 먹네.

奈何梧桐枝(내하오동지)

– 어찌하여 오동나무 가지에서 버티며

反棲鴟與鳶(반서치여연)
- 도리어 솔개와 올빼미만 깃드는가

丹穴(단혈)은 丹砂(단사)가 나오는 구멍이 있는 丹山(단산)으로 봉황이 산다고 한다.

九苞(구포)는 鳳凰에 대한 이칭. 구포는 봉황의 깃에 나타나는 아홉 종류의 빛을 이른다.

제2수의 핵심 내용은 봉황은 없이 올빼미와 솔개만 깃든 상황에 대한 한탄이다.

遣興 三(견흥 3)

我有一端綺(아유일단기)
- 내게 아름다운 비단 한 필이 있어

拂拭光凌亂(불식광릉난)
- 먼지를 털어내면 맑은 윤이 났었죠.

對織雙鳳凰(대직쌍봉황)
- 봉황새 한 쌍이 마주 보게 수놓여 있어

文章何燦爛(문장하찬란)
- 반짝이는 그 무늬가 정말 눈부셨지요.

幾年篋中藏(기년협중장)
- 여러 해 장롱 속에 간직하다가

今朝持贈郎(금조지증랑)
- 오늘 아침 님에게 정표로 드립니다.

不惜作君袴(불석작군고)
- 님의 바지 짓는 거야 아깝지 않지만

莫作他人裳(막작타인상)
- 다른 여인 치맛감으론 주지 마세요.

제3수의 핵심 내용은 '임에게 정표로 비단을 드림'이다.

遣興 四(견흥 4)

精金凝寶氣(정금응보기)
- 보배스런 순금으로,

鏤作半月光(누작반월광)
- 반달 모양 노리개를 만들었지요.

嫁時舅姑贈(가시구고증)
- 시집 올 때 시부모님이 주신 거라

繫在紅羅裳(계재홍라상)
- 다홍 비단 치마에 차고 다녔죠.

今日贈君行(금일증군행)
- 오늘 길 떠나시는 님에게 드리오니

願君爲雜佩(원군위잡패)
- 서방님 정표로 차고 다니세요.

不惜棄道上(불석기도상)

– 길가에 버리셔도 아깝지는 않지만

莫結新人帶(막결신인대)

– 새 여인 허리띠에만은 달아 주지 마세요.

제4수의 핵심 내용은 '임에게 노리개를 드림'이다.

遣興 五(견흥 5)

近者崔白[28]輩(근자최백배)

– 요즘 들어 최경창[29]과 백광훈 등이

攻詩軌盛唐[30](공시궤성당)

– 성당의 시법을 받아 시를 익히니,

寥寥大雅音(요요대아음)

– 아무도 아니 쓰던 대아(大雅)의 시풍

得此復鏗鏘(득차부갱장)

– 이들을 만나 다시 한번 쩡쩡 울리네.

下僚困光祿(하료곤광록)

– 낮은 벼슬아치는 벼슬 노릇이 어렵기만 하고

---

28 崔白(최백)- 최경창과 백광훈을 지칭.

29 최경창(1539~1583(선조 16)). 조선 중기 명종~선조 때의 대시인이며 호는 고죽(孤竹). 행직(行職)은 종성부사(鍾城府使)이고 청백리에 선정되었다.

30 성당(盛唐)- 번창했던 당나라 시절.

邊郡愁積薪(변군수적신)

– 변방의 고을살이 시름만 쌓이네.

年位共零落(년위공영락)

– 나이 들어갈수록 벼슬길은 막히니

始信詩窮人(시신시궁인)

– 시가 사람을 가난케 한단 말을 비로소 믿겠네.

최경창은 당시 백광훈(白光勳)·이달(李達)과 함께 '삼당시인(三唐詩人)'이라고 불리었다. 이 세 명이 조선의 시(詩)를 소식(蘇軾)과 구양수의 송시(宋詩)의 풍조에서 이백과 두보의 당시(唐詩)의 풍조로 바꾼 큰 업적을 남겼다. 선조 시대 시문에 뛰어난 '8문장가'는 위의 3명과 함께 이산해, 최립, 이순신, 윤탁연, 하응림을 말한다.(『선조수정실록』 참조) 중국의 사신 주지번이 최경창과 백광훈의 시집을 보고 감탄하기를, "내가 돌아가서 조선의 문물이 얼마나 훌륭한지를 널리 보여주겠다."라고 하였다고 한다.

제5수의 핵심 내용은 뛰어난 인재들의 불운에 대한 탄식이다.

遣興 六(견흥 6)

仙人騎綵鳳(선인기채봉)

– 선인께서 아름다운 봉황을 타고

夜下朝元宮[31](야하조원궁)

– 깊은 밤에 조원궁에 내려오셨네.

絳幡拂海雲(강번불해운)

– 붉은 깃발은 구름 바다에 떨치고

霓衣鳴春風(예의명춘풍)

– 무지개 옷은 봄바람에 울리네

邀我瑤池[32]岺(요아요지잠)

– 요지 봉우리에서 나를 맞으며

飮我流霞[33]鐘(음아류하종)

– 나에게 유하주를 마시게 하였네.

借我綠玉杖[34](차아록옥장)

– 나에게 녹옥장을 빌려주시면서

登我芙蓉峯(등아부용봉)

– 나를 부용봉으로 오르게 하네.

제6수의 핵심 내용은 신선이 된 기분을 나타낸 것이다.

---

31 조원궁- 도교의 최고신을 모신 궁전.

32 요지- 중국 곤륜산에 있다는 못. 신선들이 살았다고 함.

33 유하주- 쌀과 누룩을 이용하여 빚은 술, 신선들이 마시던 술.

34 녹옥장- 푸른 옥으로 만든 숲속에 버려진 신선의 지팡이.

遣興 七(견흥 7)

有客自遠方(유객자원방)

– 멀리서 손님이 오시더니

遺我雙鯉魚[35](유아쌍리어)

– 님께서 보냈다고 편지를 주셨어요.

剖之何所見(부지하소견)

– 무엇이 들었나 봉투를 열어서 보았더니

中有尺素書[36](중유척소서)

– 그 속에 긴 편지 한 장이 있었어요.

上言長相思(상언장상사)

– 첫마디에 늘 생각하노라 말씀하시곤

下問今何如(하문금하여)

– 요즘 어떻게 지내냐며 물으셨네요.

讀書知君意(독서지군의)

– 편지를 읽어가며 님의 뜻 알고는

零淚沾衣裾(영루첨의거)

– 눈물이 흘러서 옷자락을 적셨어요.

제7수의 핵심 내용은 임의 편지를 받은 심정을 나타낸 것이다.

---

35 雙鯉魚(쌍리어)- 편지를 뜻하는 말, 배를 가른다는 말은 편지봉투를 개봉한다는 뜻.

36 尺素書(척소서)- 한자나 되는 긴 사연의 편지.

遣興 八(견흥 8)

芳樹藹初綠(방수애초록)

– 꽃다운 나무는 물이 올라 푸르고

蘼蕪[37]葉已齊(미무엽이제)

– 궁궁이 싹도 가지런히 돋아났네.

春物自姸華(춘물자연화)

– 봄날이라 모두 꽃피고 아름다운데

煉丹[38]倘有成 (연단강유성)

– 혹시라도 신선이 되는 약을 만들면 (신선이 되면)

歸謁蒼梧帝[39](귀알창오제)

– 돌아오는 길에 순임금을 뵈오리라.

---

37 蘼蕪(미무)- 궁궁이의 싹, 뿌리와 잎을 한방에서 血淸劑(혈청제)로 씀.
五岳圖(오악도)- 오악은 동의 태산, 서의 화산, 남의 형산, 북의 항산, 중앙의 숭산을 그린 부적. 태산은 장수, 형산은 다치거나 불나지 않으며, 숭산은 부자, 화산은 재앙에서 벗어날 수 있고, 항산은 복록을 나타낸다 함.
즉 동서남북중앙을 그린 부적으로 오복을 가져다 준다고 함. 즉 신선이 사는 곳.

38 煉丹(연단)- 신선이 되는 약.

39 蒼梧帝(창오제)- 창오산에서 죽은 순임금. 순임금은 아황과 여영 두 왕비 사이에 금실이 좋아서 두 왕비가 순임금을 찾으러 갔다가 끝내 찾지 못하자 상수에 빠져 죽었다고 함.
순임금- 사마천의 사기는 중국 역사에 등장하는 전설적 인물로 삼황오제(三皇五帝)의 오제(五帝, 기원전 3,000년전)부터 기록하고 있는데 네 번째 순(舜) 임금을 요(堯)임금과 더불어 중국의 태평성대를 연 훌륭한 임금으로 적고 있다.

제8수의 핵심 내용은 봄에 느끼는 서글픔과 신선이 되고 싶은 마음을 나타냈다.

이 작품은 '비단'과 '노리개'같은 정표를 통해 자신의 사랑을 표현하고, 남편에게 의리와 지조를 요구하고 있다. 가부장적인 조선 사회에서 여성의 목소리가 드러나고 있다는 것에 이 작품의 의의가 있다. 또한 봄날을 맞이하여 신선세계에 대한 동경을 나타낸 것도 특기할 사항이다. 이 시는 오언 율시 8수를 하나의 시로 쓴 것으로 허난설헌의 뛰어난 작가적 능력을 보여주는 작품이다.

閨怨歌(규원가)- 여자의 한스런 노래(가사작품)

엇그제 저멋더니 ᄒᆞ마 어이 다 늘거니
少年行樂(소년 행락) 생각ᄒᆞ니 일러도 속절업다
늘거야 서른 말숨 ᄒᆞ자니 목이 멘다
父生母育(부생모육) 辛苦(신고)ᄒᆞ야 이내 몸 길러 낼 제
公侯配匹(공후 배필)은 못 바라도 君子好逑(군자 호구) 願(원)ᄒᆞ더니
三生(삼생)의 怨業(원업)이오 月下(월하)의 緣分(연분)ᄋᆞ로,
長安遊俠(장안 유협) 輕薄子(경박자)를 꿈가치 만나 잇서,
當時(당시)의 用心(용심)ᄒᆞ기 살어름 디듸는 듯,

三五二八(삼오 이팔) 겨오 지나 天然麗質(천연여질) 절로 이니,

이 얼골 이 態度(태도)로 百年期約(백년 기약)ᄒᆞ얏더니,

年光(연광)이 훌훌ᄒᆞ고 造物(조물)이 多猜(다시)ᄒᆞ야,

봄바람 가을 믈이 뵈오리 북 지나듯

雪鬢花顔(설빈 화안) 어ᄃᆡ 두고 面目可憎(면목 가증) 되거고나.

내 얼골 내 보거니 어느 님이 날 괼소냐.

스스로 慚傀(참괴)ᄒᆞ니 누구를 원망ᄒᆞ리.

三三五五(삼삼 오오) 冶遊園(야유원)의 새 사람이 나단 말가.

곳 피고 날 저물 제 定處(정처) 업시 나가 잇어,

白馬金鞭(백마 금편)으로 어ᄃᆡ 어ᄃᆡ 머므는고.

遠近(원근)을 모르거니 消息(소식)이야 더욱 알랴.

因緣(인연)을 긋쳐신들 ᄉᆡᆼ각이야 업슬소냐.

얼골을 못 보거든 그립기나 마르려믄,

열두 때 김도 길샤 설흔 날 支離(지리)ᄒᆞ다.

玉窓(옥창)에 심근 매화 몃 번이나 픠여진고.

겨을 밤 차고 찬 제 자최눈 섯거 치고,

여름날 길고 길 제 구즌비는 므스 일고.

三春花柳(삼춘 화류) 好時節(호시절)의 景物(경물)이 시름 업다.

가을 ᄃᆞᆯ 방에 들고 蟋蟀(실솔)이 床(상)에 울 제,

긴 한숨 디ᄂᆞᆫ 눈물 속절업시 헴만 만타.

아마도 모진 목숨 죽기도 어려울사.

도로혀 풀쳐 헤니 이리ᄒᆞ여 어이ᄒᆞ리.

靑燈(청등)을 돌라 노코 綠綺琴(녹기금) 빗기 안아,

碧蓮花(벽련화) 한 곡조를 시름 조ᄎᆞ 섯거 타니,

瀟湘夜雨(소상 야우)의 댓소리 섯도ᄂᆞᆫ ᄃᆞᆺ,

華表(화표) 千年(천년)의 別鶴(별학)이 우니ᄂᆞᆫ ᄃᆞᆺ,

玉手(옥수)의 타는 手段(수단) 녯 소래 잇다마다,

芙蓉帳(부용장) 寂寞(적막)ᄒᆞ니 뉘 귀에 들리소니,

肝腸(간장)이 九曲(구곡) 되야 구븨구븨 ᄭᅳᆫ쳐서라.

ᄎᆞᆯ하리 잠을 드러 ᄭᅮᆷ의나 보려 ᄒᆞ니,

바람의 디ᄂᆞᆫ 닢과 풀 속에 우는 즘생,

므스 일 원수로서 잠조차 ᄭᆡ오ᄂᆞᆫ다.

天上(천상)의 牽牛織女(견우 직녀) 銀河水(은하수) 막혀서도,

七月七夕(칠월 칠석) 一年一度(일년 일도) 失期(실기)치 아니거든,

우리 님 가신 후는 무슨 弱水(약수) 가렷관듸,

오거니 가거나 消息(소식)조차 ᄭᅳ쳤는고.

欄干(난간)의 비겨 셔서 님 가신 대 바라보니,

草露(초로)다 맷쳐 잇고 暮雲(모운)이 디나갈 제,

竹林(죽림) 푸른 고ᄃᆡ 새 소리 더욱 설다.

세상의 서룬 사람 수업다 ᄒᆞ려니와,

薄命(박명)한 紅顔(홍안)이야 날 가ᄐᆞ니 또 이실가.

아마도 이 님의 지위로 살동말동 ᄒᆞ여라.

현대어 풀이

엊그제 젊었더니 어찌 벌써 이렇게 다 늙어 버렸는가?

어릴 적 즐겁게 지내던 일을 생각하니 말해야 헛되구나.

이렇게 늙은 뒤에 서러운 사연 말하자니 목이 멘다.

부모님이 낳아 기르며 몹시 고생하여 이 내 몸 길러낼 때,

높은 벼슬아치의 배필은 바라지 못할지라도 군자의 좋은 짝이 되기를 바랐더니,

전생에 지은 원망스러운 업보요, 부부의 인연으로

장안의 호탕하면서도 경박한 사람을 꿈같이 만나,

시집간 뒤에 남편 시중들면서 조심하기를 마치 살얼음 디디는 듯하였다.

열다섯, 열여섯 살을 겨우 지나 타고난 아름다운 모습 저절로 나타나니,

이 얼굴 이 태도로 평생을 약속하였더니,

세월이 빨리 지나고 조물주마저 다 시기하여

봄바람 가을 물, 곧 세월이 베틀의 베 올 사이에 북이 지나가듯

빨리 지나가

꽃같이 아름다운 얼굴 어디 두고 모습이 밉게도 되었구나.

내 얼굴을 내가 보고 알거니와 어느 님이 나를 사랑할 것인가?

스스로 부끄러워하니 누구를 원망할 것인가?

여러 사람이 떼를 지어 다니는 술집에 새 기생이 나타났다는 말인가?

꽃 피고 날 저물 때 정처 없이 나가서

호사스러운 행장을 하고 어디 어디 머물러 노는가?

집 안에만 있어서 원근 지리를 모르는데 임의 소식이야 더욱 알 수 있으랴.

겉으로는 인연을 끊었다지만 임에 대한 생각이야 없을 것인가?

임의 얼굴을 못 보니 그립기나 말았으면 좋으련만,

하루가 길기도 길구나. 한 달 곧 서른 날이 지루하다.

규방 앞에 심은 매화 몇 번이나 피었다 졌는고?

겨울밤 차고 찬 때는 진눈깨비 섞어 내리고,

여름날 길고 긴 때 궂은 비는 무슨 일인가?

봄날 온갖 꽃 피고 버들잎이 돋아나는 좋은 시절에

아름다운 경치를 보아도 아무 생각이 없다.

가을 달빛이 방 안에 비추어 들어오고 귀뚜라미 침상에서 울 때

긴 한숨 흘리는 눈물 헛되이 생각만 많다.

아마도 모진 목숨 죽기도 어렵구나.

돌이켜 여러 가지 일을 하나하나 생각하니 이렇게 살아서 어찌 할 것인가?

등불을 돌려 놓고 푸른 거문고를 비스듬히 안아 벽련화곡을 시름에 싸여 타니

소상강 밤비에 댓잎 소리가 섞여 들리는 듯,

망주석에 천 년 만에 찾아온 특별한 학이 울고 있는 듯,

아름다운 손으로 타는 솜씨는 옛 가락이 아직 남아 있지마는,

연꽃 무늬가 있는 휘장을 친 방이 텅 비었으니 누구의 귀에 들릴 것인가?

구곡 간장이 끊어지는 듯 슬프다.

차라리 잠이 들어 꿈에나 임을 보려 하니

바람에 지는 잎과 풀 속에서 우는 벌레는 무슨 일이 원수가 되어 잠마저 깨우는가?

하늘의 견우성과 직녀성은 은하수가 막혔을지라도

칠월 칠석 일 년에 한 번씩 때를 어기지 않고 만나는데,

우리 임 가신 후는 무슨 장애물이 가리었기에 오고 가는 소식마저 그쳤는가?

난간에 기대어 서서 임 가신 데를 바라보니

풀 이슬은 맺혀 있고 저녁 구름이 지나갈 때

대 수풀 우거진 푸른 곳에 새소리가 더욱 서럽다.

세상에 서러운 사람 많다고 하지만

운명이 기구한 젊은 여자야 나 같은 이 또 있으랴?

아마도 임의 탓으로 살 듯 말 듯 하구나.

이 가사를 보면 작가가 노인이라는 인상을 받는다. 그러나 그녀는 27세에 요절했으므로 이 작품을 쓴 시기가 아무리 늦게 잡아도 20대 중반일 수밖에 없다. 이 시기에 부모, 형제, 자식까지 다 잃었으니 얼마나 절망하고 참담했을 것이며, 남편도 의지가 되기는커녕, 밖으로만 나돌아 소식조차 모를 때가 많았으니 그 어린 나이에 얼마나 막막하고 외로웠을 것인가.

'운명이 기구한 젊은 여자야 나 같은 이 또 있으랴'며 절규하는 모습을 보여준다.

위에서 보다시피 허난설헌은 어릴 때부터 뛰어난 신동으로 천재적 능력을 발휘하였다. 그는 양에서뿐만 아니라 질적인 면에서도 어느 중진에도 뒤지지 않은 문학적 유산을 남겼다. 한 여성으로서의 삶은 15세 결혼 이전까지는 아버지, 오빠, 남동생 모두 걸출한 문인 가정에서 유복하게 살았고 문학적 분위기 속에서 마음껏 재능을 펼칠 수 있었으나, 결혼한 이후는 10여 년 동안 참으로 비극적인 일을 연달아 겪으며 불행하기 이를 데 없는 삶을 살았고, 급기야 본인도 27세에 요절하게 된다. 비록 단명했음에도 불구하고, 허난설헌은 한 명의 문인으로서는 풍성한 성취를 이루었고, 조선시대 위대한 여성 문인의 한 사람으로 자리매김하여 길이 역사에 남았다.

엄청난 비극을 다 겪었음에도 문인으로서의 자세를 견지한 것은 참으로 경탄할 일이다. 또한 한글 가사를 두 편이나 써서 한글 발전에도 기여하였다. 조선시대 문학사에 걸출한 천재 문인이었음은 분명하다. 당대에는 고부갈등과 남편과의 불화 등으로 부정적인 평가를 받았으나, 조선 후기에 이르러 그녀가 쓴 시들의 작품성과 예술성을 인정받게 되었다. 후일 김성립이 임진왜란 때 전사하고 가선대부 이조참판에 추증되면서 그녀 역시 정부인(貞夫人)으로 추증되었다.

그의 처음 비석은 실전되었으나, 대한제국 멸망 이후 이숭녕(李崇寧) 교수 등에 의해 오석(烏石)으로 새로 세워졌으며, 전면에는 이숭녕교수가 지은 '증정부인양천허씨지묘'(贈貞夫人陽川許氏之墓)라는 비문(碑文)이 새겨져 있다.

허난설헌 묘는 경기도 광주시 초월면 지월리 산 29-5 안동김씨 묘역에 있다. 현재의 위치에서 약 500m 우측에 있었으나 1985년 현 위치로 이전되었다. 문인석을 제외한 묘비·장명등(長明燈:무덤 앞에 세우는 돌로 만든 등)·상석·망주석·둘레석은 근래에 만들어졌다. 묘의 우측에는 1985년 전국시가비건립동호회에서 세운 시비(詩碑)가 서있다. 시비에는 허난설헌의 '곡자'(哭子) 시가 새겨져 있으며 시 속의 주인공인 두 자녀의 무덤이 난설헌 묘 좌측 전면에 나란히 있다. 1986년 5월 7일 경기도 기념물 제90호로 지정되었다.

제2장

이옥봉의 사랑과 문학

2.1 조원과의 만남

이옥봉(李玉峰, 미상~1592?)은 본명은 숙원, 옥봉은 호다. 일반적으로 이옥봉이라 부른다. 옥봉은 16세기 중반 선조대왕의 아버지인 덕흥대원군의 후손으로 충북 옥천군수를 지낸 이봉(李逢)의 서녀(庶女)로 태어났다. 비록 서녀였지만, 아버지는 고위 관료였고 왕손이었다. 어릴 때부터 아버지에게 글과 시를 배웠는데, 글재주가 뛰어나 모두를 놀라게 했다.

혼기가 되었을 때 서녀라는 신분 때문에 첩살이밖에 할 수 없음을 알고 결혼을 포기하고 아버지를 따라 한양으로 가서 내노라 하는 시인 묵객들과 어울렸다. 옥봉의 시는 재기발랄하고 참신하여 '천고의 절창'이란 극찬을 받았다.

옥봉의 아버지 이봉(李逢)은 양녕대군의 고손자로, 임진왜란과 정유재란 때 의병장으로 활약하였다. 1592년(선조 25) 4월에 임진왜란이 일어나자 조헌(趙憲)·정경세(鄭經世) 등과 함께 의병을 규합, 험준한 요지에 진을 치고 적군의 후방을 교란하여 물리쳤다.

『조선왕조실록』에 의하면 "이때에는 오직 우리의 방비를 다해야 할 뿐입니다. 괴산·남원·옥천 등지에 의병장을 보내야 합니다. 예컨대, 이봉은 나이가 늙기는 하였으나, 43번의 전투를 겪으면서 적을 살상한 것이 가장 많습니다. 전에 옥천군수로 있을 적에 처사는 혹 서투른 점이 있었으나 인자로써 백성에게 임하고 청렴으로써 자기를 단속하였습니다.(『선조수정실록』 선조 28년 12월 28일)"라고 하였다. 이봉은 정철·이항복·류성룡 등 당대 문장가들과 함께 학문에 힘쓰며 이름을 떨쳤다. 한양이 수복된 뒤 고향으로 내려갔다가 선조의 명으로 상경하여 1595년 사헌부감찰에 발탁되고 1596년에는 옥천 군수와 괴산 군수로 나가 부농들의 창고를 열어 굶주리는 백성을 구제하였다. 1597년 정유재란 때에도 관군과 의병을 각 요충지에 배치하여 왜군의 진격을 막았고 부하 의병들과 함께 의곡을 모아 보태기도 하고, 직접 의병장이 되어 왜군을 무찌르기도 했는데, 그 공을 인정 받아 당상관에 올랐으나 벼슬을 탐내지 않아 사퇴하고 고향으로 돌아가 여생을 보냈다.

옥봉은 출가했다가 일찍 남편을 여의었다. 조선시대에는 한번 결혼했던 여성은 재혼할 수 없었다. 재혼하게 되면 파문을 당하고 파멸을 면치 못했다. 옥봉은 수절하면서 고독을 달랬다. 그녀는 다행히 시문(詩文)에 능했으므로 시를 짓는 것으로 세월을 보냈다. 옥봉의 시는 재기발랄한 풍류를 가지고 있어서 많은 사람들의 칭찬을 받았다. 허난설헌과 같은 시기에 살았던 이옥봉은 뛰어난 문장과 독보적인 시풍을 선보여 뛰어난 시인이 되었다.

옥봉의 시가 당시 승지 벼슬을 하던 조원(趙瑗)에게까지 알려졌다. 조원은 시로써 그녀를 존경하게 되었다.

어느 날 옥봉은 우연한 기회에 조원이라는 젊은 선비를 만나게 되고, 열렬한 사랑에 빠졌다. 조원(趙瑗, 1544~1595)은 조선 중기의 문신으로 본관은 임천(林川). 자는 백옥(伯玉), 호는 운강(雲江)이다. 1564년(명종 19) 진사시에 장원급제하였고, 1572년(선조 5) 별시 문과에 병과로 급제하였다. 1575년 정언(正言)이 되어 이 해 당쟁이 시작되자, 조원은 탕평의 계책을 상소하여 당파의 수뇌를 파직시킬 것을 주장하였다.

이듬해 이조좌랑이 되고, 1583년 삼척부사로 나갔다가 1593년 승지에 이르렀다. 효성이 지극하였으며, 또 자손의 교육도 단엄(端嚴)하였다. 아들 희정(希正)과 희철(希哲)이 임진왜란 때 어머니(조원의 처)를 지키다가 죽자 선조가 조원의 집 인근에 이들의 효성을 기리는 쌍홍문을 세우게 했는데, 그것이 오늘날 서울시 종로구 효자동의 유래가 되었다. 조원의 저서로는 『독서강의(讀書講疑)』가 있으며, 유고로는 『가림세고(嘉林世稿)』가 있다.

조원의 시

別院卽事(별원즉사)- 바깥뜰에서 생각나는 대로 쓰다

庭院微風燕影底(정원미풍연영저)

- 정원의 실바람에 제비 나직이 날고

梨花芳嗚嗚鳥啼(이화방명명조제)

- 배꽃 핀 방초 언덕엔 새들이 지저귀네

墻頭落日宜春晩(장두낙일의춘만)

- 담모퉁이에 지는 해 의당 늦은 봄이라

擾亂飄紅杏花西(요란표홍행화서)

- 향원 서쪽에 살구꽃 요란히도 나부끼네

江行(강행)- 강으로 감

江上誰家碧玉欄(강상수가벽오란)

- 강가의 어느 집 벽옥 난간에

美人春恨鎖眉端(미인춘한쇄미단)

- 봄 생각에 젖은 미인 눈썹에 시름겨워

低頭欲共仙郎語(저두욕공선랑어)

- 머리 숙여 선골 낭군과 속삭이려는데

無賴經舟下急湍(무뢰경주하급서)

- 가벼운 배는 무정하게 여울을 떠나가네

과부였던 옥봉은 체면 불구하고 조원에게 부실(副室·첩)이 되기를 청했다. 그러나 선비의 법도에 철저했던 조원은 이를 허락하지 않았다. 옥봉과 조원의 사랑은 이루어질 수 없는 것이었다. 그러나 극적으로 사랑은 맺어졌다. 조원의 장인이 사위에게 옥봉을 부실로 맞아들이도록 강권했기 때문이다. 옥봉을 유난히 사랑하는 아버지 이봉이 옥봉이 조원을 좋아하는 것을 알고 조원을 만나 자기 딸을 소실로 맞아 줄 것을 부탁했다. 그러나 조원은 완강했다. 이봉은 이번에는 조원의 아버지를 만나 같은 부탁을 했다. 조원의 아버지가 이 부탁을 듣고 아들을 설득하여 옥봉을 소실로 맞는 조건으로 시를 쓰지 않을 것을 다짐받았다. 옥봉은 사랑하는 사람을 위해서라면 시를 쓰지 않아도 될 것 같았다. 사랑을 버릴 수 없어 우여곡절 끝에 결국 시를 쓰지 않기로 약속을 하고 조원의 소실이 되어 행복하게 살았다.

그러나 이옥봉의 인생은 엉뚱한 사건에 휘말려 일순간에 나락으로 떨어진다. 어느 날 조원의 집 산지기 부인이 와서 자기 남편이 소를 훔쳤다는 죄목으로 억울하게 옥에 갇혔다며, 도와달라고 했다. 마침 조원은 출타 중이어서 옥봉에게 소장(訴狀)을 써달라고 부탁했다. 옥봉은 소장을 쓰고, 끝에 자신의 자작시를 한 편 써서 파주 목사에게 보냈다.

爲人訟寃(위인송원)- 원통함을 풀어주기 위함

옥봉

洗面盆爲鏡(세면분위경)
- 세숫대야로 거울을 삼고

梳頭水作油(소두수작유)
- 참빗에 바를 물을 기름 삼아 쓰옵니다.

妾身非織女(첩신비직녀)
- 첩의 신세가 직녀 아닐진대

郎豈是牽牛(낭기시견우)
- 낭군께서 어이 견우가 되오리까

비록 거울과 기름이 없이 가난하게 살지만 자기가 직녀가 아닌데, 어찌 남편이 견우가 될 수 있느냐고 썼다. 덕분에 그 산지기는 석방되었지만, 나중에 이 일을 알게 된 조원은 "시를 쓰지 않겠다는 나와의 약조를 어겼으며, 함부로 시를 써주어 나라의 옥사를 풀어주어 다른 사람들의 이목을 집중시켰다."는 이유로 옥봉을 내쳤다. 조원의 이런 행위는 당시에도 문제가 되었던 듯 고손자 조정만은 '이옥봉 행적'에서 세상 사람들이 "옥봉을 받아들이는 것이 군자다운 포용력이었을 것이라"고 하지만, 조원은 재주가 덕보다 승한 것을 미워했을 것이라고 변명했다. 그러나 누명을 쓴 백성을 풀려나게 한 것 자체가 덕일 것이다. 일설에는 조원의 본처가 옥봉을 내쫓기 위해 모든 일을 꾸몄다고도 한다. 어떻든 그 일로 옥봉은 남편에게 버림 받고 처절한 삶을 살게 된다.

그렇게 내쳐진 옥봉은 남편의 무도함을 원망도 않고 뚝섬 근처에 방 한 칸을 얻어 어렵게 지내며 조원의 마음을 돌려보려 애썼으나 허사였다. 옥봉은 첫 번째 남편을 여의고, 두 번째 남편에게 버림을 받게 되면서 고독하고 참담한 나날을 보내게 된다.

이런 자신의 삶에 대한 한탄과 남편에 대한 기다림은 급기야 마음의 깊은 병으로 도져서 참담한 일생을 살게 된다.

그러나 옥봉은 시인으로서의 삶을 살았다. 무명 시인이 아니라 당대 최고의 시인이었다.

고려시대에 <제왕운기>의 저자 이승휴를 비롯하여 수많은 시인 묵객이 죽서루에 올라 시를 지었는데, 그중 옥봉의 시가 가장 돋보인다는 것이 일반적인 평가다.

옥봉의 「죽서루」 시는 짧으면서도 당시 여성이 썼다고 보기 힘들 정도로 자연과 인생 그리고 우주에 대한 폭넓은 세계관을 보이고 있다. 옥봉은 죽서루의 절경에 대한 현실적인 이미지를 드넓은 하늘로 이전시킴으로써 형이상학적인 세계로 안내하고 있다.

죽서루

이옥봉

江涵鷗夢濶(강함구몽활)
– 강물에 노니는 갈매기의 꿈은 드넓고

天入雁愁長(천입안수장)
- 하늘 멀리 나는 기러기의 수심은 길기도 하구나

옥봉의 이 시를 극찬한 신흠(申欽, 1566~1628)은 호가 상촌(象村)으로, 대문장가이고 영의정을 지냈으며, 왕과 사돈인데도 매우 검소하게 생활하고 항상 조심하고 삼가는 일생을 보냈다고 한다. 다음은 신흠의 대표 시로 널리 애송되고 있다.

桐千年老恒藏曲(동천년노항장곡)
- 오동나무는 천년이 지나도 그 곡조를 간직하고

梅一生寒不賣香(매일생한불매향)
- 매화는 일생을 추위 속에 살아도 그 향기를 잃지 않으며

月到千虧餘本質(월도천휴여본질)
- 달은 천 번을 이지러져도 그 본바탕이 남아 있고

柳經百別又新枝(유경백별우신지)
- 버들은 백 번 꺾여도 새 가지가 올라온다.

위 신흠의 시는 많은 사람들이 좋아하고, 좌우명으로 삼는 것으로 유명한데, 특히 퇴계 이황 선생이 이 시를 평생 좌우명으로 삼고 가슴으로 읊었다고 한다.

한편 조원의 친구인 윤국형은 "옥봉은 시를 읊고 생각하는 동안에 부채로 입술을 가리기도 하는데, 그 목소리가 맑고 처절해서 이 세상 사람 같지 않다."라고 했다.

이옥봉의 시를 본격적으로 보기로 하자.

小池(소지)- 작은 연못

玉峯涵小池(옥봉함소지)
- 옥봉의 집, 작은 연못

池面月涓涓(지면월연연)
- 못 위에 달빛이 은은하다

鴛鴦一雙鳥(원앙일쌍조)
- 원앙 같은 한 쌍의 새

飛下鏡中天(비하경중천)
- 거울 속 하늘로 날아든다

秋思(추사)- 가을에 생각하다

翡翠簾疏不蔽風(비취염소불폐풍)
- 푸른 발 성글어 바람 막지 못하고

新涼初透碧紗襱(신량초투벽사롱)
- 선선 기운 푸른 갑 치마에 스며든다

涓涓玉露團團月(연연옥로단단월)
- 방울지는 흰 이슬과 반짝이는 달빛

說盡秋情初夏蟲(설진추정초하충)
- 가을 심사 풀어내는 초여름 풀벌레 소리

寶泉灘卽事(보천탄즉사)- 보천탄 여울에서

桃花高浪幾尺許(도화고랑기척허)

- 복사꽃 핀 물가의 물결 몇 자인지

銀石沒汀不知處(은석몰정부지처)

- 하얀 바위 물에 잠겨 어딘지도 모르겠다

兩兩鸕鶿失舊磯(양량로자실구기)

- 짝지어 나는 가마우지 옛 물가 잃었고

銜魚飛入菰萍去(함어비입고평거)

- 먹이 문 물고기는 풀 섶으로 날아든다

登樓(등루)- 누대에 올라

小白梅逾耿(소백매유경)

- 작은 흰 매화꽃 더욱 빛나고

深靑竹更姸(심청죽갱연)

- 짙푸른 대나무는 한창 곱구나

憑欄未忽下(빙난미홀하)

- 난간에 기대어 홀연히 내려오지 못하고

爲待月華圓(위대월화원)

- 달 떠올라 둥글어질 때까지 기다리노라

卽事(즉사)- 보는 대로 짓다

柳外江頭五馬嘶(유외강두오마시)
- 버드나무 너머 강 언덕에 다섯 말이 우는데

半醒愁醉下樓時(반성수취하루시)
- 누대를 내려 올 때 술 절반 깨자 또 근심에 취했네

春紅欲瘦臨粧鏡(춘홍욕수림장경)
- 봄날 붉은 꽃들 시들어갈 때 경대에 앉아

試畵梅窓却月眉(시화매창각월미)
- 매화꽃 핀 창가에서 반달 같은 눈썹을 그려보네

樓上(누상)- 누각 위에서

紅欄六曲壓銀河(홍란육곡압은하)
- 붉은 난간의 여섯 노래가 은하수를 누르고

瑞霧霏微懸翠羅(서무비미현취라)
- 상서로운 안개 흩날려 푸른 휘장에 걸려 있다

明月不知滄海暮(명월부지창해모)
- 밝은 달빛에 바다에 해 지는 줄도 모르겠는데

九疑山下白雲多(구의산하백운다)
- 구의산 아래에는 흰구름이 짙어지는구나

離愁(이수)- 이별의 슬픔

深情容易寄(심정용이기)
- 깊은 정 쉽사리 전해드리려

欲說更含羞(욕설갱함수)
- 말로 다하려니 더욱 부끄럽도다

若問香閨信(약문향규신)
- 임이 만일 내 소식 묻거든

殘粧獨依樓(잔장독의루)
- 화장도 지운 채 누각에 혼자 있다 하소서

마지막 행이 가슴을 울린다. 화장도 지우고 있다는 것은 '일에 의욕이 없다, 사람을 만나기 싫다, 지금 내 기분은 매우 안 좋다.' 등의 의미를 가진다고 볼 수 있다. 제목을 보면 '이별의 슬픔'을 지니고 있다.

'누각에 혼자 있다'는 것은 외롭다는 뜻이니 이 시는 이별로 하여 생긴 헛헛함과 슬픔을 간접적으로 표현한 시다.

허균은 「성소부부고」의 '학산초담'에서 "나의 누님 난설헌과 같은 시기에 이옥봉이란 사람이 있는데 조백옥(趙伯玉)의 첩이다. 그녀의 시 역시 기상이 맑고 굳어 분가루의 자태가 없다."라고 높이 평가했다. 이처럼 빼어난 재주를 가지고 남의 첩으로 들어간 옥봉의 마음이 신산하지 않을 수 없었다. '규정'이란 시가 그런 처지를 말해주고 있다.

閨情(규정)- 여자의 정

약속했던 낭군 어찌 이리 늦는지요
뜰 앞의 매화가 시들려고 합니다
갑자기 가지 위에서 까치소리 들리니
부질없이 거울 앞에서 눈썹을 그려봅니다.

이 시도 여성의 정을 매우 곡진하게 표현한 아름다운 시다. 도저히 남자는 쓸 수 없는 여성 시다.

까치소리만 나도 님이 오시는가 싶어 습관처럼 거울을 찾아 눈썹을 매만지지만, 앞의 '부질없이'가 많은 걸 시사해 준다.

본처가 아니고 소실이므로 남편이 집에 돌아오지 않는 때가 많았으리라. 설사 전번에 만났을 때 오늘쯤 온다고 했더라도 집에 일이 생기면 작은댁에 올 수가 없을 것이다.

조원의 고손자인 조정만(趙正萬)이 남긴 '이옥봉 행적'에는 하나의 에피소드가 실려 있다.

조원이 관직을 그만두었을 때 책력을 달라는 편지가 왔다. 조원이 '없는 것을 어찌 주느냐?'면서 옥봉에게 답장을 쓰게 하자 "어찌 남산의 승려에게 빗을 빌려달라고는 안 하시오?"라고 썼다. 모두 마음속으로 놀랐다. 여기서 옥봉의 시적 능력, 순발력, 재치, 그리고 강함이 나타난다.

雨(우)- 비

終南壁面懸青雨(종남벽면현청우)
- 남산 벼랑에 푸른 비 드리우고

紫閣霏微白閣晴(자각비미백각청)
- 자색 누각에 흩뿌리고 흰 누각은 개었구나

雲葉散邊殘照漏(운엽산변잔조루)
- 구름 사이 사이로 저녁 햇살 흘러나오고

漫天銀竹過江橫(만천은죽과강횡)
- 하늘 가득 뻗은 은빛 대나무 강 건너 걸쳐있다

허균이 이 시구를 보고 감탄하여 평하기를 "기발하고 고운 것이 화장품 냄새를 단번에 씻었다."고 하여 이옥봉을 자신의 누이 난설헌과 나란히 '천재시인'으로 일컫는 데 주저하지 않으면서, 한갓 여인의 가벼움을 벗어난 중진 시인으로 평가하였다.

이 시는 하늘에 먹장구름이 갈라지면서, 햇살이 환하게 새어나와 강물에 가득히 내리꽂히면서, 가로질러 가는 순간적인 소낙비를 묘사하였다. '은빛 댓가지(銀竹)란 구름 사이로 새어나온 햇살인지, 햇살 속에 쏟아지는 장대 빗줄기인지 정확하지 않지만, 창의적인 시구임에는 틀림없다. 탄성이 절로 나오는 기막힌 시구이다.

自適(자적)- 한가히 지내며

虛簷殘溜[1]雨纖纖(허첨잔유우섬섬)

– 빈 처마 낙수물 지고 비는 보슬보슬

枕簟輕寒曉漸添(침점경한효점첨)

– 대자리 침소는 싸늘한데 새벽 되니 더욱 차다

花落後庭春睡美(화락후정춘수미)

– 꽃 떨어진 뒤 뜰에 봄 잠 단데

呢喃*燕子要開簾(니남연자요개렴)

– 지지배배 제비들은 발 걷으라 우네.

봄잠이 달다고 한 것은 역설적이다. 밤새 잠 못 이루고 뒤척이다 잠시 잠든 것일 테다.

니남(呢喃)은 제비가 지저귀는 소리이다. 혹시나 님이 오실까 하는 기대를 갖게 하는 소리다. 님과 이별한 작가의 외로운 심정이 한 폭의 그림처럼 다가온다.

사후 중국과 일본 등지에서 오래 애송되었지만, 조선이라는 철저한 남존여비 사회에서 외면당할 수밖에 없었던 옥봉의 삶은 시작(詩作)을 통하여 슬프고도 아름다운 발자취를 남겼다.

---

1 잔유(殘溜)는 낙숫물이니 임과 이별해서 흘리는 눈물을 의미한다. 차가운 잠자리는 임과의 이별을 뜻한다.

七夕(칠석)

無窮會合豈秋思(무궁회합기추사)
- 두고두고 만날 텐데 무엇이 걱정이랴

不比浮生有離別(불비부생유이별)
- 덧없는 인간의 이별과 견줄 수가 없도다

天上却成朝暮會(천상각성조모회)
- 하늘에선 아침저녁 만나는 것을

人間漫作一年期(인간만작일년기)
- 사람들은 일 년에 한번이라 잘못 말하네

이 시도 옥봉의 천재성을 보여주는 구절이다. 견우와 직녀가 매년 7월7석에 한번 만나는 것으로 생각하는 통념을 깨고 하늘에서는 아침저녁으로 만난다고 역발상을 한다.

梨花(이화)- 배꽃을 노래함

樂天*敢比楊妓色(낙천감비양기색)
- 백낙천은 양귀비의 아름다움에 견주었고

太白時稱白雪香(태백시칭백설향)
- 이태백은 그의 시에 백설향이라 불렀지

別有風流徵妙處(별유풍류미묘처)
- 풍류에 미묘한 곳 따로 있으니

談烟疎月夜中央(담연소월야중앙)
– 밤하늘 안개 속에 흐린 달이라네

보는 바와 같이 옥봉은 '배꽃'을 '밤하늘 안개 속에 흐린 달'로 묘사한 것도 매우 독창적이다. 이 시는 배꽃의 은은한 아름다움을 노래한 작품이다. 그런데 배꽃은 보는 사람에 따라 여러 가지로 다르게 느끼고 묘사되었다.

위에서 낙천(樂天, 772~846)은 중국 당나라 때의 시인 백거이를 말하는데, 낙천은 그의 자(字)다. 당 현종과 양귀비의 비극적 사랑을 노래한 장한가(長恨歌)가 특히 유명하다.

'장한가'는 백낙천이 35세 때 지은 매우 긴 장시이다. 낙천은 '장한가'에서 양귀비의 눈물 흘리는 모습을 배꽃에 비유하여 "'梨花一枝春帶雨(이화일지춘대우)'라 하여 배꽃 한 가지가 봄비에 젖은 듯"이라 했다.

참고로 백거이의 '장한가'를 보자.

장한가(長恨歌)- 긴 탄식의 노래

백거이(白居易, 772~846) 807년작

漢皇重色思傾國(한황중색 사경국)
– 한나라 황제 미인을 좋아하여 경국지색을 생각했으나

御宇多年 求不得(어우다년구부득)

– 천하를 다스린 지 몇 년이 지나도록 얻지 못했다네

楊家有女初長成(양가유녀 초장성)

– 양씨 집안에 딸이 있어 이제 막 장성하나

養在深閨人未識(양재심규 인미식)

– 깊은 규방에 있어 사람들은 몰랐다네

天生麗質難自棄(천생려질 난자기)

– 하늘이 낳은 아름다움 스스로 버리기 어려워

一朝選在君王側(일조선재 군왕측)

– 하루아침에 뽑히어 임금 곁에 왔다네

回眸一笑百媚生(회모일소 백미생)

– 눈동자 굴리며 한번 웃음에 온갖 교태 생겨나

六宮粉黛無顔色(육궁분대 무안색)

– 육궁의 화장한 미녀들 안색이 무안하네

春寒賜浴華淸池(춘한사욕 화청지)

– 봄날이 쌀쌀하면 화청지에서 목욕하고

溫泉水滑洗凝脂(온천수골 세응지)

– 온천물 매끄러워 기름 낀 살을 씻어주네

侍兒扶起嬌無力(시아부기 교무력)

– 신녀들이 부축하여 일으키니 귀엽고 연약하여 힘이 없는 듯

始是新承恩澤時(시시신승 은택시)

– 이때가 비로소 새로 임금님 은택을 받을 때라

雲鬢花顔金步搖(운빈화안 금보요)

- 구름 모양 머리에 꽃 같은 얼굴 금장식 걸을 때에 흔들흔들

芙蓉帳暖度春宵(부용장난 도춘소)

- 연꽃 휘장 따뜻한데 봄밤을 보낸다네

春宵苦短日高起(춘소고단 일고기)

- 봄밤은 너무 짧고 해는 높이 솟아오르고

從此君王不早朝(종차군왕 부조조)

- 이 때부터 임금님은 일찍 조회도 하지 않고

承歡侍宴無閑暇(승환시연 무한가)

- 기쁜 잔치에 한가한 때 없고

春從春游夜專夜(춘종춘유 야전야)

- 봄이면 봄 따라 놀고 밤이면 밤새도록 놀았네

后宮佳麗三千人(후궁가려 삼천인)

- 후궁의 미녀들 삼천 명이나 되나

三千寵愛在一身(삼천총애 재일신)

- 삼천 미녀의 총애가 한 몸에 있네

金屋妝成嬌侍夜(금옥장성 교시야)

- 금옥에서 화장하고 교태로 모시는 밤

玉樓宴罷醉和春(옥누연파 취화춘)

- 옥루의 연회가 끝나니 취하여 봄날 같이 따뜻하네

姊妹弟兄皆列土(자매제형 개렬사)

- 형제자매가 모두 벼슬을 하니

可憐光彩生門戶(가련광채 생문호)

- 어여쁜 광채가 집안에 돈다

遂令天下父母心(수령천하 부모심)

- 드디어는 세상의 부모들 마음이

不重生男重生女(부중생남 중생녀)

- 아들 낳는 것보다 딸 낳는 것을 귀하게 여기게 되었네

驪宮高處入青雲(려궁고처 입청운)

- 여궁 높은 곳으로 푸른 구름 들고

仙樂風飄處處聞(선낙풍표 처처문)

- 신선의 음악 소리 바람 타고 곳곳에서 울리네

緩歌慢舞凝絲竹(완가만무 응사죽)

- 느린 노래에 느린 춤이 현악기에 어울려

盡日君王看不足(진일군왕 간부족)

- 종일토록 임금은 아무리 보아도 다시 보고 싶네

2.

漁陽鼙鼓動地來(어양비고 동지내)

- 어양 땅에서 반란군의 북소리 땅을 울리며 들려오니

驚破霓裳羽衣曲(경파예상 우의곡)

- 예상우의곡도 놀라서 끊어지네

九重城闕煙塵生(구중성궐 연진생)

- 구중궁궐에서 연기와 먼지 일어나니

千乘萬騎西南行(천승만기 서남항)

– 천승 만기 수레와 말 서남쪽으로 피난하네

翠華搖搖行復止(취화요요 행부지)

– 화려한 깃발 흔들흔들 가다가 다시 서고

西出都門百餘里(서출도문 백여리)

– 서쪽으로 도문을 나와 백여리쯤에

六軍不發無奈何(육군불발 무내하)

– 전 군대가 임금의 말에 움직이지 아니 하니 어찌하나

宛轉蛾眉馬前死(완전아미 마전사)

– 아름다운 양귀비도 말 앞에 찢겨죽는 것을

花鈿委地無人收(화전위지 무인수)

– 꽃비녀를 던져도 줍는 사람 아무도 없고

翠翹金雀玉搔頭(취교금작 옥소두)

– 취교와 금작과 옥소두 같은 비녀마저도 마찬가지네

君王掩面救不得(군왕엄면 구부득)

– 임금이 낯을 가리고 구해보려 해도 어쩔 수 없어

回看血淚相和流(회간혈누 상화류)

– 돌아보자 피눈물 흘러내리네

黃埃散漫風蕭索(황애산만 풍소삭)

– 누런 흙먼지 흩어져 자욱하고 바람은 스산한데

雲棧縈紆登劍閣(운잔영우 등검각)

– 사다리길 구불구불 지나서 검각에 오르네.

峨嵋山下少人行(아미산하 소인행)
– 아미산 아래엔 인적도 드물고

旌旗無光日色薄(정기무광 일색박)
– 깃발들은 빛을 잃고 햇빛도 엷어지네

蜀江水碧蜀山靑(촉강수벽 촉산청)
– 촉 땅의 강물 파랗고 산 푸름은

聖主朝朝暮暮情(성주조조 모모정)
– 거룩하신 임금의 아침마다 밤마다의 정이라네

行宮見月傷心色(행궁견월 상심색)
– 임금이 행궁에서 보는 달은 상처받은 얼굴색이요

夜雨聞鈴腸斷聲(야우문령 장단성)
– 밤비에 들리는 방울소리는 애간장 끊는 소리라네

天旋地轉回龍馭(천선지전 회룡어)
– 하늘이 돌고 땅이 바뀌어 임금님 수레 되돌아

到此躊躇不能去(도차주저 불능거)
– 여기에 이르러서는 머뭇머뭇 차마 떠나지 못하네

馬嵬坡下泥土中(마외파하 니토중)
– 마외역 언덕 아래 진흙 땅 속에

不見玉顔空死處(부견옥안 공사처)
– 양귀비의 옥 같은 얼굴은 보이지 않고 죽은 곳 쓸쓸하구나

君臣相顧盡沾衣(군신상고 진첨의)
– 임금과 신하 서로 돌아보며 모두 눈물이 옷을 적시고

東望都門信馬歸(동망도문 신마귀)

– 동쪽으로 도문을 바라보며 말을 따라 돌아가네

歸來池苑皆依舊(귀내지원 개의구)

– 돌아와 보니 연못과 동산 모두가 그대로고

太液芙蓉未央柳(태액부용미앙류)

– 태액의 부용과 미앙궁의 버드나무도 모두 그대로구나

芙蓉如面柳如眉(부용여면 류여미)

– 연꽃을 보니 양귀비 얼굴 버들을 보니 양귀비 눈썹

對此如何不淚垂(대차여하 불루수)

– 이를 보고 어찌 눈물 아니 흘리리오

春風桃李花開日(춘풍도리 화개일)

– 봄바람에 복숭아꽃, 오얏꽃 피는 날

秋雨梧桐葉落時(추우오동 섭락시)

– 가을비에 오동나무 잎 떨어지는 때라

西宮南內多秋草(서궁남내 다추초)

– 서궁과 남내에 가을 풀이 무성하고

落葉滿階紅不掃(낙섭만계 홍불소)

– 낙엽은 계단에 가득 쌓여 붉어도 쓸지 않네

梨園子弟白發新(이원자제 백발신)

– 이원의 자제들도 늙어 백발이 새롭고

椒房阿監靑娥老(초방아감 청아로)

– 숙방의 태감도 젊은 궁녀도 이제 다 늙었구나

夕殿螢飛思悄然(석전형비 사초연)

– 저녁 궁궐에 반딧불 날아다니니 양귀비 생각에 처량하고

孤燈挑盡未成眠(고등도진 미성면)

– 외로운 등불에 심지 돋워 다 타도 잠은 오지 않네

遲遲鐘鼓初長夜(지지종고 초장야)

– 느리고 느린 종소리 긴 밤에 처음 들려오고

耿耿星河欲曙天(경경성하 욕서천)

– 밝고 밝은 별들에 날이 새려 하는구나

鴛鴦瓦冷霜華重(원앙와냉 상화중)

– 원앙 기와 차가운 곳에 서리꽃은 더욱 짙어지고

翡翠衾寒誰與共(비취금한 수여공)

– 비취 비단이불 차가운 곳을 누구와 같이 하나

悠悠生死別經年(유유생사 별경년)

– 아득한 생사의 이별, 해를 넘겨도

魂魄不曾來入夢(혼백부증 내입몽)

– 혼백은 아직도 돌아와 꿈에도 들지 않네

臨邛道士鴻都客(임공도사 홍도객)

– 서울 나그네 임공의 도사가

能以精誠致魂魄(능이정성 치혼백)

– 정성으로 혼백을 불러들일 수 있다네

爲感君王輾轉思(위감군왕 전전사)

– 임금의 잠 못 드는 잠이 느꺼워

遂敎方士殷勤覓(수교방사 은근멱)

– 마침내 방사를 시켜서 은근히 찾아보게 하였네

3.

排空馭氣奔如電(배공어기 분여전)

– 구름에 올라 공기를 타니 빠르기가 번개 같고

升天入地求之遍(승천입지구지편)

– 하늘에 오르고 땅에 들며 두루두루 찾아보네

上窮碧落下黃泉(상궁벽낙 하황천)

– 위로는 하늘 끝까지 아래로는 황천까지

兩處茫茫皆不見(양처망망 개불견)

– 두 곳 모두 망망하여 보이지 않네

忽聞海上有仙山(홀문해상유선산)

– 홀연히 소리 들려오네, 바다 위에는 신선의 산이 있고

山在虛無縹緲[2]間(산재허무표묘간)

– 그 산은 보이지 않는 아득히 먼 데 있다네

樓閣玲瓏五雲起(누각령롱 오운기)

– 누각은 영롱하여 오색구름 일어

其中綽約多仙子(기중작약 다선자)

– 그 속은 아름다워 신선이 많이 살고

2 표묘하다- 끝없이 넓거나 멀어서 있는지 없는지 알 수 없을 만큼 어렴풋하다.

中有一人字太眞(중유일인 자태진)
– 그 중에 한 사람 있으니 자는 태진인데

雪膚花貌參差是(설부화모 삼차시)
– 눈 같이 흰 피부, 꽃 같은 고운 얼굴

金闕西廂叩玉扃(금궐서상 고옥경)
– 대궐 서쪽 행랑에서 옥문을 두드려

轉敎小玉報雙成(전교소옥 보쌍성)
– 여종인 소옥과 양성에게 알리니

聞道漢家天子使(문도한가 천자사)
– 한나라 천자의 사신이라 말하는 것을 듣고

九華帳里夢魂驚(구화장리 몽혼경)
– 구화 장막 속 깊은 곳에서 잠자던 혼이 놀라며

攬衣推枕起徘徊(남의추침 기배회)
– 옷을 잡고 베개 밀어제치고 일어나 허둥지둥

珠箔銀屛迤邐開(주박은병 이리개)
– 주렴 발과 은 병풍이 스르르 열리고

雲鬢半偏新睡覺(운빈반편신수각)
– 반쯤 기울어 이제 막 잠이 깬 채로

花冠不整下堂來(화관부정 하당래)
– 화관도 정제하지 못한 채로 방에서 내려오네

風吹仙袂飄飄擧(풍취선메 표표거)
– 바람 불어 신선의 소매 자락 나풀거려

猶似霓裳羽衣舞(유사예상우의무)

– 예상우의곡으로 춤추는 듯 하네

玉容寂寞淚闌干(옥용적막 루난간)

– 옥 같은 얼굴 고독이 깃들고 눈물 그치지 않네

梨花一枝春帶雨(이화일지 춘대우)

– 배꽃 가지엔 봄비가 배어있어

含情凝睇謝君王(함정응제 사군왕)

– 정을 품고 눈물을 머금어 임금께 감사하네

一別音容兩渺茫(일별음용 양묘망)

– 한번 이별 후 이제는 아련한 임금의 음성과 얼굴

昭陽殿里恩愛絶(소양전리 은애절)

– 소양궁 안은 임금의 은혜 끊겼지만

蓬萊宮中日月長(봉래궁중 일월장)

– 봉래궁 안은 일월이 장구합니다

回頭下望人寰處(회두하망 인환처)

– 고개 돌려 아래로 인간 세상을 내려보니

不見長安見塵霧(부견장안 견진무)

– 장안은 보이지 않고 티끌과 안개만 보입니다

唯將舊物表深情(유장구물표심정)

– 오직 옛 정물을 가지고 깊은 정 표현하려

鈿合金釵寄將去(전합금채 기장거)

– 자개상자와 금비녀를 갖고 가라 하네

釵留一股合一扇(채류일고합일선)

– 비녀는 반쪽씩 상자는 한 쪽씩

釵擘黃金合分鈿(채벽황금합분전)

– 황금 비녀 토막 내고 자개 상자 나눴으니

但敎心似金鈿堅(단교심사 금전견)

– 두 마음 이처럼 굳고 변치 않는다면

天上人間會相見(천상인간 회상견)

– 천상이나 세상에서 다시 만나게 되리라네

臨別殷勤重寄詞(임별은근 중기사)

– 떠나려 함에 은근히 거듭 말을 붙이니

詞中有誓兩心知(사중유서 양심지)

– 말 가운에 서약이 있어 두 사람은 알 것이네

七月七日長生殿(칠월칠일 장생전)

– 어느 칠월 칠석 날 장생전에서

夜半無人私語時(야반무인 사어시)

– 인적 없는 깊은 밤 속삭이던 말

在天願作比翼鳥(재천원작 비익조)

– 하늘에선 비익조가 되고

在地願爲連理枝(재지원위 연리지)

– 땅에선 연리지가 되었으면 하였네

天長地久有時盡(천장지구 유시진)

– 천지 영원하다 해도 다할 때가 있겠지만

此恨綿綿無絶期(차한면면 무절기)
– 이들의 한은 면면하여 끊어질 때 결코 없으리

이 '장한가'는 당 헌종 원화 원년인 806년에 지어졌다.

당나라 현종과 그의 비 양귀비와의 사랑을 읊은 노래이다.

첫 부분은 양귀비가 총애를 받고, 안록산의 난이 일어나 양귀비가 죽는 장면, 둘째 부분은 양귀비를 잃고 난 후의 현종의 쓸쓸한 생활, 셋째 부분은 죽어서 선녀가 된 양귀비와 만나보는 장면으로 되어 있다.

또한 이백은 "宮中行樂詞二(궁중행락사 2)"에서 배꽃을 묘사하여 "이화백설향(梨花白雪香) 배꽃은 흰 눈처럼 향기로워라"라고 했다.

이번에는 참고로 이백의 「궁중행락사」를 보기로 하자. 여기서는 '배꽃'을 '흰 눈 향'으로 묘사하였다.

宮中行樂詞(궁중행락사)- 오언율시 8수

이백

1수

小小生金屋(소소생금옥)
– 어려서 귀한 집에서 자라

盈盈在紫微(영영재자미)
– 탐스런 모습으로 자미궁에 거하네

山花插寶髻(산화삽보계)

– 산꽃을 꺾어 쪽머리에 꽂고

石竹繡羅衣(석죽수라의)

– 비단옷엔 석죽 무늬 새겼네

每出深宮裏(매출심궁리)

– 매번 깊은 궁에서 나와

常隨步輦歸(상수보련귀)

– 언제나 임금의 손수레를 따라 돌아오네.

只愁歌舞散(지수가무산)

– 다만 근심하는 건 노래와 춤이 끝나면

化作彩雲飛(화작채운비)

– 오색구름 되어 날아가 버릴까.

2수

柳色黃金嫩(류색황금눈)

– 여린 황금 빛 버들.

梨花白雪香(이화백설향)

– 흰 눈 향 나는 배꽃

玉樓巢翡翠(옥루소비취)

– 옥루에 비취새 깃들고

金殿鎖鴛鴦(금전쇄원앙)

– 황금 전각엔 원앙 숨었네.

選妓隨雕輦(선기수조련)

- 기녀를 뽑아 조각 가마 좇게 하고

徵歌出洞房(징가출통방)

- 명창을 불러 깊은 방을 나서네

宮中誰第一(궁중수제일)

- 궁중에서 누가 제일인가

飛燕[3]在昭陽(비연재소양)

- 소양전에 (조)비연황후가 계신다네.

盧橘爲秦樹(노귤위진수)

- 맛있는 노나라 귤 진(秦)의 나무 되고

蒲桃出漢宮(포도출한궁)

- 포도는 한나라 궁궐에 나네.

煙花宜落日(연화의락일)

- 해질녘의 불꽃놀이 마땅하고.

絲管醉春風(사관취춘풍)

- 풍악소리 봄바람에 취하네.

笛奏龍吟水(적주용음수)

- 피리 연주에 물속의 용이 울고

---

3 조비연(趙飛燕)은 기원전 1년은 미천한 출신으로 궁녀가 되어 전한의 황제였던 한 성제의 눈에 들어 기원전 7년~1년까지 황태후가 되었다.
그러나, 황자와 후궁들을 죽이는 등 악행을 저질러 한 평제 때 왕명에 의해 황태후에서 서인으로 강등당하고 결국 자살했다.

簫鳴鳳下空(소명봉하공)

– 퉁소 소리에 봉황이 내려오네

君王多樂事(군왕다락사)

– 임금에겐 즐거운 일 많아

還與萬方同(환여만방동)

– 온 천하와 더불어 즐기시네.

4수

玉樹春歸日(옥수춘귀일)

– 옥나무에 봄 돌아온 날

金宮樂事多(금궁락사다)

– 황금 궁궐엔 좋은 일 많네

後庭朝未入(후정조미입)

– 아침에는 후궁에 들리지 않고

輕輦夜相過(경연야상과)

– 가벼운 연으로 밤에만 드시네.

笑出花間語(소출화간어)

– 웃으며 꽃에서 나와 소곤대며

嬌來竹下歌(교래죽하가)

– 아리땁게 와 촛불 아래서 노래하네

莫教明月去(막교명월거)

– 밝은 달아 떠나지 마라

留著醉姮娥(유저취항아)

– 항아님 붙잡아 취해보리라

5수

繡戶香風暖(수호향풍난)

– 수 놓은 방에 향기로운 바람 따스한데

紗窗曙色新(사창서색신)

– 비단 친 창에는 새벽빛이 밝았구나.

宮花爭笑日(궁화쟁소일)

– 궁정의 꽃들 다투어 햇볕에 웃고

池草暗生春(지초암생춘)

– 연못의 풀은 슬며시 봄빛 띠었네

綠樹聞歌鳥(녹수문가조)

– 녹음 속엔 새소리 들리고

青樓見舞人(청루견무인)

– 푸른 누대엔 무용수가 보이네

昭陽[4]桃李月(소양도리월)

– 소양전 복사꽃 핀 달빛 아래

羅綺自相親(나기자상친)

– 비단 옷자락 절로 스치네.

---

4 소양전- 중국 한(漢)나라 때 성제(成帝)가 건축한 궁전. 조비연이 거처했던 궁.

6수

今日明光裏(금일명광리)

– 오늘은 명광문 안에서

還須結伴遊(환수결반유)

– 짝지어 놀아보세.

春風開紫殿(춘풍개자전)

– 봄바람에 대궐 문 열리니

天樂下珠樓(천악하주루)

– 천상 음악이 구슬 누대로 울려오네

豔舞全知巧(염무전지교)

– 고운 춤은 온갖 기교 터득했고

嬌歌半欲羞(교가반욕수)

– 예쁜 노래는 반쯤 수줍어하누나.

更憐花月夜(경련화월야)

– 더욱 어여쁜 것은 꽃에 달이 비치는 밤

宮女笑藏鉤(궁녀소장구)

– 궁녀들이 웃으며 구슬 놀이 하는 거라네.

7수

寒雪梅中盡(한설매중진)

– 찬 눈은 매화 속에 사라지고

宮鶯嬌欲醉(궁앵교욕취)

- 궁궐 꾀꼬리 고운 노래 취할 듯하고

春風柳上歸(춘풍류상귀)

- 봄바람은 버들 위로 돌아왔네.

簷燕語還飛(첨연어환비)

- 처마 밑 제비는 지저귀며 날고

遲日明歌席(지일명가석)

- 더디 지는 해는 무대를 밝게 하는데

新花豔舞衣(신화염무의)

- 새로 핀 꽃에 무용 옷 돋보이네

晩來移彩仗(만래이채장)

- 해 저물어 의장대를 옮기니

行樂好光輝(행락호광휘)

- 즐거운 놀이에 광채가 더욱 빛나는구나.

8수

水綠南薰殿(수록남훈전)

- 물 푸른 남훈전

花紅北闕樓(화홍북궐루)

- 꽃 붉은 북궐루

鶯歌聞太液(앵가문태액)

- 꾀꼬리 노래 태액지에 들려오고

鳳吹繞瀛洲(봉취요영주)

– 영주산엔 생황소리 감도누나

素女鳴珠佩(소녀명주패)

– 하얀 궁녀는 패옥을 울리고

天人弄彩球(천인농채구)

– 천상 선녀는 채색 공을 굴리는구나.

今朝風日好(금조풍일호)

– 오늘 아침 날씨가 좋으니

宜入未央遊(의입미앙유)

– 미앙궁[5]에 들어가 놂이 마땅하리.

참고로 이 '궁중행락사'는 당 현종이 봄날을 즐기다가 술 취한 이백을 불러 짓게 한 노래이다. 이백은 평소 형식이 엄격한 근체시[6]는 즐겨 짓지 않았는데, 현종이 짐짓 그 실력을 보고자 율시를 지으라 하였더니, 이백은 그 자리에서 일필휘지로 10수의 '궁중행

---

5 미앙궁(未央宮)은 장안에 위치한 한나라의 황궁이다. 기원전 200년에 한 고조의 명령 하에, 당시의 재상이었던 소하가 지었다. 서한의 정치적 중심지와 황실 주거지로 쓰였으며, 서진의 황궁으로 쓰이기도 하였다. 후대 남북조 시대에도 황궁으로 사용되었고 당나라 시대까지 보전되었으나, 나라가 어지러워지자 침략자들에 의해 전소되었다. 지구상에 있었던 가장 거대한 궁궐들 중 하나이며, 무려 1,200에이커의 면적을 차지했다고 한다. 현재는 빈 공터로 남아있다.

6 근체시- 당나라 때부터 발달한 시체(詩體)로, 심전기, 송지운 등에 의해 수립되었으며, 구수(句數)에 따라 4구로 이루어진 '절구(絶句)', 8구로 이루어진 '율시(律詩)', 12구 이상인 것을 '배율(排律)'이라 한다.

락사' 오언율시를 지었다고 한다. 지금은 위의 8수만 전해진다. 위의 두 작품에는 풍자의 뜻이 있다.

다시 이옥봉으로 돌아가자.

詠雪(영설)- 눈을 노래함

閉戶何妨高臥客(폐호하방고와객)
- 숨어 사는 사람이니 문을 닫은들 어떠하리

牛衣[7]垂淚未歸身(우의수루미귀신)
- 쇠덕석 옷에 눈물지며 돌아가지 못하는 몸

雲深山徑飄如席(운심산경표여석)
- 심산 깊은 구름은 산길에 돗자리처럼 나부끼고

風捲長空聚若塵(풍권장공취약진)
- 바람은 말아서 긴 하늘에 티끌처럼 모인다

淸白非沙欺落雁(청백비사기낙안)
- 하얀 물가에 기러기는 모래인 줄 속아서 앉고

窓明忽曉却愁人(창명홀효각수인)
- 창이 밝자 문득 새벽 되니 도리어 시름겹네

江南此月應梅發(강남차월응매발)
- 강남에는 이때 응당 매화 피었으리니

---

7 牛衣(우의)- 쇠덕석, 추위를 막기 위하여 소의 등을 덮어주는 옷.

傍水連天幾樹春(방수연천기수춘)

– 물가에는 몇 그루 나무가 하늘에 이어 봄일까

위의 시에서 '심산 깊은 구름은 산길에 돗자리처럼 나부끼고 바람은 말아서 긴 하늘에 티끌처럼 모인다'와 같은 구절은 참으로 참신하고도 독창적인 표현이다. 이런 표현은 이옥봉의 천재성을 드러낸다. '물가에는 몇 그루 나무가 하늘에 이어 봄일까?'도 재미있는 표현이다.

漫興贈郎(만흥증랑)- 님에게 어리광부리다

柳外江頭五馬嘶(유외강두오마시)

– 버들 숲 밖 강머리에 오화마[8] 울음소리

半醒半醉下樓時(반성반취하루시)

– 불그레 취한 얼굴 홍루 나설 때

春江欲瘦臨粧鏡(춘강욕수임장경)

– 님 그리워 여윈 얼굴 거울 보기 부끄러워

試畵梅窓半月眉(시화매창반월미)

– 매화창에서 반달 눈썹 그려보려 하네

8 오화마- 털빛이 오색으로 빛나는 좋은 말.

贈嫡子(증적자)- 아들에게

妙譽皆童稚(묘예개동치)
– 묘한 재주 어릴 때부터 자랑스러워

東方母子名(동방묘자명)
– 동방에 우리 모자 명성을 떨쳤네

驚風君筆落(경풍군필락)
– 네가 붓을 대면 바람이 놀라고

泣鬼[9]我詩成(읍귀아시성)
– 내가 시를 지으면 귀신도 운다네

옥봉은 자신의 시에 대한 자부심이 대단하여 위와 같은 시를 쓰기도 했다. '아들에게'라는 이 시는 옥봉이 조원의 정실부인에게서 난 아들에게 보낸 시로, 아들과 자신의 문재(文才)에 대한 자긍심을 표현하고 있다. 운강 조원에게는 희정(希正), 희철(希哲), 희일(希逸), 희진(希進) 등 네 명의 아들이 있었는데 이 시가 누구에게 준 것인지는 정확히 알 수 없지만 그들 모두 글재주가 뛰어났다고 한다. 그는 먼저 아들이 쓴 글의 위력을 바람이 놀란다고 칭찬한 뒤, 그 뒤를 이어 자신의 글솜씨 역시 뛰어나다는 것

9 읍귀(泣鬼)는 하지장이 중국 당나라 때의 대시인 이백을 평할 때 "귀신도 울게 할 (泣鬼神)" 시선이라고 한 데서 따온 것으로 보이는데, 이것은 결국 옥봉이 자신의 뛰어난 시재(詩才)를 스스로 천하에서 가장 유명한 이백에 견주고 있는 것이라고 볼 수 있다.

을 드러내고 있다.

옥봉 시의 진수는 사랑에 있다. 그녀의 시는 그녀의 인생만큼 간절하고 안타까움을 불러일으켜 독자들에게 오랜 여운을 남기고 있다. 이리저리 온갖 고생을 다 하며 어렵게 살면서도 평생 님을 그리워하는 시를 쓰게 된다.

그렇게 한평생 천성적으로 시를 버리기도 힘들고 또 남편에 대한 사랑도 떨쳐버릴수 없었던 (운명적으로 둘 중 어느 하나도 절대 버릴 수 없었던) 옥봉은 제1차 임진왜란이 거의 끝나가는 어느 날 그토록 무정하지만, 자신이 평생 변함없이 사랑하고 못잊어 하고 그리워하던 남편 조원이 급병으로 죽었다는 부고를 접하게 된다. 옥봉은 단 한번이라도 다시 만날 수 있기를 바라는 마지막 남은 그 일루의 희망마저 와르르 무너지며 절망하였다. 얼마 후 옥봉은 한평생 써두었던 수백 수의 시를 허리에 감고 파도치는 바닷물에 스스로 뛰어든다. 아마 죽어서도 혼이 그 시를 갖고 그리운 남편 조원을 찾아갔을 것이다.

2.2 조원과 헤어진 후의 옥봉

夢魂(몽혼)- 꿈 속의 혼(自述)

近來安否問如何(근래안부문여하)
-요즘 안부를 묻습니다

月到紗窓妾恨多(월도사창첩한다)
- 달 비친 비단 창가에 제 슬픔이 깊습니다

若使夢魂行有跡(약사몽혼행유적)
- 만약 꿈 속 혼이 다닌 길에 자취가 남는다면

門前石逕半成砂(문정석경반성사)
- 문 앞 돌길이 반쯤 모래가 되었을 거예요

여기서 마지막 두 행이 기가 막힌다. 이옥봉의 천재성이 드러나는 시구라고 할 수 있다.

사랑하는 임을 그리워하는 연모의 정은 인간이 가지고 있는 가장 원초적인 감정이다.

이 시는 이러한 사무치는 연모의 정을 그려내고 있다.

승구(承句)에서는 그리움을 달빛에 비추어 하소연하였고, 결구(結句)에서는 꿈속의 발자취가 현실로 옮겨진다면 돌길이 반쯤 모래가 되었으리라 하여 임을 만나고 싶은 애타는 심정을 하소연하였다. 전구(轉句)에서의 시상 변환이 특히 뛰어나다.

첫 행은 오지 않는 님에 대한 그리움으로 시작한다.

하지만 그 그리움은 이내 원망으로 바뀐다. 잠 못 이뤄 몸을 뒤척인다는 표현보다 "제 슬픔이 깊습니다"는 표현은 얼마나 간결한가. 그 속에는 작중 화자가 하고 싶은 모든 말이 압축돼 있다. 여기서 무슨 말을 더 할 수 있겠는가. 그런데 시는 거기서 그치지 않는다.

"만약 꿈속에 내 영혼이 자취를 남긴다면 문 앞의 돌길이 반쯤은 모래가 됐을 겁니다."에 이르면 그 절망의 긴 터널 속에서 지르는 외마디 소리에 소스라치게 놀라게 된다. 쉽게 생각하면 그리움의 극한의 표현으로 이해할 수 있다.

그래서 밤마다 그리움에 사무친 영혼이 집 밖을 배회하는 애절함으로 해석된다. 얼마나 간절했으면 그 영혼이 돌길을 모래로 만들 정도로 배회했겠는가. 그 긴 심리적 시간 동안 님은 오지 않았다. 이제는 모래로 풍화된 그 긴 기다림의 시간, 단순히 그리움에 사무친다는 설명만으로는 부족하다.

돌길이 모래로 변했다는 이 기막힌 표현은 절망의 세월 속에서 응축되어 터져나오는 외마디 절규이다.

허균은 옥봉의 '몽혼'에 대하여 '맑고 굳세어서 얼굴 단장이

나 하는 아녀자의 투가 아니다'라고 했고, 신흠(申欽)도 '근래 여인의 작품으로는 옥봉 이씨가 제일이다. 고금의 시인 가운데 이렇게 표현한 사람은 아직 없었다'고 했다. 이 구절 역시 이옥봉의 천재성을 보여준다.

이와 같이 위의 시에서 3, 4행은 동서고금을 통틀어 독보적인 것으로 평가된다. 이 '몽혼'으로 대표되는 옥봉의 사랑의 시만큼 간절하고 정열적이고 혼이 가득찬 것이 없다는 것이 문단의 평이다.

옥봉은 남편에게서 억울하게 버림받고 애통한 마음으로 울고 또 울면서도 시를 쓰고 또 썼다.

閨恨(규한)- 여인의 한

平生離恨成身病(평생이한성신병)
- 평생 이별이 한이 되어 병을 얻었으나

酒不能療藥不治(주불능료약불치)
- 술로도 못 고치고 약으로도 다스리지 못하네

衾囊泣如氷下水(금낭읍여빙하수)
- 이불속 눈물이야 얼음장 밑을 흐르는 물 같아

日夜長流人不知(일야장류인부지)
- 밤낮을 내가 되어 흘러도 그 뉘가 알아주랴

이별의 한을 노래하는 '규한'과 다음과 같은 '별한'이란 시도 매우 독창적이다.

別恨(별한)- 이별의 한

내일 밤이야 비록 짧고 짧더라도
오늘은 기나기길 바랐지만
닭소리 들리고 날이 밝으니
두 뺨엔 눈물만 흐르네.

위의 시 두 수는 이별의 한을 매우 함축적으로 그리고 실감나게 표현했다.

寧越道中(영월 도중)- 영월 가는 길

五日長千三日越(오일장천삼일월)
- 5일 걸릴 천리 먼 험한 길을 사흘에 넘으니

哀歌唱斷魯陵[10]雲(애가창단노능운)
- 애절한 노래 단종 능의 구름에 끊어지네

妾身白是王孫女(첩신백시왕손녀)

10 단종의 능을 말한다. 단종은 세조에 의해 폐위되고 '노산군'으로 강등되었다.

– 이 몸도 원래 왕의 자손이라

此地鵑聲不忍聞(차지견성불인문)

– 이곳 두견새 우는 소리 차마 듣지 못하겠네.

자신이 왕손임을 늘 생각하는 옥봉은 영월을 지나면서 이곳에 단종이 갇혔다가 끝내 불귀의 객이 된 것을 생각하고 마음이 아팠을 것이다. 그리고 그의 시가 생각나면서 두견새 소리가 반갑지 않았을 것이다.

옥봉의 선조인 덕흥대원군(德興大院君, 1530~1559)은 중종의 여덟째 아들로, 어머니는 창빈 안씨이다. 아들 선조가 즉위하여 대원군으로 추증되었다. 명종이 후사 없이 승하하자, 명종의 이복형인 덕흥군의 셋째 아들 하성군(선조)이 명종의 양자로 입적되어 즉위하였다. 최초의 방계 혈통 국왕의 즉위로 인해 국왕의 생부인 덕흥군의 추존 문제를 두고 정쟁이 일어났다. 선조는 아버지인 덕흥군을 왕으로 추존하고 싶어 하였으나, 신하들의 반대로 인해 뜻을 이루지 못하고 대신 군(君)보다는 높은 작호인 "대원군(大院君)"을 신설하였다. 선조 이후의 모든 조선 국왕은 덕흥대원군의 후손으로, 조선 후기의 국왕들은 덕흥대원군의 묘를 참배하고 사당에 전배례를 행하는 것이 관례화되었다.

덕흥대원군 한시

半世憂愁已作翁(반세우수이작옹)

– 반평생 우수(憂愁) 속에 이미 반늙은이 되었는데

聖恩如海泣無窮(성은여해읍무궁)

– 바다 같은 성은(聖恩)이 눈물로도 끝이 없네.

人言可與人情近(인언가여인정근)

– 사람들 말과 같이 인정에 끌린 것은

父子君臣義亦同(부자군신의역동)

– 부자(父子)와 군신(君臣)도 그 의리 같을진저

(해동서첩)

조선왕조 500년 사직(社稷) 중 가장 슬픈 역사의 주인공인 6대 임금 단종(端宗, 1441~1457)은 일찍 세상을 떠난 부왕(父王) 문종(文宗, 1414~1452)의 뒤를 이어 1452년 5월, 만 11세의 어린 나이에 왕위에 오른다.

1453년 10월에, 수양대군이 어린 왕을 보좌하는 고명대신(顧命大臣) 김종서를 제일 먼저 제거한다. 그리고 황보인을 비롯하여 여러 대신들을 제거한다. 그 이유는 신권이 왕권을 침해했다는 이유와, 둘째인 수양대군 자신을 멀리하고 셋째인 안평대군과 정사를 논의하며 역모를 꾀한다는 이유였다.

그러니까 표면상의 이유는 정사(政事)를 돌볼 능력이 없는 어린 조카 단종의 왕권을 회복시켜야 한다는 어처구니없는 빌미였다.

불행하게도 단종에게는 섭정할 사람이 없었다. 단종의 어머니 현덕왕후 권씨는 단종을 낳고 3일 만에 죽었다.

단종은 아직 어리기 때문에 정사를 돌볼 수 없으므로, 특히 인사(人事) 문제에 있어서 왕에게 명단을 올리면서 고명대신들이 노란색으로 표시를 해서 올리면, 왕은 그 노란 표시가 되어 있는 인물을 낙점하는 그런 방법이었다.

소위 '황표정사(黃標政事)'라 하는 것이다. 이는 결코 대신들이 왕을 업고 권력을 휘두른 것이 아니라, 어린 왕을 보필하려는 우국충정의 발로였다.

하지만 수양대군은 이를 빌미로 일으킨 난이 바로 계유정난(癸酉靖難)이다. 천하가 다 알듯이 숙부 수양의 속셈은 왕위를 노린 것이었다. 수양대군에 의해 희생된 대신들이 자그마치 32명이 넘었다. 수양대군의 간신이었던 한명회와 권람이 만든 살생부에 따라 행해진 결과였다.

겨우 십이세의 어린 나이에 많은 대신들이 죽어나가는 것을 보고 단종이 얼마나 괴롭고 두려웠을까는 불문가지이다.

수양대군은 1455년 윤유월, 단종을 상왕으로 밀어내고 결국 왕위에 올라 세조가 된다. 다음 해인 1456년에 집현전 학사 성삼문. 박팽년·하위지·이개·유성원·유응부 등 사육신이 단종 복위를 도모하다가 발각되어 처형된다.

이 사건으로 1457년 6월, 단종은 노산군(魯山君)으로 강등되어 16세의 나이에 강원도 영월 청령포로 유배되었다.

단종이 유배지에서 처음으로 지은 시가 바로 어제시御製詩이다. 어제시에는 청령포와 주변의 모습과 단종의 마음 상태가 잘 표현되어있다.

御製詩(어제시)- 임금(단종)께서 지으신 시

千秋無限寃(천추무한원)
- 천추에 원한을 가슴 깊이 품은 채

寂寧荒山裡(적령황산리)
- 적막한 영월 땅 황량한 산 속에서

萬古一孤魂(만고일고혼)
- 만고에 외로운 혼이 홀로 헤매는데

蒼松繞舊園(창송요구원)
- 푸른 솔은 옛 동산을 감싸고 있네

嶺樹三天老(영수삼천로)
- 고개 위 소나무는 하늘 높이 우거졌고

溪流得石喧(계류득석훤)
- 냇물은 돌에 부딪쳐 소란도 하구나

山深多虎豹(산심다호표)
- 산이 깊어 맹수도 득실거리니

不夕掩柴門(불석엄시문)
- 저물기 전에 사립문을 닫아 거노라

1457년 유배되던 해의 여름에 홍수로 청령포가 범람하자, 단종이 영월 객사인 관풍헌으로 거처를 옮겼다. 그는 관풍헌 바로 옆에 위치한 매죽루에 올라, 두견새의 구슬픈 울음소리에 자신의 처지를 견주어, 자규사(子規詞)와 자규시(子規詩)를 지어 읊었다고 한다. 자규루(子規樓)는 관풍헌 동쪽에 세워진 누각으로 계단을 통하여 오를 수 있다. 노산군으로 강등된 자기 자신을 두견새에 비유하여 지은 단종의 자규사와 자규시는 참으로 애절하다.

子規詞(자규사)- 두견새에 부치는 글

단종

月白夜蜀魂啾(월백야촉혼추)
- 달 밝은 밤 두견새는 슬피 우는데

含愁情依樓頭(함수정의류두)
- 수심에 젖어 누각에 기대어 있으려니

爾啼悲我聞苦(이제비아문고)
- 네가 슬피 울어 듣는 나도 괴롭구나

無爾聲無我愁(무이성무아수)
- 네가 울지 않으면 내 시름도 없으련만

寄語世上苦勞人(기어세상고노인)
- 보시오 세상 근심 많은 이들이여

愼莫登春三月子規樓(신막춘삼월자규루)
- 부디 춘삼월엔 자규루에 오르지 마시오

子規詩(자규시)

단종

一自寃禽出帝宮(일자원금출제궁)

– 원한 맺힌 새 한 마리 궁중을 떠난 뒤로

孤身隻影碧山中(고신쌍영벽산중)

– 외로운 몸 짝 없는 그림자가 푸른 산속 헤맨다

假面夜夜眠無假(가면야야면무가)

– 밤이 가고 밤이 와도 잠을 이루지 못하고

窮恨年年恨不窮(궁한년년한불궁)

– 해가 가고 해가 와도 한은 끝이 없구나

聲斷曉岑殘月白(성단효잠잔월백)

– 두견새 소리 끊어진 새벽 멧부리에 지새는 달빛만 희고

血流春谷落花紅(혈루춘곡낙화홍)

– 피를 뿌린 듯한 봄 골짜기에 지는 꽃만 붉구나

天聾尙未聞哀訴(천롱상미문애소)

– 하늘은 귀먹었나 애달픈 하소연 어이 듣지 못하는고

何奈愁人耳獨聽(하내수인이독총)

– 어찌하여 슬픔 많은 이내 몸의 귀만 홀로 밝은고

만 16세에 이런 시를 쓴 단종의 애끓는 모습 보는 듯하다. 특히 '피를 뿌린 듯한 봄 골짜기'란 표현은 이때의 단종이 아니고서는 도저히 떠올리 수 없는 시상이다.

단종이 영월에 유배 중이던 1457년 9월, 경상도 영주지방 순흥에 유배되었던 여섯째 숙부 금성대군이 단종의 복위를 꾀하다가 발각되어 처형되었다. 그리고 셋째 숙부 안평대군은 강화도로 유배되어 결국 사약을 받아 죽었다.

이 사건으로 인해 단종은 노산군에서 다시 서인(庶人)으로 강등되었고, 마침내는 세조가 내린 사약을 받게 된다.

그때가 1457년 음력 10월 24일, 단종의 나이 만 16세였다.

금부도사 왕방연이 사약을 받들고 영월에 이르러 감히 관풍헌에 들어가지 못하고 머뭇거리고 있으니, 나장(귀양 가는 죄인을 압송하는 일을 맡아보던 하급 관리)이 시각이 늦어진다고 발을 굴렀다. 왕방연이 하는 수 없이 관풍헌에 들어가 뜰 가운데 엎드려 있으니, 단종이 익선관과 곤룡포를 갖추고 나와서 온 까닭을 물었으나, 왕방연이 대답을 못하였다.

통인 하나가 항상 단종을 모시고 있었는데, 스스로 할 것을 자청하고 활줄에 긴 노끈을 이어서, 단종이 앉은 뒤 창문으로 그 끈을 단종 목에 감고 잡아당기니 즉사하였다. 그리고 나서 그 통인도 스스로 죽었다. 노산군이 죽자, 관에서 명하여 시신을 강물에 던졌는데, 옥체가 둥둥 떠서 빙빙 돌아다니다가 다시 돌아오곤 하는데, 가냘프고 고운 열 손가락이 수면에 떠 있었다.

이것을 본 시녀와 시종들이 다투어 동강(東江)에 몸을 던져 죽어서 둥둥 뜬 시체가 강에 가득하였고, 이날 뇌우가 크게 일어나 지척에서도 사람과 물건을 분별할 수 없고 맹렬한 바람이 나무를 쓰러뜨리고 검은 안개가 공중에 가득 깔려 밤이 지나도록 걷히지 않았다고 한다. 날씨조차 비극의 극치를 보여주는 역사의 현장이다.

당시 영월 지방의 호장(戶長)이었던 엄흥도(嚴興道)가 한밤중에 단종의 시신을 몰래 거두어 지게에 지고 동을지산으로 올라갔다.

눈보라를 헤치고 산속으로 도망가던 중 노루 한 마리가 잠을 자다가 깜짝 놀라서 달아나는 것을 보았다.

노루가 있던 자리에만 눈이 쌓이지 않았기에 엄흥도는 그곳에 단종의 시신을 암장하고는 식솔들을 거느리고 자취를 감추었다.

단종의 시신과 엄흥도가 하루아침에 사라지자 관에서 엄흥도 일가의 행방을 수색하였는데, 마을 사람들은 그들이 숨은 곳을 짐작하고 있었지만, 아무도 관에 고하지 않아서 찾지 못했다고 한다.

야사에서도 단종은 사약을 마신 것이 아니고 끈으로 목 졸려 죽었다고 되어 있다. 단종의 죽음에 대해서 《세조실록》 세조 3년 10월 24일에는 다음과 같이 기록되어 있다.

"노산군(魯山君)이 이를 듣고 또한 스스로 목매어서 졸(卒)하니, 예(禮)로써 장사지냈다." (세조는 단종의 장인인 송현수가 금성대군과 함께 단종 복위를 꾀했다는 혐의로 교수형에 처하라는 명을 내렸다. 이 소식을 듣고 단종이 스스로 목매어 죽었다는 것이다.)

"예로써 장사지냈다."라는 기록도 완전 거짓이다. 단종의 무덤에 관한 기록은 《중종실록》에서 처음 나타난다.

"중종의 어명을 받은 우승지 신상(申鏛)은 단종의 무덤을 찾아 제사 지내고 돌아와 결과를 보고하였다.

그 보고에 따르면 묘는 영월군 서쪽 5리 길가에 있는데 높이가 겨우 두 자쯤 되고, 여러 무덤이 곁에 총총했으나 고을 사람들이 '군왕의 묘'라 부르므로 비록 어린이들이라도 식별할 수 있겠더라는 것이었다. 그는 덧붙여 보고하기를 고을 아전이었던 엄흥도라는 사람이 단종의 시신을 거두어 지금의 이 자리에 장사를 치렀다고 하였다."

단종이 복권되지 않은 시절, 무덤은 봉분도 없었기 때문에 일반 백성 묘와 구별이 되지 않았다. 그러나 지역 사람들 가운데 어린아이들도 그 주변에서 놀 때 그 자리를 향해서 돌을 던지지 않았다고 한다. 인근 백성들은 암암리에 알고 있었지만, 관에 고하지를 않았던 것으로 추측된다.

공식적으로 위치조차 알려지지 않은 채 방치되었던 단종의 무덤은 70년쯤 지난 중종 36년(1541)에 암장된 장소를 영월군수 박충원이 찾아내어 왕릉의 모습을 갖추었다. 그리고 120년도 훨씬 지난 숙종 34년(1698)에 단종은 왕의 지위를 되찾았다. 이후 영월호장 엄흥도는 사육신과 함께 영월의 육신사에 배향되었다. 이후 그는 1833년에 공조판서로 추증되었고, 1876년 고종 13년에 충의공(忠毅公)이란 칭호가 추서되었다. 1900년에는 문경에 그를 모신 사당 충절사가 건립되었다. 강원도 영월에서는 매년 4월중순에 단종을 추모하는 다양한 단종제 행사를 치른다.

당시 금부도사였던 왕방연이 읊었다는 '천만리 머나먼 길'이라는 유명한 시조는 왕방연이 청령포를 에돌아 흐르는 서강(西江)의 강가에 밤새 앉아서 단종의 유배와 죽음을 슬퍼하며 남긴 것이라고 한다.

천만리 머나먼 길

왕방연

천만리 머나먼 길 고운 님 여의옵고
내 마음 둘 데 없어 강가에 앉았으니
저 강물도 내 마음 같아야 울어 밤길 예놋다

마지막 행의 '저 강물도 내 마음과 같아서 밤새 울며 흐른다'고 표현한 것은 자신의 울음을 강물이 흐르는 소리에 비유하여 애절함이 더 크게 느껴진다.

2019년 10월 어느 날 이옥봉의 육필시로 보이는 한시 1수가 발견됐다고 「천지일보」가 전했다. 이 시는 평소 옥봉이 시를 공부했던 서책인 「소동파시집」 맨 뒷장에 종서 2행 초서로 썼는데, 부군 조원이 괴산 현감으로 부임하자 기뻐하면서도 떨어져 있음을 애석히 생각한 내용이다. 시 왼편에는 옥봉이 쓴 것 (敬述)이라는 기록이 있다.

一相朝日半峯文(일상조일반봉문)

- 아침나절 쓴 글이 반 봉우리인데

天雲江寒木葉傳(천운강한목엽전)

- 차가운 강 구름 낀 하늘을 낙엽이 전하네

西風起自槐灘至(서풍기자괴탄지)

- 서풍은 스스로 일어나나 괴산에 닿기는 어렵네

明若龍山妾夢魂(명약용산첩몽혼)

- 기쁘기는 하나 첩에게는 꿈일세

玉峯 敬述

- 옥봉이 삼가 쓰다

옥봉의 시 32편이 후손 조정만(趙正萬)에 의해 『가림세고(嘉林世稿)』에 실려 전한다. 『가림세고』는 조원(趙瑗)·조희일(趙希逸)·조석형(趙錫馨)의 3대의 시문을 합하여 상중하 3편으로 만들고, 권말에 옥봉의 시를 부록하여 1704년(숙종 30)에 간행한 시문집이다.

오늘날에야 그들을(허난설헌, 이옥봉 등) 당대 최고의 문인으로 평가하지만, 그들이 비극적인 삶을 살았던 이유는 아이러니하게도 시작(詩作) 때문이었다. 글을 지었다는 이유로 남편에게 쫓겨나고 시댁에서 모진 구박을 받아야 했음에도 그들은 줄곧 시를 포기하지 않았다. 시를 쓰지 않고는 살 수 없는 절박함이 있었기 때문일 것이다.

우리가 밥을 먹지 않고는 살 수 없듯이 그들은 시를 쓰지 않고는 살 수 없는 시혼(詩魂)을 가지고 태어났기 때문이다.

허난설헌과 이옥봉은 누구보다 높은 언어 구사력과 관찰력, 그리고 창의력을 지녔을 것이었다. 그러나 여자가 스스로 무언가를 도모하거나 그 목소리가 담을 넘어서는 안 된다는 내외법의 규범이 그들을 가로막았지만, 어릴 때부터 시를 짓고 자란 두 여성은 자신이 보고 배웠던 대로 현실과는 달리 제한 없는 상상의 나래 속에 펼쳐지는 자연과 인생 등 모든 것에 대한 생각이나 감정을 언어로 표현하여 자기만의 고유한 시각을 가진 시인으로 성장했다. 난설헌이 억압받는 여성의 자발적이고 주도적인 욕망, 아름다운 관능을 시에 담아냈다면, 표의문자인 한자의 특징을 절묘하게 살려낸 이옥봉의 시는 청아함과 동시에 여성답지 않은 굳세고 강건한 느낌이 든다.

글을 안다는 이유로, 시를 쓴다는 이유로, 단지 조선에서 여자로 태어났다는 이유만으로 억압된 사회의 굴레 속에서 불행한 삶을 살아야 했던 이옥봉. 그녀는 첩의 소생이라는 이유만으로 소실이 됐고, 뛰어난 재주를 지녔음에도 억눌려 살았다. 그녀는 순전히 타인을 돕기 위해 다시 붓을 들었고 그로 인해 모든 걸 잃었지만, 마지막까지 시를 놓지 않았고 시와 함께 생을 마쳤다. 사후 먼 해외에서부터 그 가치와 존재를 인정받은 이옥봉은 당대 최고의 문인이었다.

送別(송별)- 이별하며

人間此夜離情多(인간차야이정다)
- 이 밤, 우리 이별 너무 아쉬워

落月蒼茫入遠波(낙월창망입원파)
- 달은 멀리 저 물결 속으로 지고

借問今宵何處宿(차문금소하처숙)
- 묻고 싶어요, 이 밤 어디서 주무시는지

旅窓空聽雲鴻過(여창공청운홍과)
- 구름 속 날아가는 기러기 울음에 잠 못 이루시리, 당신은

謝人來訪(사인내방)- 사람이 찾아 준 것이 고마워

飮水文君宅[11](음수문군댁)
- 탁문군 집, 우물같고

---

11 탁문군(BC 179~117)은 한나라 때 미모도 뛰어난데 시문에도 능하고 북과 거문고를 잘 탔다. 16살 때 거부인 아버지 탁왕손의 동업자 집안에 시집을 갔으나, 몇개월만에 남편이 죽었다. 17살에 과부가 되어 친정에 돌아와 지내던 중 집에서 연 연회에서 한대(漢代)의 제1문장가인 사마상여와 운명적으로 만나게 된다. 사마상여(BC 179~118)는 양왕의 보호 아래 마음껏 재능을 펼쳤으나 양왕이 죽으면서 빈손으로 고향 임공에 돌아왔으나 끼니를 걱정할 만큼 궁핍하게 사는데, 임공의 현령인 왕길이 알뜰히 챙겨준다. 하루는 왕길 덕에 임공의 거부인 탁왕손의 연회에 주빈으로 초대되어 거문고 연주를 부탁받고 '봉구황'을 지어 부르며 거문고를 연주하였다.

青山謝朓[12]廬(청산사조려)

– 산 속, 사조의 오막살이로다

庭痕雨裡屐(정흔우리극)

– 뜰에는 비 온 뒤 발자국

사실 사마상여는 탁문군의 존재를 알고, 봉구황을 지어 부른 것이었다. 탁문군은 사마상여의 재능과 매력에 빠져 그날 밤 사마상여를 만나 야반도주를 하여 사마상여의 고향인 성도(成都)로 가게 된다. 그러나 사마상여의 집엔 아무것도 없이 네 벽만 세워져 있어 '가도사벽(家徒四壁)' '가도벽립(家徒壁立)'이란 말이 생겨났다. 매우 가난한 집안을 일컫는 말이다. 사마상여와 탁문군은 생계를 위해 다시 임공으로 와서 술집을 열어 연명하였다. 딸의 이런 모습에 고민하던 탁왕손이 지인들의 충고에 따라 돈과 하인 100명까지 주었지만, 왕래는 허락하지 않았다. 어느날 7대 황제 무제가 우연히 사마상여가 지은 '자허부'를 보고 감탄하여 사마상여를 장안으로 불러 관직을 주었다. 이제 사마상여는 문장가로서 이름을 떨치며 부귀영화를 누리게 되니 생활이 문란하게 되고 심지어 첩을 두려고 하였다. 이걸 알게 된 탁문군이 '다음 생에는 당신은 여자로 나는 남자로 태어나기를 원한다'는 시를 써보내니 사마상여는 부귀영화를 버리고 자기를 사랑해 준 지난날을 생각하며 헛된 욕심에 빠진 자신을 부끄럽게 생각하고 깊이 반성하여 '보탁문군서'라는 글을 보내고 두 사람은 사랑을 되찾아 화목하게 살았다. 이후 사마상여는 BC 118년 62살 때 병이 들어 죽고 탁문군은 뇌문(誄文 생전의 공덕을 칭송하는 글)을 지어 그를 추모하면서 홀로 살다가 생을 마쳤다. 탁문군과 사마상여의 러브스토리는 중국의 대표적인 사랑이야기로 모든 종류의 예술로 승화되고 탁문군 고향에는 '문군공원'도 있고 도로도 있으며, '문군정'이라는 우물도 있다. 문군정 우물은 탁문군이 사마상여와 숨어서 살 때 생계를 위해 술집을 하면서 사용한 우물을 말하는 것이다. 봉구황- 아름다운 낭자가 규방에 있으니 방은 가까워도 사람은 멀어 애간장이 타는구나. 어떤 인연이면 그대와 한 쌍의 원앙이 되어 함께 저 높은 하늘을 날 수 있을까? 하는 내용이 포함되어 있다. 즉 사마상여 자신은 '봉'에, 탁문군은 '황'에 비유하여 서로 마음껏 사랑할 수 있기를 비는 마음을 담고 있다.

12 사조(謝朓, 456~499)는 육조시대 남제의 시인으로 두보, 이백도 추앙했다고 한다.

門到雪中驢(문도설중려)
– 눈 속에 나귀 이미 문 앞에 와 있다

白頭吟(백두음)- 백발의 노래

卓文君(탁문군)

皚如山上雪[13](애여산상설)
– 머리는 희기가 산 위의 눈 같고

皎若雲間月(교약운간월)
– 밝기는 구름 사이 달과 같네요

聞君有兩意(문군유양의)
– 그대가 두 마음 품은 걸 알고

故來相決絶(고래상결절)
– 그 일로 서로 헤어지자고 왔지요.

今日斗酒會(금일두주회)
– 오늘은 만나 말술을 마시고

明旦溝水頭(명단구수두)
– 내일 아침엔 개천으로 떨어져

躞蹀[14]御溝上(섭접어구상)
– 대궐 도랑물을 저벅저벅 걸어 나와

---

13 皚如山上雪(애여산상설)- 머리는 희기가 산 위의 눈 같다. 사마상여의 머리가 백발이 되었다는 것(늙었다는 것)을 비유한 말이다.

14 躞蹀(섭접)- 발을 동동 구르거나 배회하는 모양을 가리킨다.

溝水東西流(구수동서류)

– 도랑물을 따라 동서로 갈라지겠지요.

淒淒復淒淒(처처부처처)

– 서글프고 또 서글프답니다

嫁娶[15]不須啼(가취불수제)

– 시집가고 장가들면 울 일도 없다 하더이다

願得一人心(원득일인심)

– 원컨대 한 마음만 지닌 사람 만나

白頭不相離(백두불상리)

– 백발이 되도록 서로 헤어지지 않으렵니다.

竹竿何嫋嫋[16](죽간하뇨뇨)

– 대나무 줄기는 어이하여 하늘거리며

魚尾何簁簁[17](어미하사사)

– 물고기 꼬리는 어찌 이다지도 흔들거리나요.

男兒重意氣(남아중의기)

– 장부는 뜻과 기개 중히 여긴다는데,

何用錢刀[18]爲(하용전도위)

– 어찌하여 돈을 소용없이 쓰려 하나요.

---

15 가취- 시집가고 장가가는 일.

16 嫋嫋(요뇨)- 예쁘다. 가냘프다. 하늘거리는 모양을 가리킨다.

17 簁簁(사사)- 물고기가 수면 위로 튀어 오르는 모양을 가리킨다.

18 錢刀(전도)- 돈. 칼 모양의 돈.

晩登三山還望京邑(만등삼산환망경읍)
- 늦게 삼산에 올라 서울(남경)을 바라보다

謝朓(사조)

灞涘望長安(파사망장안)
- 파하 가에서 장안을 바라보고

河陽視京縣(하양시경현)
- 하양에서 서울을 바라본다

白日麗飛甍(백일려비맹)
- 햇빛에 날듯한 지붕의 기와들

參差皆可見(참차개가견)
- 들쑥날쑥 반짝이며 한눈에 보인다

餘霞散成綺(여하산성기)
- 남은 노을 넓게 퍼져 비단을 깐 듯

澄江靜如練(징강정여련)
- 맑은 강물 고요히 흘러 흰 무명을 깐 듯

喧鳥覆春洲(훤조복춘주)
- 소란스런 새소리 모래섬을 뒤덮고

雜英滿芳甸(잡영만방전)
- 온갖 꽃들 향기 내며 들판에 가득하다

去矣方滯淫(거의방체음)
- 서울 떠나 오래도록 타지에서 보내니

懷哉罷歡宴(회재파환연)

- 끝나버린 즐거운 잔치 그리워진다

佳期悵何許(가기창하허)

- 좋은 시절은 언제 다시 오려나

淚下如流霰(누하여류산)

- 싸락눈 쏟아지듯 눈물이 흐르누

有情知望鄕(유정지망향)

- 정이 있는 사람이면 고향이 그리운 법

誰能鬒不變(수능진불변)

- 그 누가 검은 머리 세지 않겠는가

하지장의 유명한 시 한 편을 보자.

回鄕偶書(회향우서)- 고향에 돌아와서 우연히 짓다

賀知章(하지장)[19]

少小離家老大回(소소리가로대회)

- 어려서 집을 떠나 늙어서 (고향에) 돌아오니

鄕音無改鬢毛衰(향음무개빈모쇠)

- 사투리는 그대로나 귀밑머리 다 빠졌네

兒童相見不相識(아동상견부상식)

- 아이는 서로 봐도 알아보지 못하고

19 하지장(賀知章, 657~744)- 당나라 시인. 40세 연하인 이백과 교유하고, 이백을 현종에게 천거하였다.

笑問客從下處來(소문객종하처래)
- 웃으며 묻네, 손님은 어디서 왔느냐고

이 시는 나이 든 사람이 오랜만에 고향에 갔을 때 마주치는 보편적 현상으로 널리 애송되는 시다.

이백의 잘 알려진 명시 두 편도 보자.

月夜獨酌(월야독작)- 달밤에 홀로 술을 마시다

李白

花間一壺酒(화간일호주)
- 꽃 사이에 술 한 병 놓고

獨酌無相親(독작무상친)
- 벗도 없이 혼자서 술을 마시네.

擧杯邀明月(거배요명월)
- 잔 들어 밝은 달 맞이하니

對影成三人(대영성삼인)
- 그림자 비쳐 셋이 되었네.

月旣不解飮(월기불해음)
- 달은 본래 술 마실 줄 모르고

影徒隨我身(영도수아신)
- 그림자는 나를 따라 흉내만 내지만,

暫伴月將影(잠반월장영)
– 잠시 달과 그림자를 벗하여

行樂須及春(행락수급춘)
– 마음껏 봄날을 즐겨보네.

我歌月徘徊(아가월배회)
– 노래를 부르면 달은 서성이고

我舞影零亂(아무영능란)
– 춤을 추면 그림자도 흥청대는 도다.

醒時同交歡(성시동교환)
– 깨어 있을 때는 함께 즐거이 어울리고

醉後各分散(취후각분산)
– 취한 뒤에는 각자 갈 길로 흩어지네.

永結無情遊(영결무정유)
– 영원히 뜻 없이 교유하고자

相期邈雲漢(상기막운한)
– 아득한 은하수에서 만나길 기약하네.

이 시는 이백을 왜 "시선(詩仙)"이라 하는지 알 수 있다. 세상에 달밤에 술 마시는 사람 많고 많을 터인데, 이런 시상을 떠올린다는 것은 이백이 아니고서는 상상할 수 없는 기막힌 시라 아니할 수 없다. 참고로 '월야독작'이라는 제목의 시는 이 시 외에도 서너 편이 더 있으나, 이 시가 가장 재미있고 독창적이다. 아래의

'정야사'도 매우 사랑받는 이백의 시 중 하나다.

靜夜思(정야사)- 고요한 밤에 생각하다

李白

床前明月光(상전명월광)
- 침상 앞의 밝은 달빛

疑是地上霜(의시지상상)
땅 위에 내린 서리인 줄 알았네.

擧頭望明月(거두망명월)
- 고개 들어 밝은 달을 바라보다

低頭思故鄕(저두사고향)
- 머리 숙여 고향을 그리워하네

이 시는 사람의 원초적이고 보편적인 정서인 고향을 그리워하는 마음을 쉽고도 간단명료하게 표현하여 대부분의 중국인들이 좋아하고 외우는 시라고 한다.

그럼 여기서 다시 옥봉의 시에 대한 평가를 보자.

홍만종[20]은 「소화시평(小華詩評)」에서 "조원의 첩 옥봉 이씨

20 홍만종(1643~1725) 본관은 풍산(豊山). 자는 우해(宇海), 호는 현묵자(玄默子)·몽헌(夢軒), 아버지는 영천군수 홍세주(洪世柱)이며, 어머니는 참판

를 조선 제일의 여류 시인이라 일컫는다."라고 하였고 "중국에까지 명성이 알려진 국조제일의 시인이다."라고 평하였다.

허균은 성수시화(惺叟詩話)에서 "나의 누님 난설헌과 같은 시기에 옥봉이라는 여인이 있었는데, 그녀의 시는 청장(淸壯)하여 지분(화장품)의 태가 없다."라고 평했다. "동방 한문학사상 여웅(女雄)으로서 홍일점(紅一點)의 칭(稱)이 있는 난설헌을 능가하는 자는 이숙원(李淑媛/玉峯)이 있을 뿐이다. 서녀로 태어나서 운강 조원의 부실이 되었으며 시문이 중국에까지 소개된 뛰어난 여류이다."라고 하였다.

김지용은 "조선 중기의 여류 시인 중 한시문(漢詩文) 문집을 갖고 있는 사람은 17인에 불과하고 그중에 난설헌, 매창, 옥봉이 뛰어난 시인이다. 16세기 후반 조선시대는 양반 중심, 남성 중심의 사회였지만 이옥봉은 신분과 성별을 초월한 여류 시인이었다. 허난설헌이 규수시인 가운데 으뜸이고, 이매창과 황진이가 기생 가운데 으뜸이라면, 옥봉은 소실 가운데 으뜸이다."라고 하였다. 특히 이옥봉은 "시대적 한계를 극복하여 자신의 감정을 진솔하게 표현하였고, 왕손이라는 이름에 걸맞게 강건한 마음을 시 속

정광경(鄭廣敬)의 딸이다. 첨지 중추부사 벼슬을 버리고 학문과 문장에 뜻을 두어 역사·지리·설화·가요(歌謠)·시 등의 저술에 전념하였다. 특히, 시평(詩評)에 있어서는 소년기부터 노년까지 깊은 연구를 하여 많은 업적을 남겼다. 편서로 『해동이적(海東異蹟)』·『소화시평(小華詩評)』 등 10종이 있고, 저서에 『숙종실록』, 『동국역대총목(東國歷代總目)』, 『시화총림(詩話叢林)』 등 여러 권이 있다.

에 드러내 충정의식을 보여준 외유내강의 인물임을 보여주었다. 신분의 한계를 뛰어넘어 삶을 적극적으로 개척하여 자부심을 잃지 않고 살아간 정신이 돋보인다."라고 하였다.

고려시대에 『제왕운기[21]』의 저자 이승휴[22]를 비롯하여 조선시대까지 수많은 시인들이 죽서루에 올라 시를 지었는데, 그중 옥봉의 시가 가장 돋보인다는 것이 일반적인 평가다. 아래의 옥봉의 시 「죽서루」는 짧으면서도 당시 여성이 썼다고 믿기 힘들 정도로 자연과 인생 그리고 우주에 대한 폭넓은 세계관을 보이고 있다는 것이다. 옥봉은 죽서루의 절경에 대한 현실적인 이미지를 자신의 인생과 결부시켜 드넓은 하늘로 이전시킴으로써 형이상학적인 세계로 안내하고 있다.

---

21 『제왕운기(帝王韻紀)』는 고려시대의 학자 이승휴(李承休)가 충렬왕 13년(1287) 한국과 중국의 역사를 시로 쓴 역사책이다. 단군부터 고려 충렬왕까지의 역사를 기술했다. 공민왕 9년(1360년)과 조선 태종 13년(1413)에 각각 다시 간행되었다. 오늘날 유포된 책은 이 3간본을 영인(影印)한 것이다.

22 이승휴(李承休, 1224~1300)- 고려 후기 우사간, 전중시사 등을 역임한 문신이다. 1252년 과거에 급제하였으나 몽고의 침략으로 삼척 두타산에서 농사를 짓고 지냈다. 1263년에 이장용의 천거로 경흥부서기에 보임된 후 도병마녹사가 되었다. 1280년 국왕의 실정 및 국왕 측근 인물들의 전횡에 대해 간언하다가 파직되어 삼척으로 돌아가 은거하며 『제왕운기』와 『내전록』을 저술하였다.

죽서루[23]

이옥봉

江涵鷗夢濶(강함구몽활)

– 강물에 노니는 갈매기의 꿈은 드넓고

天入雁愁長(천입안수장)

– 하늘 멀리 나는 기러기의 수심은 길기도 하구나.

『제왕운기』는 상·하 2권으로 되어 있는데, 상권은 중국의 반고로부터 금나라까지의 역대 사적을 264구(句)의 '칠언시(七言詩)'로 읊었고, 하권은 한국의 역사를 다시 1·2부로 나누어, 시로 읊고 주기(註記)를 붙였다. 제1부에는 지리기(地理記)와 전조선(前朝鮮)·후조선·한사군·삼한·신라·고구려·백제·발해와 후삼국을 264구 1,460언의 칠언시(七言詩)로 기술하고 있으며, 제2부는 고려 초부터 충렬왕 때까지를 '5언시'(五言詩)로 기록하였다. 제1부에 있는 단군조선에 관한 기록은《삼국유사》와 더불어 가장 오래된 기록이며, 발해사를 한국사로 인식한 최초의 역사서이다.

참고로 『제왕운기』는 다음과 같이 시작된다.

---

23 죽서루- 강원도 삼척에 있는 누각으로, 관동팔경의 하나. 1299년 이전에 지어진 누각이며, 현재 국보로 지정되어 있다.

麗祖姓高諡東明(려조성고 시동명)
– 고려조의 성은 고요, 시호는 동명이라

善射故以朱蒙名(선사고이 주몽명)
– 활 잘 쏘는 그 솜씨는 이름이 주몽이라

父解慕漱母柳花(부해모수 모유화)
– 아버지는 해모수요 어머니는 유화인데

皇天之孫河伯甥(황천지손 하백생)
– 하느님의 자손이요 하백의 외손이다

보는 바와 같이 제1부는 한문으로 7언시로 되어 있다. 제2부는 5언시로 되어 있다. 어떻든 제왕운기는 한시로 된 우리의 역사서다.

다시 이옥봉으로 돌아가자.

謝徐牧使益小室惠題額大字
(사서목사익소실혜제액대자)
– 서목사의 소실이 보내준 큰 글씨에 감사하며

이옥봉

瘦硬寫成天外態(유경사성천외태)
– 야윈 듯 강하게 써 뛰어난 글씨 이루니

元和脚跡見遺蹤(원화각적견유종)

- 유공권 서체의 자취 글씨 속에 드러났네

眞行翥鳳飄揚裏(진행사봉표양리)

- 해서와 행서는 바람속 높이 나는 봉황과 같고

大字崩雲結密(대우붕운결밀)

- 큰글씨는 피어 올랐다 부서지는 구름이어라

試挂山軒疑躍虎(시규산헌의약호)

- 산속 서재에 걸었더니 범이 뛰어오르는 듯하고

乍臨江閣訝騰龍(작인강각아등용)

- 강가 누각에 잠시 두었더니 날아 오르는 용 같아라

衛夫人筆方知健(위부인필력방지건)

- 위부인 붓 솜씨야 굳센 줄 알겠지만,

蘇惹蘭才豈擅工(소야란재개단공)

- 소야란의 재주로야 어찌 혼자 뽐내리오

體若蕙技思卽壯(체약혜기사즉장)

- 몸은 난초 가지 같아도 생각은 씩씩하고

指纖叢玉掃能雄(지섬총옥소능웅)

- 옥처럼 가냘픈 손으로도 쓸수록 웅장하다

神交萬里通文墨(신교만리통문묵)

- 정신으로 만릿길 사귀고 글씨로 통하니

爲謝驪珠白玉童(위사려주백옥동)

- 백옥같은 동자 시켜 보낸 귀한 글씨 고맙기도 하다.

원화각(元和脚)은 중국 당나라 헌종 때 서예가인 류공권의 서체를 말한다. 진행(眞行)은 해서와 행서를 말한다. 위부인(衛夫人)은 중국 서진 때에 여류 서예가로 예서에 능했다. 소야란(蘇惹蘭)은 두도(竇滔)의 아내인 소혜를 말한다. 두도가 전진의 부견(苻堅)밑에서 진주자사(秦州刺史)를 지내다가 사막지방으로 유배되었을 때 소혜는 그 억울한 사정을 시로 지었다고 한다. 이를 "소혜112자회문선기도(蘇蕙112字 迴文璿璣圖)"라 한다. 처음에는 아무도 해석하는 사람이 없었으나 차츰 그 내용이 알려지면서 진왕 부견이 이를 얻어 두도의 억울함을 알게 되어 관직에 복직시켰다고 한다.

여주는 검은 용의 턱밑에 있는 구슬이란 뜻으로 여기에서는 옥봉이 받은 글씨를 뜻한다. 이 시는 서목사 소실의 글씨가 매우 뛰어남을 칭찬하고 글씨를 보내준 것에 대한 고마움을 표현한 작품이다.

癸未北亂(계미북란)- 1583년의 북쪽의 난

干戈縱異書生事(간과종이서생사)

- 전쟁이 비록 선비의 일은 아닐지라도

憂國還應鬢髮蒼(우국환응빈발창)

- 나라 걱정에 귀밑 머리 다 세었다네

制敵此時思去病[24](제적차시사거병)
– 적을 제압할 때는 곽거병을 생각하고

運籌今日憶張良[25](운주금일억장량)
– 계책을 짜는 오늘은 장량을 그리워하네

源城[26]戰血山河赤(원성전혈산하적)
– 경원성에 흘린 피 산하를 붉게 물들이고

牙浦[27]妖氣日月黃(아보요기일월황)
– 아산보의 요사한 기운 해와 달을 흐렸어라

京洛[28]微音[29]常不達(경락미음상불달)
– 서울에 좋은 소식 항상 이르지 않으니

江湖春色赤凄涼(강호춘색적처량)
– 이 강산 봄빛도 또한 쓸쓸하구나

간과(干戈)는 전쟁이니 1583년 함경도 경원에서 일어난 니탕개(尼湯介)의 난을 말한다. 경원성에 사는 여진족이 전(前) 진장(鎭將)을 비난하는 소문을 퍼뜨리면서 민심을 선동하여 반란을 일으켰으나 은성부사 신립(申砬)과 첨사(僉使) 신상절(申尙

24 곽거병(BC 140~117) 전한 중기의 무장.
25 장량은 중국 전국시대 전략가이자 정치가.
26 현재의 중국 길림성
27 마포는 아산보로 경원군에 있는 보.
28 경락은 수도 낙양.
29 미음은 좋은 소식.

節) 등이 일어나 여진족을 격퇴하였을 뿐만 아니라 그들을 두만강 너머로까지 추격하여 그 소굴을 소탕하였다. 거병(去病)은 곽거병(霍去病)이니 중국 전한 무제 때의 명장으로 흉노토벌에 큰 공을 세웠다. 장량(張良)은 중국 한나라의 고조 유방의 공신으로 자는 자방(子房)이다. 한나라 고조 유방으로부터 "군막에서 계책을 세워 천리 밖에서 벌어진 전쟁을 승리로 이끈 사람은 장자방(張子房)이다."라는 극찬을 받았다. 원성(源城)은 경원성이고 아포(牙浦)는 아산보이다. 경락(京洛)은 한나라와 당나라 때의 서울인 낙양을 말하나, 일반적으로 수도를 나타내는 말로 쓰인다. 미음(微音)은 아름다운 덕행과 언어에 따른 좋은 평판이나 여기서는 좋은 소식의 뜻이다. 이 시는 1583년 경원에서 일어난 니탕개의 난을 배경으로 전쟁의 참상과 나라를 걱정하는 작자의 심정이 잘 드러난 작품이다.

위의 시들은 남성시인이 썼다 해도 전혀 손색없는 우국충정의 시다. 옥봉의 시는 이토록 선이 굵다.

初月- 초승달

誰採崑山玉(수채곤산옥)
- 누가 곤륜산 옥 캐어

巧成一半梳(교성일반소)
- 맵씨나게 반쪽 얼레빗을 만들었나

自從離別後(자종리별후)

– 이별한 뒤로부터

愁亂擲空虛(수난척공허)

– 넋 잃고 허공에 던져버렸지

곤산(崑山)은 곤륜산(崑崙山)이니 전설상의 높은 산으로 중국의 서쪽에 있으며 아름다운 옥이 난다고 한다. 소(梳)는 '달'을 의미한다. 달은 작자의 내면을 표현한 것이니 허공에 내던진 허탈한 자신의 마음이자 이별의 상징이다. 따라서 이 시 초승달을 얼레빗과 대비시켜 이별의 감정을 표현한 작품이다. 이 시는 대동시선(大東詩選)에 실려 있는 황진이의 시로 알려진 『영반월(詠半月)』과 매우 흡사하다. 참고로 여기서 황진이가 남긴 이별곡 '영반월' 시를 보자.

詠半月(영반월)- 반달을 노래함

황진이

誰斷崑山玉(수단곤산옥)

– 누가 곤륜산 옥을 잘라

裁成織女梳(재성직녀소)

– 직녀의 빗을 만들어 주었던고

牽牛離別後(견우이별후)

– (직녀는) 견우와 이별한 후

愁擲碧空虛(수척벽공허)
- 시름하며 허공에 던져두었네.

위의 시는 이별의 아픔을 노래한 시다. 이제 머리를 빗으로 빗고 잘 보이고 싶은 님이 없으므로 빗도 필요 없어 허공에 던져버린 것이다. 그것이 곧 하늘에 떠 있는 반달이라는 것이다.

다시 옥봉의 시를 보자.

春日有懷(춘일유회)- 봄날의 기억

章臺迢遞斷腸人(장대초체단장인)
- 멀고 먼 한양 땅에 임 보내곤 애간장이 끊어져

雙鯉傳書漢水濱(쌍리전서한수빈)
- 한 쌍 잉어 속에 편지 써서 한수 가로 보냅니다

黃鳥曉啼愁裏雨(황조효제수리우)
- 꾀꼬리 우는 새벽 근심 속에 비는 내리고

綠楊晴裊望中春(녹양청요망중춘)
- 푸른 버들 하늘거리는 가운데 봄은 보입니다.

瑤階寂歷生靑草(요계적역생청초)
- 이쁜 섬돌은 고요하여 푸른 풀만 돋아나고

寶瑟凄凉閉素塵(보슬처량폐소진)
- 귀한 비파는 처량하게 흰 먼지로 덮였습니다.

誰念木蘭舟上客(수념목란주상객)
- 누가 목란배 위에 나그네를 생각할까요

白蘋花滿廣陵津(백빈화만광능진)
- 광나루터에는 하얀 마름꽃만 가득합니다.

장대(章臺)는 중국 장안에 있었던 누대로 여기서는 임이 계신 한양을 뜻한다.

쌍리(雙鯉)는 편지 또는 소식의 뜻이다. 광릉진(廣陵津)은 경기도 광주에 있는 한강나루터를 뜻한다. 따라서 이 시는 임을 그리워하는 작자의 심정을 한 폭의 그림처럼 묘사한 작품이다. 「춘일유회」는 『란설헌시집(蘭雪軒詩集)』에도 실려 있어 정확하게 누구의 작품인지 분명하지 않다.

採蓮曲(채련곡)- 연밥을 따는 노래

南湖採蓮女(남호채연여)
- 남쪽 호숫가 연 따는 여인

日日南湖歸(일일남호귀)
- 날마다 남쪽 호수로 돌아온다

淺渚蓮子滿(천도연자만)
- 얕은 물가엔 연밥도 가득하건만

深潭荷葉稀(심담하엽희)

– 물 깊은 곳엔 연잎도 드물구나

蕩槳嬌無力(탕장교무력)

– 노 저어가기엔 고운 여자 힘겨워

水濺越羅衣(수천월나의)

– 얕은 물 찾아 비단옷 걷었네

無心却回棹(무심각회도)

– 무심히 노 저어 돌아오다가

貧看鴛鴦飛(빈간원앙비)

– 날아가는 원앙새를 부럽게 바라보네

셋째 줄의 연자(蓮子)는 연꽃의 열매로 약으로도 쓰고 먹기도 한다. 탕장(蕩槳)은 노를 젓는 것이다. 채연곡은 악부체의 노래로 양무제가 처음 지었는데 남녀의 연정을 주로 읊었다. 다정다감한 시인들이 이 관습에 의해 비슷한 제재의 시를 많이 남겼다. 이 시는 이달의 시집에 들어 있다. 옥봉의 남편 사랑이 묻어 나는 시이다. 연은 청결하고 고귀한 식물로서 선비들의 사랑을 표현하는데 향기가 오랫동안 사라지지 않는 꽃으로 대표되고 있으며 상징적 의미를 가지고 있다. 옥봉이 꽃피는 식물의 잎을 따서 님에게 바치려는 사랑을 노래한 것이다. 영원히 사랑하겠다는 의미이자 사랑을 꿈꾸는 여자의 마음에서 나온 섬세한 사랑을 고백한 시이다. 날아가는 원앙새를 보며 사랑하는 님과의 만남을 염원한다.

秋思(추사)- 가을 생각

翡翠簾疏不蔽風(비취염소불패풍)
– 비취발이 성글어 바람을 막지 못하여

新涼初透碧紗櫳[30](신량초투벽사농)
– 서늘한 가을 기운 푸른 사창에 스미니

涓涓[31]玉露團團月(연연옥로단단월)
– 이슬은 방울방울 달은 둥글둥글

說盡秋情草下蟲(설진추초하충)
– 풀밑의 곤충들은 가을 기운이 다 했다고 노래하네

가을바람과 한기, 이슬, 달, 벌레 등의 자연물을 등장시켜 작자의 감정을 반영하도록 하였다. 벌레들의 울음소리는 벌써 가을이 다 가고 있음을 알리는데, 달빛 비치는 가을밤에 임이 곁에 없으니 가을 기운이 더욱 서늘하게 느껴진다. 이렇게 마음의 추위에 고독감이 증폭되는 감정을 표현하고 있다. 따라서 이 시는 작자가 직접적으로 이별의 한을 표현한 것이 아니라 쓸쓸한 가을의 풍경을 통해 간접적으로 외로운 심정을 노래한 작품이다.

---

30 사롱(紗櫳)은 사창(紗窓)이니 여자가 거하는 아름답게 꾸민 방을 의미한다.

31 연연(涓涓)은 이슬이 가늘게 흐르는 모양이고 단단(團團)은 달이 둥근 모양이다.

이옥봉의 시는 남아 있는 양이 적지만 허난설헌과 쌍벽을 이루는 시인으로 평가된다. 이옥봉의 시는 청신(淸新), 청건(淸健), 청장(淸壯)하다는 비평가들의 논평처럼, 매우 개성적이고 독창적인 문학세계를 이룩하였다. 여성 시인으로는 드물게 우국(憂國), 충군(忠君). 전쟁 같은 주제를 시로 형상화한 것이 여러 편 있는데, 다른 여류 시인들과 구별되는 가장 큰 특징 중 하나이다. 왕손다운 시인이라 할 만 하다. 남의 딱한 사정을 돕다가 불운하게 된 옥봉은 자신의 한을 시로써 형상화하여 만고에 이름이 남을 작품을 남겼다. 옥봉의 시는 조선조의 한 여인으로서 불운한 자신의 삶과 더불어 자연을 통해 우러나는 감정을 형언할 수 없을 정도로 아름다운 시어들로 조탁해 내었다. 이처럼 시대의 한계를 극복하고 자신의 삶을 적극적으로 개척하고자 애쓰며 자부심을 잃지 않고 살아간 점은 오늘날을 사는 우리들이 본받아야 할 정신이며 후대에 전승해 주어야 할 가치이다.

賦雲江公除槐山(부운강공제괴산)

- 괴산군수가 된 운강공에게

1575년 전후

洛陽賈才子(낙양가재자)

- 낙양의 재자 가의,

佯狂[32]眞可嗟(반광진가차)

– 거짓으로 미쳤으니 참으로 안타깝다

一辭天上後(일사천상후)

– 일단 임금 곁을 떠나 버리면

誰念在長沙(수념재장사)

– 누가 장사 땅 그를 생각하리

가재자(賈才子)는 중국 한나라 때 사상가인 가의(賈誼)를 말한다. 가의는 18세에 이미 수재라는 평판이 높았고 22세 때에 박사관이 되었다가 다시 태중대부(太中大夫)에 발탁되었다. 한나라의 제도와 역법의 개정을 주장하였지만 수구파 대신들의 모함을 받아 25세 때에 장사로 전출되었다. 그 뒤 양왕의 태부가 되었으나 양왕의 낙마로 인한 죽음을 슬퍼한 나머지 이듬해 33세로 요절하였다. 가의가 장사왕의 태부로 좌천되었듯이 당쟁의 소용돌이 속에 괴산군수로 좌천된 조원의 처지를 비유하였고 "언제쯤 조정에서 불러 주겠는가?"라는 탄식을 담고 있다.

이와 같이 옥봉은 중국의 역사나 고사성어에도 조예가 깊었다. 따라서 이 시는 동서분당의 당쟁 속에 지방으로 좌천된 남편에 대한 위로와 더불어 한직(閑職)으로 제수된 불만을 간접적으로나마 토로한 작품으로 보아도 좋을 것이다.

---

32 반강(佯狂)은 일부러 미친 척한 것이다.

제1차 임진왜란이 거의 끝나가는 어느날, 옥봉은 평생 변함없이 사랑하고 못 잊어하고 그리워하던 남편 조원이 급병으로 죽었다는 부고를 접하게 되자 일시에 마지막 남은 희망마저 와르르 무너지며 절망한다. 얼마 후 한평생 써두었던 수백 수의 시들을 적은 종이를 허리에 감고 스스로 파도치는 바다에 뛰어든다.

임진왜란이 7년간이나 계속되던 난리 통에 옥봉이 죽었으려니 짐작만 할 뿐, 정확한 생사는 아무도 몰랐다.

그런데 옥봉에 대한 기이한 후일담이 「지봉유설(芝峯類說)」에 전해 온다.

『지봉유설』은 1614년 이수광이 편찬한 우리나라 최초의 문화백과사전이다. 그의 아들 성구와 민구에 의하여 1634년(인조 12)에 출간되었다. 인용한 서적은 사서 육경을 비롯하여 348명의 글을 참고하였다. 『지봉유설』에서는 서양 문물과 천주교 교리까지도 기술하고 있다. 이수광은 『지봉유설』을 통하여 실용·실리 추구의 정신과 실증·민본 정신 등 무실 정신을 역설하였다. 고증적이고 실용적인 이수광의 학문 태도는 공리공론을 일삼던 당시의 학계에 새로운 바람을 일으켰다. 이 지봉유설에 옥봉에 관한 얘기가 나온다.

조선 인조 때 승지 조희일[33]이 명나라에 사신으로 갔다가 그

---

33 조희일(趙希逸, 1575~1638)은 조선 후기에 예조, 형조참판, 승문원 제조, 경상감사 등을 역임한 문신으로 호는 죽음(竹陰), 팔봉(八峰) 본관은 임천(林川)이다. 승문원 판교 조익(趙翊)의 증손으로, 아버지는 승지 조원(趙瑗)이고, 어머니는 병조판서 이준민(李俊民)의 딸이다. 1601년(선조 34) 진

곳 대신과 인사를 나누게 되었다. 인사가 끝난 뒤, 그 대신이 '조원을 아느냐?'고 물었다. '저의 부친입니다' 하니 '이옥봉 시집'이라는 책을 한 권 주었다.

조희일은 깜짝 놀랐다. 이옥봉은 아버지 조원의 소실로, 생사를 모르는 지 40여 년이 되었기 때문이다. 옥봉의 시집이 어떻게 이 중국에서 나오게 되었는지 조희일로서는 짐작조차 할 수 없었다. 원로대신들이 들려준 얘기는 이랬다.

40년 전쯤 동해안에 이상한 물체가 떠돈다는 얘기가 돌았다. 아랫사람을 시켜 건져 와 보니 온몸을 종이로 수백 겹 감고 노끈으로 묶은 여자의 시신이었다. 노끈을 풀고 종이를 벗기고 보니 맨 안쪽의 종이들은 젖지 않았는데, 시가 빽빽이 쓰여있고 맨 끝에는 '해동조선족 승지 조원의 첩 이옥봉'이라 쓰여 있었다. 놀라서 시를 읽어보니 하나같이 빼어난 작품들이었다. 그 원로대신이 시신을 수습해 주고 그 시들을 모아 시집을 냈다는 것이었다.[34]

다만 그가 1606년 허균과 함께 종사관으로서 명나라 사신 주지번 일행을 맞이한 적은 있다. 종사관은 중국 사신이 조선 땅에 발 디딜 때부터 떠날 때까지 이들을 수행하며 접대하는 직책이다. 혹여 이때 옥봉의 시를 보여주니 주지번이 중국에 가지고 가서 시집을 간행했는지는 알 수 없다.

사시에 장원으로 뽑혔는데 선조가 그 시권(試券)을 보고 칭찬을 아끼지 않았다고 한다.

34 이 설화는 옥봉의 명성 때문에 창작된 것이라는 설도 있다. 왜냐하면 조원의 셋째 아들인 조희일은 명나라에 사신으로 간 일이 없다는 것이다.

이후 후세의 평론가들은 황진이, 허난설헌, 이매창과 함께 조선 시대 4대 여류 시인에 이옥봉을 포함시키면서 '시대를 잘못 만난 비운의 천재 시인'이라 일컫는다. 이옥봉은 단지 뛰어난 여류 시인만이 아니었다. 그녀는 '서녀'라는 신분적 한계를 극복하고 자신만의 문학적 세계를 구축하여 조선 중기 문학사의 독보적인 자취를 남긴 혁신적인 인물이었다. 그녀의 시는 감성적이고 철학적인 깊이를 지니며 단순한 문학적 아름다움을 넘어 인간의 본질적 감정과 삶의 희노애락을 담아내는 예술로 평가받았다. 그녀의 문학적 성취는 단순히 개인적 성공을 넘어 당대 여성문학의 정수를 보여주는 것으로 평가된다. 그녀의 시는 시대를 초월한 가치를 발휘하여 조선시대 문학의 보물로서, 현대문학 연구에도 도움을 준다.

후일 조희일의 아들 석형(錫馨)도 진사시에 장원을 하여 아버지에 이어 3대가 진사 장원의 가통(家統)을 세웠다. 이듬해 별시 문과에 병과[35]로 급제하고, 다시 1608년(광해군 즉위년) 문과중시에서 을과로 급제하였다.

승문원 저작에 제수되고, 이어 승정원 주서가 되었다. 명나라 사신 주지번(朱之蕃)이 왔을 때 예조좌랑으로 빈사(儐使) 유근(柳根)을 따라 영접했는데, 그의 시문을 보고 모두 감탄했다 한

35 병과 급제- 조선시대 대과에서 33명의 합격자 중 성적 순으로 갑과 3명, 을과 7명, 병과 23명을 선정했으며, 갑과 3명 중 1등 한 사람이 장원급제자가 되는 것이다.

다. 그 뒤 조희일은 광해군 즉위 후 시강원 사서·문학[36]이 되었고, 옥당(玉堂)[37]에 선출되었다.

임천조씨 후손들은 2017년 4월 사망 위치나 시기를 알 수 없고 묘조차 없는 옥봉을 기리고자 파주시 광탄면 용미리 혜음원지 주변 임천조씨 묘역 운강공 조원의 묘 아래에 옥봉의 묘비를 세웠다. 매년 음력 10월 14일 제사를 지낸다.

---

36 세자를 교육하는 시강원의 5급 벼슬.

37 옥당은 홍문관의 별칭으로 궁궐의 서적을 관장하고 임금의 경연을 맡는 곳. 홍문관은 조선시대 궁중의 경서(經書)·사적(史籍)의 관리와 문한(文翰)의 처리 및 왕의 각종 자문에 응하는 일을 관장하던 관서이다. 사헌부·사간원과 더불어 삼사(三司)라 하였다. 옥당(玉堂)·옥서(玉署)·영각(瀛閣)·서서원(瑞書院)·청연각(淸燕閣)이라고도 하였다.

제3장

이매창의 삶과 문학

3.1 유희경을 만나기 전의 매창

이매창(李梅窓, 1573~1610)은 부안 출신의 기생으로 본명이 향금(香今)이고, 자는 천향(天香)이며, 호가 매창이다.

1573년(선조 6) 부안현의 아전 이탕종(李湯從)의 딸로 태어났다. 노래도 잘하고 시도 잘 썼다. 그가 지은 시 수백 편이 그 당시 사람들의 입에 오르내렸지만, 지금은 거의 흩어져 사라졌다. 무신년(1668) 10월에 아전들이 읊으며 전하던 여러 형태의 시 58수를 구해 개암사(開巖寺)에서 「매창집」을 목판본으로 간행했다. 매창이 기생으로 살아간 것으로 보아 매창의 어머니는 부안현에 소속된 관비(官婢)였을 것으로 학계에서는 추정한다. 대개 기생은 관비 출신 중에서 충원되었기 때문이다.

관아에 속한 기생은 '기안(妓案: 관기 명부)'에 올라 관리를 받았다. 그녀들의 이름은 호방(戶房)에서 출석을 점검할 때 부르기 편하도록 지어졌는데, 매창은 계유년(癸酉年)에 태어났으므로 계생(癸生)·계생(桂生)·계랑(癸娘)·계랑(桂娘)이라고도 하였다. 그러나 매창은 이 이름이 마음에 들지 않아 스스로 '매창(梅窓)'이라고 자호(自號) 하였다.

조선시대의 기생들은 궁중이나 관아의 연회에서 흥을 돋우는 역할을 담당하여 '여악(女樂)'이라고도 불렸다.

서울 기생들은 장악원(掌樂院)[1]에서 각종 악기와 가무를 배웠고, 지방 관아 기생들은 교방[2]을 통해 이를 습득했다.

또한, 기생들은 주로 양반들과 어울렸기 때문에 문장과 서화(書畵) 학습도 중요하게 시행하였다. 그녀들은 갈고 닦은 실력으로 양반들과 가무뿐만 아니라 함께 시를 주고받기도 했다.

교방은 11세기 초 고려 현종 때 처음으로 사료에 등장한다. 그러나 그 기록에는 왕이 교방에서 기생 1,000명을 풀어주었다고 기록되어 있는 것으로 보아 10세기에 기생반이 형성되었을 것으

---

1 장악원은 조선시대 예조(禮曹) 소속의 관청으로, 주로 국가와 왕실의 공식적인 행사에서 악(樂), 가(歌), 무(舞)를 담당했다. 장악원이 맡은 공식적인 행사에는 먼저 역대 왕과 왕비의 제사를 지내는 종묘 제례를 비롯하여 사직제, 풍운뇌우제, 선농제, 선잠제, 문묘 제례 등과 같은 제사가 있었다. 뿐만아니라 왕과 나라를 위해 공헌한 공신들과 왕실 가족의 잔치인 진연과 진찬, 노인들을 위한 양로연(기로연), 외국 사신을 위한 연향(宴享)의 음악과 무용도 담당했다. 장악원의 악인(樂人)들은 왕이 특별히 민간에 음악을 내려 줄 때 양반의 개인 집에서 연주를 하기도 했다. 장악원은 음악과 춤을 공연할 뿐만 아니라, 음악·춤을 교육하고 연구하며 관련 정책을 세우는 기관으로서의 역할도 담당하였다. 경륜이 깊은 악공(樂工)은 악사(樂師)가 되어 스승으로서 후배 악공들을 가르쳤다. 관리로서 예악에 밝은 제조(提調) 이하 악관들은 음악 정책과 제도, 악장[歌詞], 의례와 음률을 담당하고, 악기 제작에도 관여하였다.

2 교방(敎坊)은 고려, 조선시대 기생을 교육하던 주요 기관이다. 향악과 무용을 비롯한 음악을 교육하였으며, 조선 후기에는 기생 사회의 행정중심지이기도 하였다.

로 학계에서는 추정한다.

19세기의 학자 이규경(李圭景)의 [오주연문장전산고]에는 고려에서 조선에 이르기까지 시를 잘 지은 '시기(詩妓)'를 아래와 같이 기록하면서 매창을 언급하였다. 송경(松京)의 삼절(三絶)로 유명했던 황진이, 매창, 일지홍은 모두 시에 능하기로 유명하다." 하였다.

이규경[3], [오주연문장전산고] 경사편 5- 논사류1

이들 중 일지홍(一枝紅)은 황진이와 매창에 비해 덜 알려졌는데, 평안남도 성천(成川) 기생으로 시를 잘 지었다. 태천(泰川) 홍명한(洪鳴漢)[4]에게 준 <태천 홍명한에게 올리는 시(上泰川 洪衙內詩)>가 있다.

---

3 이규경(李圭景, 1788~1856)은 조선 후기의 실학자이다. 본관은 전주(全州) 호(號)는 오주(五洲)이다. 규장각 검서관을 지낸 이덕무(李德懋)의 손자이다. 이규경은 평생 저술에 힘썼으며 19세기 최고의 백과사전이라는《오주연문장전산고(五洲衍文長箋散稿)》를 출간하였다. 조부 이덕무처럼 학자로서 활동적이던 이규경은 벼슬에는 전혀 나가지 않고, 재야에서 한국과 중국의 많은 서적을 읽고 천문·지리·역사·문학·종교·서화·풍속 등 모든 학문을 깊이 연구하였다.《오주연문장전산고》,《오주서종박물고변》 등의 업적을 남겼다.

4 홍명한(洪鳴漢, 1736~1819)은 본관은 풍산(豊山), 자(字) 공서(公舒). 영조(英祖) 47년(신묘, 1771년), 정시(庭試) 병과5(丙科5)에 급제하여 형조, 예조판서, 지돈녕부사 등을 역임하였다.

馬駐仙樓下(마주선누하)[5]

– 강선루 아래에 말을 세우고

慇懃問後期(은근문후기)

– "언제나 오세요" 은근히 물어라

離筵樽酒盡(이연준주진)

– 이별 자리에 술도 다하였으니

花落鳥啼時(화락조재시)

– 꽃은 떨어져 새만 슬피 우네

일지홍은 18세기 중엽, 기생으로 당대 명성이 높았다. 신광수(申光洙, 1712~1775)의 『관서악부(關西樂府)』에는 일지홍에 관한 두 편의 시가 보이는데, 그 중 한 편은 아래와 같다. 이 시는 신광수가 일찍이 서울을 떠나 평양을 유람하다 지은 시이다. '삼백리'는 서울에서 평양까지의 거리요, '교서랑(校書郎)'은 본래 책이나 문서에서 글자나 내용을 살피어 잘못된 것을 바로잡는 벼슬 이름이다. 당(唐)의 기녀 설도(薛濤)가 교서의 일을 맡아본 데서 온 말로 이후 기녀(妓女)의 이칭(異稱)이 되었다.

成都小妓一枝紅(성도소기일지홍)

– 성도(成都: 성천)의 어린 기생 일지홍은

---

5 강선루(降仙樓)는 성천(成川)에 있는 누각.

錦繡心肝解語工(금소심간해어공)
- 마음씨는 비단결, 말을 어찌나 잘하는지

飛馬馱來三百里(비마태래삼백리)
- 나는 말 타고서 삼백 리를 달려오니

校書郎在綺羅中(교서랑재기라중)
- 교서랑은 곱고 고운 비단 속에 있구나

신광수의 시에 일지홍은 다음과 같은 시로 답한다.

仙舟莫湖驚鴛鴦(선주막호경원앙)
- 신선 배 막호(莫湖)에 두둥실 원앙이 놀라

任去任來肥水長(임거임래비수장)
- 가고 오는 긴 물길만이 합쳐지네

浪得花名還自愧(낭득화명환자괴)
- 일지홍 이름 얻음이 부질없어 되려 부끄럽지만

江城春盡恨無香(강성춘진한무향)
- 강마을 봄이 다하니 한스럽게 향기조차 없어라

그리고는 다시 덧붙인다.

或恐人易折(혹공인이절)
- 혹 남들이 꺾기 쉽다고 여길까 봐서

藏香故不發(장향고불발)
– 향기는 감춰 두어 짐짓 피지를 않지요

이런 걸 보면 기생들이 얼마나 몸가짐을 바로 하는지 알 수 있다. 비록 천민 신분이었지만, 서경덕과 교유한 황진이나, 이귀·허균 등과 교유한 매창의 경우처럼 많은 지식과 뛰어난 재주를 가지고 양반들과 풍류를 나누었고, 서로의 애틋한 감정을 시로 남기기도 했다.

매창은 부안을 비롯한 인근 주변 지역의 문인들과 많은 만남을 가졌고, 각종 행사나 연회에 초대되었다.

허균은 부안으로 내려와 우반동(愚磻洞)에 있는 정사암을 수리하여 그곳에 머물렀다. 이때 허균과 매창은 진정한 우정을 바탕으로 빈번하게 만나 함께 시를 짓기도 하고 불교와 도교도 공부하였다.

허균은 당시 이단으로 지목되던 불교·도교는 물론, 서학西學에도 깊은 관심을 가졌기 때문에 매창 또한 이러한 영향을 받았던 것으로 보인다. 매창의 시 '月明庵에 올라'에 신선 '적송자(赤松子)'를 언급한 것과, 허균이 서울에 올라간 후 매창에게 "요즘도 참선(參禪)을 하는가? 그리운 정이 간절하구려."라고 보낸 편지를 통해서도 그 사실을 확인할 수 있다.

매창은 허균으로부터 『난설헌시집』을 얻어서 읽었던 것으로 추측되는데, 『매창집』에 실린 시들 중 서너 편은 허난설헌의 시와 유사하다. 한준겸은 매창에게 '노래하는 기생 계생에게 주며(贈歌妓癸生)'이라는 시를 건넸으며, 매창을 당나라 중기의 이름난 기생인 설도(薛濤)에 비유하기도 했다.

매창은 1600년을 전후하여 많은 인사들과 교류하며 다른 사람들의 문헌에도 이름을 드러내기 시작했다. 이것은 허균과의 만남이 있었기에 가능했다. 당대 최고의 문학평론가였던 허균은 매창의 재주를 높이 평가하였고, 이에 많은 문인들이 매창과 시를 주고받으려 하였다. 시를 주고받은 것으로 확인된 인물들로는 권필·심광세·임서·한준겸[6] 등이 있는데, 실제로는 이보다 더 많은

---

6 권필(權韠, 1569~1612) 본관 안동, 조선 중기의 시인으로, 호는 석주이다. 당대 낭만적 시풍과, 현실을 풍자한 사회성 높은 시를 많이 남겼다. 그의 저술로 『석주집』과 한문소설 「주생전」이 현재 전해진다.
심광세(沈光世, 1577~1624) 본관은 청송. 호는 휴옹(休翁). 1601년(선조 34) 식년문과에 병과로 급제하여 승문원에 들어갔다. 정언(正言)을 거쳐 교리를 역임하였다. 시무십이조(時務十二條) 및 안변십책(安邊十策) 등을 건의하였다. 고성의 유촌서원(柳村書院)에 배향되었고, 저서로 『휴옹집(休翁集)』·『해동악부(海東樂府)』 등이 있다.
임서(林情, 1570~1624) 본관 나주, 호는 석촌(石村). 조선 후기에, 승지, 황해도관찰사, 동지중추부사 등을 역임한 문신. 1589년(선조 22) 사마시에 합격하고, 1599년 정시문과에 병과로 급제한 뒤, 좌랑을 거쳐 전라도안핵사·무장현감 등을 지냈다. 1623년 인조반정으로 안동부사가 되고, 이어 황해도관찰사가 되어 쌓였던 폐단을 일소하고 농업의 권장과 군사의 조련 등에 힘썼다. 이듬해 이괄의 난이 일어나자 도원수 장만(張晩)을 도와 적을 토벌하는 한편, 군량을 보급하는 등 열성을 다한 공으로 가선대부(嘉善大夫)에 오르고 다시 동지중추부사 겸 오위도총부 총관에 제수되었다. 저서로 『석촌유고』 1권이 전한다.
한준겸(韓浚謙, 1557~1627) 본관은 청주(淸州). 호는 유천(柳川). 서울 출신. 1589년에 별시문과에 병과로 급제했고, 호조판서, 대사헌 한성판윤 및 평안도와 함경도의 관찰사를 지냈다. 특히, 함경도관찰사로 있을 때는

문인들과 시를 주고받았을 것으로 추정된다. 그녀는 이제 명실상부하게 조선 최고의 시기(詩妓)[7]로 부상하였다 .

한준겸은 예학(禮學)과 국가의 고사(故事)에 밝았으며, 함흥의 문회서원(文會書院)에 제향되었다. 저서로 『유천유고(柳川遺稿)』가 있다.

권필은 매창에게 주는 시에 '贈天香女伴'이라고 적은 글을 줄 만큼 친근감을 표현하였다.

贈天香女伴(증천향여반)- 여친 천향에게 주며

권필

仙姿不合在風塵(선자불합재풍진)
- 이 풍진 세상 어울릴 수 없는 선녀의 자태

獨抱瑤琴怨暮春(독포요금원모춘)
- 홀로 거문고를 안고 저무는 봄 원망하누나

絃到斷時腸亦斷(현도단시장역단)
- 현이 끊어지면 애간장도 끊어지나니

『소학』·『가례』 등의 책을 간행, 보급해 학문을 진흥시켰다. 선조로부터 영창대군의 보필을 부탁받은 '유교칠신(遺敎七臣)'의 한 사람이다. 그 해 오랑캐 침입의 조짐이 보이자 이에 대비할 적임자로 뽑혀 유배지에서 지중추부사에 임명되었고, 5도 도원수가 되어 국경 수비에 힘썼다. 1623년(인조 1) 인조반정으로 그의 딸이 인열왕후로 책봉되자 영돈녕부사로 서평부원군에 봉해졌다.

7 조선시대의 3대 시기(詩妓)로 황진이, 이매창, 김부용을 꼽는다.

世間難得賞音人(세간난득상음인)
– 세상에 지음(知音)[8] 만나기 어렵구나

이런 낭만적인 시를 쓴 권필은 세태를 풍자하는 시도 썼는데, 이 시로 인하여 화를 입었다. 이를 시화(詩禍)라 한다.

권필은 조선 선조 때 시인으로, 관직에 뜻을 두지 않고 방랑하며 풍자시를 짓다가 원접행차에 시나 글을 짓는 제술관(製述官)으로 발탁되었으나, 광해군의 난정과 광해군의 처남 유희분(柳希奮) 등이 권세를 믿고 갖은 악행을 자행하는 것을 보다못해 유명한 「궁류시(宮柳詩)」를 지어 난정(亂政)과 유씨 일당의 횡포를 통쾌하게 풍자한 기개 높은 시인이다. 그러나 유희분 등의 모함으로 광해군 4년(1612)에 죽음을 당했다.

시화의 단초는 권필의 친구 임숙영(任叔英, 1576~1623)이 과거시험에서, 죽음을 두려워하지 않고 광해군의 사대폐정(四大弊政)의 원인과 폐해를 낱낱이 열거하고 개혁안을 제시하여 과거에 급제하고도 진노한 광해군의 명에 의해 과거 합격이 취소되는 이른바 삭과(削科) 파동을 겪었다.

권필은 세상에서 「궁류시」라고 부르는 「문임무숙삭과(聞任茂叔削科)」를 지어 광해군의 난정과 외척인 유희분의 전횡 그리고 임숙영의 과거합격 취소파동을 신랄하게 풍자했다. 시로써 시대

8 '소리'를 이해하는 사람'이라는 뜻으로 마음이 서로 통하는 진정한 친구를 말한다.

를 풍자(以詩論刺)한 권필의 「궁류시」는 다음과 같다.

宮柳靑靑花亂飛(궁류청청화난비)
- 궁궐의 버들은 푸르고 꽃들이 어지러이 날리는데

滿城桃李媚春輝(만성도리미춘휘)
- 성 안 가득한 벼슬아치들 봄빛에 아양을 떠누나

朝家共賀昇平樂(조가공하승평낙)
- 조정에선 모두 태평성대라고 하는데

誰遣危言出布衣(수견위언출포의)
- 뉘라서 나라가 위험에 처했다는 선비의 말을 나오게 하겠는가?

'궁궐의 푸른 버들'은 광해군의 왕비 유씨와 처남 유희분 일당을 은유했다. '봄'빛은 아첨배이며, '포의(布衣)'는 선비로서, 직언을 한 임숙영이다. 권필은 이 풍자시 한 수로 인하여 유희분의 모함을 받아 혹독한 고문을 받고 경원(慶源) 땅으로 유배되었다. 옥문을 나와서도 매를 맞은 상처가 심하여 곧바로 귀양길을 떠나지 못하고 흥인문(동대문) 밖의 주막에서 하룻밤을 지내게 되었다. 그는 목이 마르다고 하면서 큰 그릇으로 술 한 잔을 사서 마시고는 영영 눈을 감았다. 이때가 1621년 3월이었고 권필의 나이는 44세였다. 그의 시에는 대쪽 같은 선비의 기개가 서려 있다.

허균과 매창이 처음 만난 것은 1601년이었다. 그해 7월, 허균은 전운판관(轉運判官)[9]이 되어 조운(漕運)을 감독하기 위해 전라도로 내려왔다. 이때, 비가 많이 내려 부안에 머물게 되었고, 이곳에서 매창을 만나게 되었다. 그 당시의 상황이 허균의 문집에 남아 있다.

23일 (임자). 부안에 도착하니 비가 몹시 내려 머물기로 하였다. 고홍달이 인사를 왔다. 창기 계생(桂生)은 '매창' 이라고 스스로 말했다. 이옥여(李玉汝: 이귀(李貴)의 자)의 정인이다. 생김새는 시원치 않으나 정감있고, 시를 잘 해 매창과 나는 밤새 시를 주고 받았다.

허균, [성소부부고] 권 18, 문부 15, 기행(紀行) 上
<조관기행(漕官紀行)>

허균은 매창의 외모를 '불양(不揚)'이라고 했다. 생김새가 뛰어났던 것은 아니었던 모양이다. 그러나 허균은 재주와 정감이 있는 매창과 대화하면서 그 매력에 빠졌고, 종일토록 시간 가는 줄 몰랐다. 허균은 매창을 '이귀[10]의 정인(情人)'이라고 했는데,

---

9 전운판관- 조세로 거둔 곡식을 수송하는 것을 '전운(轉運)'이라 하고, 이 전운을 감독하는 관리를 전운관이라 한다.

10 이귀(李貴, 1557~1633)는 조선의 문신으로 옥여, 호는 묵재, 본관은 연안이다. 이이·성혼의 제자이며, 임진왜란 때에 삼도 소모관·삼도 선유관으로 소·말·식량·군졸 등을 징발하여 도체찰사 유성룡에게 수송하는 일을 했다. 1603년 선조 때 문과에 급제하여 형조좌랑·안산 군수·김제 군수 등을 지냈다. 김제군수로 있을 때 매창과 연인관계를 맺었다고 한다. 1614년(광해군 6년)에 위성원종공신 1등(衛聖原從功臣)에 책록되었다.

이귀는 1599년 부안과 지척인 김제군수로 내려왔다가 매창과 인연을 맺었던 것으로 알려졌다.

매창의 시를 보자.

鞦韆(추천)[11]- 그네

兩兩[12]佳人學半仙[13](양양가인학반선)
- 아름다운 두 사람이 그네를 배우는가

綠楊陰裡競鞦韆(녹양음리경추천)
- 푸른 버들 그늘 밑에서 다투어 그네를 타네.

佩環遙響浮雲外(패환요향부운외)
- 허리에 찬 노리개가 멀리 구름 너머 울리니,

却訝[14]乘龍上碧天(각아승용상벽천)
- 마치 용을 타고 푸른 하늘에 오르는 듯하네.

그네 타는 모습을 매우 아름답게 보았다. 두 사람이 그네를 타는 모습이 아름답고 멋있었다. 마치 용을 타고 하늘에 오르는 듯하다고 묘사한 것은 그네에 대한 최상의 표현이다.

---

11 鞦韆(추천)- 그네.
12 兩兩(양양)- 둘씩 또는 둘이 모두.
13 半仙(반선)- 그네놀이의 다른 별칭.
14 却訝(각아)- 의아스럽다고 생각됨.

春愁(춘수)- 봄날의 근심

長堤春草色凄凄[15](장제춘초색처처)

– 긴 뚝의 봄 풀빛이 슬프고 처량하니

古客還來思欲迷(고객환래사욕미)

– 옛 손님 다시 오시다 길을 잃었나 생각되네

故國繁華同樂處(고국번화동락처)

– 예전에 같이 즐기던 화려한 곳에

滿山[16]明月杜鵑啼(만산명월두견제)

– 온 산은 달 밝고 두견새만 우네.

曾年此夕瑤池[17]會(증년차석요지회)

– 지난해 오늘 저녁 아름다운 모임에서

我是樽前歌舞人(아시준전가무인)

– 나는 술잔 앞에 춤추며 노래 부르는 사람이었지.

宣城[18]舊主今安在(선성구주금안재)

– 명승(名勝)의 옛 주인 지금 어디에 계시는가

一砌殘花昔日春(일석잔화석일춘)

– 섬돌에 남아있는 꽃 그 옛날의 봄이네.

---

15 凄凄(처처)- 1.슬프고 처량하다. 처연(悽然)하다. 2.춥다. 차갑다. 쌀쌀하다.

16 滿山(만산)- 온 산.

17 瑤池(요지)- 구슬의 연못. 신선이 산다는 곳임. 중국 곤륜산에 있다는 못. 주(周)나라 목왕이 서왕모를 만났다고 하는 곳.

18 宣城(선성)- 중국 안휘성 남동쪽에 있는 도시로 예로부터 명승지가 많으며, 근교에 있는 경정산(敬亭山)은 당나라 시인 이백(李白)이 시를 읊던 곳이다.

秋夜(추야)- 가을밤

露濕靑空星散天(로습청공성산천)
- 이슬 내리는 푸른 하늘에 별들이 흩어지고,

一聲叫雁塞雲邊(일선규안색운변)
- 울음 우는 기러기 변경 구름 끝에 있네

梅梢淡月移欄檻[19](매소담월이난함)
- 매화 가지에 걸린 맑은 달이 난간으로 오는데,

彈罷瑤箏[20]眠未眠(탄파요쟁면미면)
- 탄현이 끝나고 아름다운 쟁은 잠들었지만 난 아직 잠 못 드네.

너무나 낭만적이고 아름다운 시가 아닐 수 없다. 모든 연이 시적 표현이다. '별들이 흩어지고', '기러기 변경 구름 끝에 있네', '매화가지에 걸린 맑은 달이 난간으로 오는데', '아름다운 쟁은 잠들었지만 나는 아직 잠 못 드네' 이보다 더 시적일 수가 없다.

누구나 겪는 가을밤이지만, 이런 시적 영감을 얻고, 이렇게 표현하기는 쉽지 않다.

---

19 欄檻(난함)- 난간.

20 瑤箏(요쟁)- 옥으로 장식된 箏.

彈琴(탄금)- 거문고를 타면서

誰憐綠綺訴丹衷[21](수련녹기소단충)
- 거문고의 참된 정성과 하소연을 그 누가 알아주랴.

萬恨千愁一曲中(만한천수일곡중)
- 만 가지 한과 천 가지 시름이 이 한 곡조에 있네.

重奏江南春欲暮(중주강남춘욕모)
- 거듭되는 연주에 강남의 봄도 저물어 가는데,

不堪[22]回首泣東風(불감회수읍동풍)
- 머리 돌리니 속 태우는 봄바람을 견딜 수 없네.

매창이 거문고를 사랑하고 거문고를 잘 타는 것은 널리 알려진 사실이다. 매창은 인간의 희노애락을 거문고로 표현할 수 있다고 생각하고 살지만, 그래도 봄이 되면 외로움과 괴로움이 밀려오기도 한다.

閨中怨(규중원)- 규중에서 서럽다.

瓊苑[23]梨花杜宇[24]啼(경원이화두우제)
- 예쁜 정원 배꽃에 두견새 우는데,

---

21 丹衷(단충)- 단성(丹誠). 마음에서 우러나오는 뜨거운 정성.
22 不堪(불감)- 1.감당할 수 없다. 2.…할 수 없다.
23 瓊苑(경원)- 예쁘게 가꾸어진 정원.
24 杜宇(두우)- 두견 곧 소쩍새를 말함.

滿庭蟾影[25]更凄凄(만정섬영경처처)

- 뜰에 가득한 달그림자 더욱 처량하네.

相思欲夢還無寐(상사욕몽환무매)

- 꿈속에서 만나려도 도리어 잠이 오질 않아

起倚梅窓聽五鷄[26](기의매창청오계)

- 일어나 매화 핀 창가에 기대니 새벽닭이 우네.

竹阮春深曙色遲(죽원춘심서색지)

- 대숲엔 봄이 깊어 새벽빛이 더딘데,

小庭人寂落花飛(소정인적낙화비)

- 뜨락엔 인적 없이 꽃잎만 흩날리네.

瑤箏彈罷江南曲(요쟁탄파강남곡)

- 좋은 쟁(箏)과 거문고로 강남곡을 마치고

萬斛愁懷一片詩(만사수회일편시)

- 수많은 근심을 한 편의 시(詩)로 품었네.

당시의 매창이 처한 현실이 이 시 한 편에 다 드러나는 것 같다. 예쁜 정원에 배꽃이 피고 두견새가 운다. 밤이 되니 달이 환하게 비친다. 이제 꿈속에서라도 님을 만나고자 하나 잠까지 오지 않고 어느새 새벽닭이 운다. 일어나보니 뜨락엔 인적 없이 꽃잎만 흩날리고 있어 쟁과 거문고를 타고 수많은 근심을 한편의

25 蟾影(섬영)- 달그림자.

26 五鷄(오계)- 五時에 우는 닭(새벽 닭).

시로 짓는다. 이 모든 근심은 유희경과 관계가 있다. 생전에 사랑했던 사람은 거의 유희경뿐이었으므로 잠깐 만나고 긴 이별을 하게 되니 그에 대한 그리움이 시의 대부분을 이루고 있다.

愁思(수사)- 시름에 겨워

雨後凉風玉簟[27]秋(우후량풍옥점추)
– 비온 뒤 찬바람이 대자리에 드는데,

一輪明月掛樓頭(일륜명월괘루두)
– 둥근 밝은 달이 마루 꼭대기에 걸렸네.

洞房[28]終夜[29]寒蛩響(동방종야한공향)
– 방안은 밤새도록 차갑고 귀뚜라미 우니

擣盡中腸萬斛愁(도진중장만곡수)
– 마음속 만 가지 근심을 다 찧네.

'만 가지 근심을 다 찧네'도 독창적인 표현이다. 보통 '만 가지 근심을 한다' '만 가지 근심에 잠을 못 잔다' 같은 말로 쓰는데, 만 가지 근심을 찧는다니 근심을 찧으면 어떻게 되나?

---

27 玉簟(옥점)- 차갑고 매끄러운 옥 같은 대자리.

28 洞房(동방)- ① 잠자는 방. 침방. ② 화촉동방·동방화촉(洞房華燭).

29 終夜(종야)- 하룻밤 사이.

平生恥學食東家[30](평생치학식동가)
- 평생 배움이 부끄러워 집에서 머무는데,

獨愛寒梅映月斜(독애한매영월사)
- 홀로 사랑하는 겨울 매화에 달이 비스듬히 비추네.

時人不識幽閑[31]意(시인불식유한의)
- 세상 사람들은 조용히 살려는 뜻을 알지 못하고

指點[32]行人枉自[33]多(지점행인왕자다)
- 공연히 손가락질 하는 사람이 많네.

早秋(조추)- 이른 가을

千山萬樹葉初飛(천산만수엽초비)
- 산마다 나무마다 잎사귀 날리는데,

雁叫南天帶落暉[34](안규남천대낙휘)
- 기러기 울며 가는 남쪽 하늘가는 해가 지네.

笛一聲何處是聽 (적일성하처시청)
- 대금(大笒) 한 곡조 어디서 들려오나

---

30 東家(동가)- 1.동쪽에 있는 이웃집. 2.머물러 있는 집의 주인.

31 幽閑(유한)- 유한(幽閒).(여자의 인품이 그윽하고 한가함).

32 指點(지점)- ① 지시하다 ② 옆에서 결점을 찾다 ③ 논하다 ④ 가리켜 알려 주다.

33 枉自(왕자)- 헛되이. 보람 없이. 공연히. 괜히.

34 落暉(낙휘)- 다 져가는 저녁 햇발. 지는 해. 석양.

楚鄕歸客淚添衣(초향귀객누첨의)
- 고향에 되돌아가는 나그네 눈물 옷을 적시네

이른 가을이 되어 오랜만에 먼 고향으로 가는데, 기러기도 울고 가고, 밤이 되니 어디선가 대금 소리가 들려온다. 자기도 모르게 그만 눈물이 쏟아진다.

春怨(춘원)- 봄을 원망하다

竹院春深鳥語多(죽원춘심조어다)
- 대밭에 봄이 깊어 새소리 많은데

殘粧[35]含淚捲窓紗[36](잔장함루권창사)
- 남은 화장에 눈물 머금은 채 사창을 말아 올렸네.

美琴彈罷相思曲(미금탄파상사곡)
- 아름다운 거문고로 상사곡을 끝내니

花落東風燕子斜(화락동풍연자사)
- 꽃 떨어지는 동풍에 제비가 비껴가네

봄이 되어도 기다리는 님은 오질 않으니 봄이 오히려 원망스럽다. 거문고로 상사곡을 연주하고 나니 봄바람에 제비기 날아간

35 殘粧(잔장)- 지우지 않은 화장.

36 窓紗(창사)- 창문에 드리운 얇은 천으로 만든 휘장, 발.

다. 쓸쓸한 화자의 마음이 보이는 듯하다. '꽃 떨어지는 동풍에 제비가 비껴간다'도 재미있는 표현이다. 제비가 바람을 비껴가는지, 바람이 꽃잎을 비껴가는지는 알 수 없지만, '제비가 비껴가네'는 그냥 '제비도 날아가네'라고 할 때와는 확실히 느낌이 다르다.

記懷(기회)- 마음을 적다

梅窓風雪共蕭簫(매창풍설공소소)
– 매화 보는 창가에 눈바람이 함께 쓸쓸한데

暗恨幽愁倍此宵(암한유수배차소)
– 남모르는 한과 아득한 근심이 이 밤에 더하네.

他世[37]緱山[38]明月下(타세구산월명하)
– 내세에는 구산의 밝은 달 아래서

鳳簫相訪彩雲衢(봉소상방채운구)
– 봉황에 퉁소 불며 서로 찾아 고운 구름에 가리

정말 사람에게 내세가 있다면 각자의 소원이 있을 것이다. 이 시의 작가는 구산의 밝은 달 아래 님과 함께 서로 봉황이 되어 퉁소 불며 고운 구름에 가고 싶다.

---

37 他世(타세)- 미래의 세계.

38 緱山(구산)- 중국 낙양시 동쪽에 있는 산. 주나라 태자 진(晉)이 이 산에서 놀다가 학을 타고 하늘로 올라가 신선이 되었다고 전함.

夜坐(야좌)- 밤중에 앉아서

西窓[39]竹月影婆娑[40](서창죽월영파사)
- 서쪽 창가 대나무는 달그림자에 한들거리는데,

風動桃園舞落花(풍동도원무락화)
- 바람이 복숭아 동산 움직이니 춤추며 꽃이 떨어지네.

猶倚小欄無夢寐(유의소난무몽매)
- 작은 난간에 기대앉아서 꿈꾸며 잠들지 못하는데,

遙聞江渚採菱歌(요문강재채능가)
- 멀리 강가에서 마름 따는 노래 들려오네.

風翻羅幕[41]月窺窓(풍번나막월규창)
- 바람은 장막에 펄럭이고 달빛은 창을 엿보는데,

抱得秦箏[42]伴一釭(포득진쟁반일홍)
- 가야금을 얻어 껴안고 등불 하나와 짝하네.

愁倚玉欄花影裡(추의옥난화영리)
- 아름다운 난간에 기대니 근심이 꽃 그림자 속에 있는데,

暗聞蓮唱響西江(암문연창향서강)
- 가만히 들리는 연밥 따는 노래 서쪽 강에 울리네.

---

39 西窓(서창)- 서쪽의 창. 부인의 침실.

40 婆娑(파사)- 한들한들하다. 하늘하늘하다. 한들거리다.

41 羅幕(나막)- 부유한 집에서 사용하던 천으로 된 휘장. 비단 장막.

42 秦箏(진쟁)- 금(琴)과 비슷한 악기로 중국 진나라 시대에 기원하여 '진쟁'이라 한다. 여기서는 가야금으로 여겨진다. 중국 전통악기 진쟁(秦箏), 고쟁(古箏).

이들 시는 대부분 쓸쓸하고 고독한 시인의 마음이 묻어난다. 아름다운 것을 보아도, 계절이 바뀌어도 사랑하는 사람을 마음껏 만날 수 없는 현실을 한탄하고 있다. '꿈꾸며 잠들지 못한다'는 생경하지만, 독창적인 표현이다. 아니 천재적인 표현이다.

'바람이 복숭아 동산 움직이니 춤추며 꽃이 떨어지네'도 매우 참신한 표현이다.

위의 시들에서 '꽃 떨어지는 동풍에 제비가 비껴가네', '근심이 꽃 그림자 속에 있는데', '바람이 복숭아 동산 움직이니 춤추며 꽃이 떨어지네', 이런 표현들은 매창이 얼마나 시적 재능이 뛰어난 시인인지를 잘 보여준다.

贈畵人(증화인)- 화가에게 드림

手法自然神入妙(수법자연신입묘)
- 수법이 자연 그대로라 신의 경지에 들었으니,

飛禽走獸落毫端[43](비금주수락호단)
- 나는 새와 뛰는 짐승이 붓끝에서 나오네.

煩君爲我靑鸞畵(번군위아청난화)
- 바쁜 그대가 날 위해 푸른 난새[44]를 그려주니,

---

43 毫端(호단)- 붓끝.

44 影(영)- 초상(肖像), 화상(畫像).

長對明銅伴影[45]懼(장대명동반영구)
- 늘 밝은 거울 대하듯 짝하며 그림을 좋아하리.

이 시에서도 '수법이 자연 그대로라 신의 경지에 들었으니 나는 새와 짐승이 붓끝에서 나오네' 같은 표현은 너무도 수준 높은 칭찬이고 창의력이 돋보이는 대목이다. 그림을 잘 그린다는 칭찬과 감사와 앞으로 그림을 계속 사랑하겠다는 다짐까지 하는 최고의 인사말이다.

4행의 '늘 밝은 거울 대하듯 짝하며 그림을 좋아하리'도 흔한 표현은 아니다. '짝하며'도 매우 참신하다.

閑居(한거)- 한가로이 지내면서

石田茅屋掩柴扉(석전모옥암자비)
- 돌밭 초옥에서 사립문으로 가리니

花落花開辨四時(화락화개변사시)
- 꽃이 지고 피어 사계절을 분간하네.

峽裡無人晴晝永(협리무인청화영)
- 골짜기엔 사람 없이 맑은 낮이 길고

雲山烟水遠帆歸(운산연수원범귀)
- 구름 낀 산, 안개 바다에 멀리 배가 돌아오네.

---

45 난새- 중국의 전설에 나오는 상상 속의 새.

사람이 없어 한적하고 고요하니 시간의 흐름을 꽃이 지고 피는 것으로 대략 알게 된다. 산에는 구름이 끼고 바다엔 안개 끼었는데 멀리서 배가 들어오는 것이 보인다. 정(靜)에서 동(動)으로 바뀌는 순간이다. 또한 혼자에서 여럿이로도 될 수 있다. 우리의 인생이 이렇지 아니한가?

登龍安臺(등용안대)- 용안대에 올라

云是長安一代豪(운시장안일대호)
– 이야말로 장안의 한 세상 호걸이라

雲旗到處靜波濤(운기도처정파도)
– 구름 깃발 닿은 곳에 파도가 고요하네.

今朝陪話神仙事(금조배화신선사)
– 오늘 아침 모시고 신선의 일을 말하니

燕子東風西日高(연자동풍서일고)
– 제비가 동풍 따라 저녁 해에 높이 떴네.

'오늘 아침 모시고 신선의 일을 말하니'에서 '누구'를 모시고가 없는데, 제목으로 보아 '임금을 모시고'로 볼 수 있을 것 같다.

실제로 모시는 게 아니라 '용안대'니까 임금님과 함께 있는 걸로 생각할 수도 있다. 위의 시에서 2연 '구름 깃발 닿은 곳에 파도가 고요하네'도 매우 신선하고 창의적인 표현이다.

登千層[46]菴(등천층암)- 천층암에 올라서

千層隱佇千年寺(천층은저천년사)
– 천층산에 숨어 있는 천년의 사찰에

瑞氣祥雲石逕生(서기상운석경생)
– 상서로운 기운과 상서로운 구름이 돌길에 나오네.

淸磬響沈星月白(청석향침성월백)
– 맑은 풍경소리 울려 잠기니 별과 달이 밝은데,

萬山楓葉鬧秋聲(만산풍엽시추성)
– 온 산의 단풍잎이 가을 소리를 지껄이네.

'상서로운 기운과 상서로운 구름이 돌길에 나온다, 맑은 풍경소리 울려 잠기니 별과 달이 밝은데', '온 산의 단풍잎이 가을 소리를 지껄이네'도 모두 새롭고 독특한 표현이다.

위의 네 편의 시들은 남성 작가가 썼다고 해도 믿을 만큼 여성 작가의 티가 거의 나지 않는다. 이들 시는 매창이 매우 평화롭고 정서적으로 안정된 때에 지은 시로 보인다.

憶昔(억석)- 옛일을 그리며

謫下[47]當時壬癸辰(적하당시임계진)
– 속세에 귀향 올 당시인 임진년과 계사년에

46 千層菴(천층암)- 전북 변산에 있는 절.

47 謫下(적하)- 귀양으로 내려가거나 내려옴, 또는 귀양으로 내려보냄. 신선

此生[48]愁恨與誰伸(차생수한여수신)
- 이승의 시름과 한을 누구에게 말했던가?

瑤琴獨彈孤鸞曲[49](요금독탄고난곡)
- 아름다운 거문고로 고난곡(孤鸞曲)을 타면서

悵望[50]三淸憶玉人(창망삼청억옥인)
- 시름없이 삼청(三淸)[51]을 바라보며 아름다운 그대를 그리네.

自恨(자한)- 스스로를 한탄하며

春冷補寒衣(춘냉보한의)
- 봄날이 차가워 겨울옷을 꿰매는데,

紗窓日照時(사창일조시)
- 사창에 햇빛이 비치고 있네.

低顔信手處(저안신수처)
- 얼굴을 숙여 손길이 가는 대로 맡겼는데

이 속세에 내려오거나 사람으로 태어남.

48 此生(차생)- 이승. 현세. 한평생.

49 孤鸞曲(고난곡)- 부부간 이별의 노래.

50 悵望(창망)- 시름없이 바라 봄.

51 三淸(삼청)- ① 인간이 바랄 수 있는 도교의 최고 이상향. 삼청은 도교에서 삼원(三元)의 화생(化生)인 삼보군(三寶君)이 담당하는 영역으로 옥청(玉淸)·상청(上淸)·태청(太淸)을 지칭한다. ② 거문고 연주 때 '슬렝'으로 연주하는 것이 삼청이다. 삼청을 '글레도들'이라고도 한다. 『삼죽금보(三竹琴譜)』에 나온다.

珠淚滴針絲(주누적침사)

- 구슬같은 눈물이 실과 바늘 적시는구나.

매창의 시 「자한(自恨)」에서는 유희경이 떠나고 없는 봄은 너무나 추워 추울 때 입던 옷을 다시 꺼내어 수선하면서도 그리운 마음에 바느질이 되지 않아 눈물만 흘리는 서러움이 진하게 배어 있다. '오늘 아침 어머니 그리워 글을 쓰자 하나 /글을 쓰기도 전에 눈물이 가득하구나' 마치 남해로 유배 온 서포 김만중이 어머니 생신날 지은 「사친시(思親詩)」를 연상하게 한다. 유희경 역시 전쟁 중이라 만나지 못하는 매창을 그리워하면서 여러 편의 시를 지었다.

이 시는 여성미를 물씬 풍기는 기생의 시라고 할 수 있다. 옷을 꿰매고, 취한 손님이 윗옷을 잡고, 저고리가 찢어지고...

이런 일을 겪으며 멀리 있는 임을 생각하는 일이 기생을 연상시키기에 충분하다. 그리고 은연 중 기생인 자신의 처지와 한 남자의 연인으로서의 자신의 2중적인 신분적 괴리를 느끼며, 연인을 그리워하는 마음을 효과적으로 잘 표현하고 있다.

憶故人(억고인)- 옛 임을 생각하며

春來任在遠(춘래임재원)

- 봄이 왔다지만 그분은 멀리 계시니

對景意難平(대경의난평)
– 경치를 보아도 마음 가누기 어렵네.

鸞鏡[52]朝粧歇(난경조장헐)
– 거울 보고 아침에 화장하다 멈추고,

瑤琴月下鳴(요금월하명)
– 아름다운 거문고로 달빛 아래에서 우네.

看花新恨起(간화신한기)
– 꽃을 보면 새로운 한이 일고

聽燕舊愁生(청연구수생)
– 제비 소리에 옛 시름이 생기니

夜夜相思夢(야야상사몽)
– 밤마다 님 만나는 꿈을 꾸다가

還驚五漏[53]聲(환경오루성)
– 오경[54]을 알리는 소리에 또 놀라네.

님을 만나지 못하는 슬픔을 가지니 꽃을 보아도 시름이 생기고, 밤마다 님 만나는 꿈을 꾸는데 꼭두새벽에 오경을 알리는 소리에 놀라니 하루밤도 편히 자지 못하는 처지를 노래한 시다.

아래의 시들은 신선사상이 직접적으로 작품에 투영된 것이 대

52 鸞鏡(난경)- 난새(鸞鳥)를 뒷면에 새긴 거울로 일반적으로 여자가 사용하는 거울을 통틀어 이르는 말.

53 五漏(오루)- 오경(五更)을 알리는 자격루[물시계] 소리.

54 五更(오경)- 새벽 네 시 전후.

부분이다. 이때에 이르러 매창은 신선사상에 푹 빠져 세상을 신선의 눈으로, 신선의 마음으로 바라보는 것을 알 수 있다.

寫懷(사회)- 생각을 적다

結約桃源[55]洞裡仙(결약도원동리선)
- 도원(桃源)에서 맺은 언약 골에서 신선이 되었는데,

豈知今日事凄然(개지금일사처연)
- 오늘날 이리도 슬플 줄 어찌 알았으랴.

幽懷暗恨五絃曲(유회암한오현곡)
- 숨긴 마음 남모르는 한이 오현(五絃)의 가락이니

萬意千思賦一篇(마의천사부일편)
- 만 가지 뜻과 천 가지 생각을 한 곡조에 싣네.

塵世是非多若海(진세시비다약해)
- 세상에 시비는 바다같이 많은데,

深閨永夜苦如年(심규영야고여년)
- 깊은 규방의 긴 밤도 기어코 한 해가 가네.

藍橋欲暮重回首(람교욕모중회수)
- 절 다리에 해가 저물어 다시 돌아보니

55 도원결의(桃園結義)는 중국 고전 소설 '삼국지연의(三國志演義)'에서 유래한 성어로, 후한 시대의 영웅 유비(劉備), 관우(關羽), 장비(張飛)가 황건적 난을 진압하기 위해 복숭아 동산에서 맹세한 이야기를 기반으로 하고 있다. 여기서는 매창과 유희경의 사랑의 언약을 말하는 것이다.

青疊雲山隔眼前(청첩운산격안전)
- 푸른 산이 구름과 겹쳐 눈앞에서 멀어지네.

매창이 유희경과의 사랑은 신선이 되는 것처럼 설레고 행복한 일이었지만, 유희경은 가정도 있고, 할 일도 있으므로 항상 매창 옆에만 있을 수 없어 서울로 올라갔다. 매창으로서는 슬픈 일이지만. 어디 하소연할 데도 없으니 마음의 슬픔이나 외로움 그리고 그리움도 모두 거문고로 표현해 볼 수밖에 없다. 이 시는 인생의 무력하고 복잡다단한 마음을 음악에 실어 본다는 함축적인 내용을 담고 있다. 신선이 되었어도 근본적인 희노애락을 벗어나지는 못하지만, 그래도 거문고의 운율에 맞춰보는 것도 인간만이 할 수 있는 일이다.

'세상에 시비는 바다같이 많은데'는 매우 독특한 표현이고 '깊은 규방의 긴 밤도 기어코 한 해가 가네'도 '시간은 무조건 간다'는 진리를 말하지만 매우 곡진하다. '푸른 산이 구름과 겹쳐 눈앞에서 멀어지네'도 누구나 알 수 있는 의미지만 참신한 표현이다.

贈友人(증우인)- 벗에게 드림

曾聞東海降詩仙(증문동해강시선)
- 일찍이 듣기로 동해에 시선(詩仙)이 내렸다던데

今見瓊詞[56]意悵然[57](근견경하의창연)

– 이제 보니 구슬 같은 말씀의 뜻에 한탄하네.

緱嶺遊蹤思幾許(구령유종사기허)

– 구령에서 노닐던 흔적 얼마쯤일까 생각하니

三淸心事是長篇(삼청심사시장편)

– 신선이 생각하는 일은 이 긴 글이네.

壺中歲月無盈缺(호중세월무영결)

– 술병 속 세월은 차고 이지러짐이 없지만

塵世青春負少年(진세청춘부소년)

– 속세의 청춘은 어린 아이가 짐을 지네

他日[58]若爲歸紫府[59](타일약위귀자부)

– 뒷날에 만약 선계(仙界)로 돌아가려거든

請君謀我玉皇前(청군모아옥황전)

– 그대의 꾀로 나를 옥황상제 앞에 데려다 주오

'속세의 청춘은 어린 아이가 짐을 지네'라는 구절이 가슴에 와 닿는다. 어린 나이에 세상과 맞서야 하는 매창이기에.

훗날 죽으면 신선이 되어 옥황상제를 만나고 싶다.

---

56 瓊詞(경사)- 경문(瓊文). 아름다운 글.

57 悵然(창연)- 한탄하다.

58 他日(타일)- 1.지난날. 2.타일. 훗날. 뒷날.

59 紫府(자부)- 선부(仙府). 선계(仙界).

伏次韓巡相壽宴時韻(복차한순상수연시운)

- 한순상의 장수 축하연에 삼가 차운하다.

地接神山近(지접신산근)

- 땅은 신선이 사는 산과 가까이 닿았고,

溪流弱水[60]通(계유약수통)

- 계곡은 흘러 약수로 통하네.

遊蜂[61]飛暖日(유봉비난일)

- 벌이 노닐며 날아다니는 따뜻한 날

新燕語淸風(신연어청풍)

- 제비가 새로 왔다고 청풍이 알려주네.

妙舞搖花影(묘무요화영)

- 오묘한 춤에 꽃 그림자 흔들리고

嬌歌響碧空(교가향벽공)

- 고운 노래가 푸른 하늘에 울리는데,

蟠桃[62]王母壽(반도왕모수)

- 반도를 서왕모께 헌수(獻壽)하니

都在獻盃中(도재헌배중)

60 弱水(약수)- 신선이 살았다는 중국 서쪽의 전설적인 강. 길이가 3,000리나 되며 부력이 매우 약하여 기러기의 털도 가라앉는다고 함.

61 遊蜂(유봉)- 이리저리 날아다니는 벌.

62 蟠桃(반도)- 천 년 만에 한 번씩 열린다는 복숭아(仙桃).

- 모두 올리는 술잔 속에 있네.

靑鳥飛來盡(청조비래진)

- 파랑새도 더 날아오지 못하였는데

江南雁影寒(강남안영한)

- 강남의 기러기는 그림자가 차갑네

愁仍芳草綠(수잉방초록)

- 방초가 푸르기에 근심에 겨운데

恨結落紅殘(한결락홍잔)

- 한 맺혀 떨어지는 붉은 게 잔인하네

歸思邊雲去(귀사변운거)

- 돌아가고픈 생각에 구름 곁에 가고

旅情[63]夢裡歡(여정몽리환)

- 떠도는 마음은 꿈속에서나 기쁘네.

客人不問房(객인불문방)

- 나그네 묵는 방은 사람이 묻지를 않으니,

無語倚危欄 (무어의위난)

- 말없이 높은 난간에 기대네.

---

63 旅情(여정)- 객지에서 품게 되는 울적한 느낌.

‘제비가 새로 왔다고 청풍이 알려주네’도 매우 독특하고 참산한 표현이다. 내용적으로 평화롭고 복된 날들이라는 말로 축하의 뜻을 전하고 있다.

登月明庵(등월명암)[64]- 월명암에 올라

卜築[65]蘭若[66]倚半空[67](복축난약의반공)

- 터를 가려 지은 절이 그리 높지 않은 곳에 의지하는데,

一聲淸磬徹蒼穹(일성청반철창궁)

- 한번 울리는 맑은 풍경소리 푸른 하늘로 통하네.

客心怳若[68]登兜率[69](객심황약등도솔)

---

64 月明庵(월명암)- 전북 부안군 산내면에 있는 절. 조선 선조 때의 고승 진묵(震默)이 중창하여 17년 동안 머물면서 많은 제자들을 양성하였고, 1863년(철종 14) 성암(性庵)이 중건하였다. 1908년에 불탄 것을 1915년에 학명(鶴鳴)이 중건하였고, 1956년에는 원경(圓鏡)이 중건하여 오늘에 이르고 있다. 전국에서 몇 안 되는 산상무쟁처(山上無諍處)의 한 곳으로 대둔산 태고사(太古寺), 백암산 운문암(雲門庵)과 함께 호남지방의 3대 영지(靈地)로 손꼽히는 곳이며, 봉래선원(鳳萊禪院)이 있어서 근대의 고승인 행암(行庵)·용성(龍城)·고암(古庵)·해안(海眼)·소공(簫空) 등이 수도한 참선도량으로 유명하다.

65 卜築(복축)- 터를 가려 집을 지음.

66 蘭若(난야)- 아란야(阿蘭若)의 준말. 고요한 곳이 (寂淨處)란 뜻으로 사원을 말함.

67 半空(반공)- 하늘과 땅 사이 멀지 않은 허공. 그리 높지 않은 공중.

68 怳若(황약)- 황홀하게 어리다.

69 兜率(도솔)- 도솔천(兜率天)을 말함. 수미산(須彌山) 꼭대기에서 12만 유순(由旬 40리)에 있는 天界). 여기에는 칠보(七寶)로 된 궁전이 있고 수많은 하늘 사람들이 살고 있다고 함.

– 나그네 마음도 황홀하게 어리어 도솔천에 올랐으니

讀罷黃庭禮赤松(독파황정예적송)

– 황정경[70]을 읽고 나서 적송자[71]를 뵈리라.

월명암을 오르며 마치 신선이 된 느낌을 받는다.

自傷(자상)1- 스스로 자기를 해함

夢罷愁風雨(몽파수풍우)

– 꿈 깨니 비바람 근심스럽고

沈吟行路難(침음행로난)

– 세상길 어려움을 조용히 읊어보네.

慇懃樑上燕(은근량상연)

– 처마 위의 은근한 제비는

何日喚人還(하일환인환)

70 黃庭經(황정경)- 도가(道家)의 경전. 신선이 되는 장생법(長生法)을 말하는데 7언시로 이루어졌음.

71 赤松子(적송자)- 적송자는 신농씨(神農氏) 시대에 활약했던 우신(雨神 비의 신)이다. 그는 빙옥산(冰玉散, 수정 분말)을 복용하는 술법에 뛰어났는데, 이것을 마시면 불 속에 있어도 화상을 입지 않는다고 한다. 이 술법은 후에 신농씨에게 전해졌다고 한다. 적송자는 항상 곤륜산에 있는 서왕모의 거처에 드나들었고, 또한 비바람을 타고 천상과 지상을 오르내리며 신농씨의 딸에게 선술(仙術)을 가르쳐주었다. 마침내 그의 딸이 모든 것을 배워 신선이 되자 함께 천상계로 올라갔다. 세월이 흘러 황제(黃帝)의 증손자인 고신씨(高辛氏) 시대가 열리자 적송자는 다시 지상에 모습을 드러냈다고 한다.

– 어느 날에야 임 불러 돌아오려나.

自傷(자상)2– 스스로 자기를 해함

一片彩雲夢(일편채운몽)

– 한 조각 꽃구름 이는 꿈

覺來萬念差(각래만념차)

– 깨어나면 허망하여라

陽臺何處是(양대하처시)

– 임과 만나는 따뜻한 누대는 그 어느 곳인가

日暮暗愁多(일모암수다)

– 날은 저물어 어둑한데 수심만 짙어지네.

仙遊(선유)– 신선으로 노닐며

千載名兜率(천재명도솔)

– 천 년동안 이름난 도솔천인데,

登臨上界通(임계상계통)

– 올라와 보니 천상(天上)과 통하네.

晴光生落日(청광생낙일)

– 맑은 빛이 저녁 해에 나오니

秀嶽散芙蓉(수악산부용)

– 빼어난 큰 산이 연꽃처럼 흩어지네

위 시에서 4행 '빼어난 큰 산이 연꽃처럼 흩어지네'는 매우 독창적이다. 매창의 천재성이 드러나는 구절이다. 다음 시 다섯 수는 모두 자연을 즐기고, 술을 마시며, 신선놀음을 하는 시로 보인다.

龍隱宜深澤(용은의심택)
– 용이 숨은 마땅히 깊은 못인데,

鶴巢便老松(학소편노송)
– 학의 둥지가 늙은 소나무에서 편안하네.

笙歌[72]窮峽夜(생가궁협야)
– 연주와 노래로 산골짝 밤을 지새워

不覺響晨鐘(불각향신종)
– 울리는 새벽 종소리도 몰랐네.

三山仙境裡(삼신선경리)
삼신산 신선들이 사는 곳은

蘭若翠微[73]中(난야취미중)
– 절이 푸른 숲 안인데,

鶴唳雲深樹(학루운심수)
– 학이 우는 구름 깊은 나무에

72 笙歌(생가)- 1.생황 반주에 맞춰 노래를 부르다. 2.악기를 연주하며 노래를 부르다.

73 翠微(취미)- 먼 산에 아른아른 보이는 검은 푸른 빛.

猿啼雪壓峰(원제설압봉)

– 원숭이 울고 눈이 봉우리를 덮었네.

霞光迷曉月(자광미효월)

– 노을 빛 흐릿한 새벽달인데,

瑞氣映盤空[74](서기영반공)

– 상서로운 기운이 허공에 서려 있네.

世外靑牛客[75](세외청우객)

– 세상 밖의 노자(老子)가

何妨[76]禮赤松 (하방례적송)

– 적송자(赤松子)를 뵌들 무슨 상관이랴.

樽酒相逢處(준주상봉처)

– 술통이 서로 만나는 곳에

東風物色華(동풍물색화)

– 동풍에 물색이 일어 만물의 빛이 화려한데,

綠垂池畔[77]柳(녹수지반류)

– 못가 버들은 푸르게 드리우고

---

74 盤空(반공)- 허공에 서림.

75 靑牛客(청우객)- 푸른 소를 타고 가는 노자가 함곡관을 지나 서역으로 가는 도중 도덕경을 지었다는 데서 나온 고사이다.

76 何妨(하방)- 무슨 상관이 있겠는가. (…해도) 무방하다[괜찮다].

77 池畔(지반)- 못가. 연못의 변두리.

紅綻檻前花(홍정함전화)

– 난간 앞 꽃은 붉게 피어나네.

孤鶴歸長浦(고학귀장포)

– 외로운 학이 긴 갯가로 돌아오고

殘霞落晩沙(잔하낙만사)

– 잔 노을이 저물녘 모래밭에 내리는데,

臨盃還脈脈[78](임배환맥맥)

– 술잔이 또다시 끝없이 이어지다가

明日各天涯[79](명일각천애)

– 다음 날이면 각자 멀리 떨어지네.

매창은 어느날 이웃 고을 김제 부사 이귀에게서 서울에서 유희경이 부안을 방문한다는 전갈을 받는다.

소문만 듣고 얼마나 만나보고 싶었던 유희경인가.

매창은 전갈을 받고 가만히 있을 수 없어 이귀에게 곧 가겠다는 답장을 보내고 안절부절못하는 자신의 마음을 다음과 같은 시로 읊었다

含情還不語(함정환불어)

– 가슴에 품은 정은 말도 하지 못하더니

78 脈脈(맥맥)- 끊이지 않는 모양.

79 天涯(천애)- ① 하늘 끝. 먼 변. ② 아득히 멀리 떨어진 고향.

如夢復如痴(여몽복여치)
- 꿈같고 생시 같고 어리석은 이 내 마음

緣倚江南曲(록의강남곡)
- 애타는 이 마음 강남곡에 실어보나

無人問所思(무인문소사)
- 내 심정 묻는 이는 한 사람도 없구나

尋眞(심진)1- 신선을 찾아서[80]

可憐東海水(가련동해수)
- 가련하다, 동해로 흐르는 물이여

何時西北流(하시서북류)
- 어느 때라야 서북쪽으로 흐르는가.

停舟歌一曲(정주가일곡)
- 배를 멈추고 한 곡조 노래하니

把酒憶舊遊(파주억구유)
- 술잔 들고 옛날 놀던 때를 생각하노라

尋眞2

巖下繫蘭舟(암하계난주)
- 바위 아래 목란주 매어놓고

80 '尋眞'은 '진실을 찾아서'라고 해석하는 이도 있다.

耽看碧玉流(탐간벽옥류)

- 벽옥 같은 맑은 물 정신없이 바라본다.

千年名勝地(천년명승지)

- 천년 명승지에

沙鳥等閒遊(사조등한유)

- 물새만 한가하게 놀고 있구나.

尋眞3

遠山浮翠色(원산부취색)

- 먼 산에 푸른 빛 감돌고

柳岸暗煙霞(유안암연하)

- 버드나무 언덕은 물안개 자욱하다

何處靑旗在(하처청기재)

- 푸른 깃발 있는 곳 어디인가?
  (어느 곳에 주막이 있는가?)

漁舟近杏花(어주근행화)

- 고기잡이 배 주막 가까이 돌아오네.

위의 '尋眞' 세 수는 여성이 지었다는 느낌이 전혀 없다. 어느 사대부가 지었다 해도 손색이 없다.

[사진 5] 이매창

[사진 6] 이매창 묘

3.2 유희경을 만난 이후의 매창

매창에게 사랑이 찾아온 것은 그녀의 나이 스무 살 무렵이었다. 그가 사랑했던 남자는 스물여덟 살이나 연상이고 천민 출신이며, 유부남이었던 촌은(村隱) 유희경(劉希慶, 1545~1636)이었다. 뭇 양반들의 사랑을 받으며 명성이 높았던 매창이 유희경에게 끌렸던 것은 천민 출신이라는 공감대가 형성되었다는 점과, 둘 다 시에 능해 시로 대화가 가능했기 때문이었던 듯하다.

유희경은 서경덕의 문인인 박순(朴淳)으로부터 당시(唐詩)를 배웠으며, 중인 신분을 가진 시인들과 함께 '풍월향도(風月香徒)'라는 모임을 만들어 주도했다. 여기에는 천민 출신 시인 백대붕(白大鵬)이 포함되어 있었는데, 유희경과 백대붕은 함께 시를 잘 짓기로 소문이 퍼져 '유백(劉白)'이라 불리기도 했다. 그래서 매창도 이들의 명성을 알고 있었던 것으로 보인다.

유희경이 젊은 시절 부안을 들린 때였다. 매창이 유희경이 서울의 시객(詩客)이라는 말을 듣고 "유희경과 백대붕(白大鵬) 가운데 누구신지요?"라고 물었다. 그와 백대붕의 이름이 먼 지역까지 알려졌기 때문이다. 유희경은 일찍이 기생을 가까이하지 않다가 이 때에 이르러 파계를 했다. 시로써, 풍류로써 통했기 때문이다.

유희경, [촌은집], <행록(남학명)>

위의 글은 남학명(南鶴鳴)의 [행록(行錄)] 중 일부로, 유희경과 매창의 만남을 보여준다. 남도를 여행하던 유희경은 매창을 찾아온다. 유희경은 그때까지 여성을 가까이 하지 않았는데, 매창에게는 큰 관심을 보였다. 매창이 이미 유희경의 존재를 알고 있었던 것처럼 유희경 또한 명성이 자자한 매창에 대해 알고 있었음은 그녀에게 지어준 시 「계랑에게(贈癸娘)」을 보면 알 수 있다.

유희경은 부안으로 내려와 직접 매창을 보고 나서 그 소문이 그냥 떠도는 소문이 아님을 알았다. 그는 매창의 매력에 흠뻑 빠져 마치 선녀가 하늘에서 내려온 것 같다고 표현했다. 시에 능통했던 유희경과 매창 두 사람은 서로를 사랑하는 감정을 시를 통해 주고받았다. 유희경의 문집에 실려 있는 시들 중에 매창을 생각하며 지은 시는 7편이다.

贈癸娘(증계랑)- 계랑에게 주다

劉希慶(유희경)

曾聞南國癸娘名(증문남국계량명)
- 일찌기 남쪽 고향에 계랑이란 명성 들었는데

詩韻歌詞動洛城(시운가사동락성)

– 시의 운치와 노래 솜씨가 서울에까지 울리더군

今日相看眞面目(금일상간진면목)

– 오늘에야 그대의 참된 모습 서로 바라보니

却疑神女下三淸(각의신녀하삼청)

– 선녀가 하늘에서 내려온 듯 하구나

촌은은 매창을 '무산의 신녀'에 비유하면서 극찬하고 있다. 초회왕이 무산에서 낮잠을 자고 있을 때 꿈속에 신녀가 나타나 교합했다는 신녀는 시집도 가기 전에 죽은 한을 풀기 위해 아침에는 구름이 되고 저녁에는 비가 된다고 한다. 그 신녀가 도가에서 말하는 신선이 사는 삼청인 옥청(玉淸), 상청(上淸), 태청(太淸)에서 내려온 듯하다고 표현한 것이다.

이렇게 두 사람은 서로 만나 그날 밤 거문고와 시로 화답하면서 밤이 깊어 갔다.

그리고는 유희경이 다시 한 수를 짓는다.

我有一仙藥(아유일선약)

– 나에겐 신비로운 선약(仙藥)이 있어

能醫玉頰瀕(능의옥협빈)

– 찡그린 얼굴도 고칠 수 있다네

深藏錦囊裡(심장금낭리)

- 금낭 속 깊이깊이 간직한 이 약을

欲與有情人(욕여유정인)

- 사랑하는 너에겐 아낌없이 주리라

이에 매창은 즉석에서 바로 화답시를 읊으며 가락에 맞춘다.

我有古奏箏(아유고주쟁)

- 나에겐 오래 된 거문고 하나 있어

一彈百感生(일탄백감생)

- 한 번 타면 온갖 정감 다투어 생긴다오

世無知此曲(세무지차곡)

- 세상 사람 이 곡을 아는 이 없으나

遙和謳山笙(요화구산생)

- 오늘 밤 그대의 장단에 맞춰 보리라.

즉석에서 이런 시를 지어 대작할만큼 매창은 시를 짓고 노래하는 데 천부적인 재능을 가졌던 것으로 보인다.

유희경 역시 매창을 그리워하는 마음을 위의 시로 전한다.

유희경은 28세라는 나이 차이를 극복하고 매창을 무척이나 사랑했던 듯하다. 매창이 얼굴을 찡그렸을 때 자신에게 선약(仙藥) 하나가 있어 고운 얼굴의 찡그린 흔적을 치료할 수 있다고 하면서 사랑하는 사람에게만 그것을 주고 싶다고 하였다. 찡그린 모습까지도 귀여워하며 그녀를 사랑하는 유희경의 마음을 엿볼 수 있다. 유희경은 창덕궁 옆을 흐르는 계곡 옆에 돌을 쌓아 이곳을 '침류대(枕流臺)'라 하였다. 당시 침류대에는 이수광·신흠·허균·유몽인 등 당대의 명사들이 모여들었으며, 유희경은 침류대의 주인으로 자처하였다.

유희경에 대해 허균은 "사람됨이 청수(淸秀)하고 신중하며 충심으로 주인을 섬기고 효성으로 어버이를 섬기니 사대부들이 그를 사랑하는 이가 많았다."고 평했으며, 조우인(曺友仁)은 "당시 사대부들조차 예법에 관한 한 유희경을 따라잡을 자가 드물었다."고 할 만큼 유희경은 예법에 매우 밝았던 인물이다.

이렇게 두 사람은 서로 만나 그날 밤 거문고와 시로 화답하면서 밤이 깊어 갔다. 촌은과 매창은 운우의 정을 나누며 행복한 시간을 보냈다.

유희경은 「희증계랑(戱贈癸娘)」이라는 칠언절구로 신선의 세계에서 깨가 쏟아지는 즐거움을 다음과 같이 그리고 있다.

桃花紅艶暫時春(도화홍염잠시춘)
- 복사꽃 붉고 고운 짧은 봄이라

撻髓難醫玉頰嚬(달수난의옥협빈)
- 고운 얼굴에 주름지면 고치기 어렵다오

神女下堪孤枕冷(신여하심고침냉)
- 신녀라도 독수공방은 견디기 어려우니

巫山雲雨下來頻(무산운우하래빈)
– 무산의 운우지정 자주 내리네

사실 이런 유형의 시는 여인을 희롱하는 것으로 여겨 사대부들에게는 보이지 않지만, 당시 유희경은 천인의 신분인데다, 매창과 깊은 관계라 스스럼없이 지은 듯하다. 그만큼 이들에게는 세속의 체면이나 권위는 생각할 필요가 없었다.

이 고장 출신의 시인 신석정은 이매창, 유희경, 직소폭포를 가리켜 '부안삼절'이라고 하였다.

황진이, 서경덕, 박연폭포를 '송도삼절'이라 부른 것과 같이.

그러나 유희경과 매창은 멀리 떨어져 살았으므로 자주 만나진 못 했다. 아래의 유희경의 시가 이때의 일을 시로 읊었다.

娘家在浪州(낭가재낭주)
– 그대의 집은 부안에 있고

我家住京口(아가주경구)
– 나의 집은 서울에 있어

相思不相見(상사부상견)
– 그리움 사무쳐도 서로 못 보고

腸斷梧桐雨(장단오동우)
– 오동나무에 비뿌릴 젠 애가 끊겨라

유희경은 매창을 이별한 후 남쪽 하늘이 막혀 떠도는 자신의 어지러운 마음과 파랑새마저 소식을 전하지 않음에 벽오동에 떨어지는 찬 빗소리 들려 차마 견디지 못하는 심정을 노래하였다. 아내 외에는 단 한 번도 마음을 준 여자가 없었던 유희경, 기방 출입도 자제했던 그가 스물여덟 살이나 어린 매창에게 빠진 것은 둘 다 시대를 초월한 시인이었기에 가능했던 것일까.

그들은 첫 만남부터 예사롭지 않았고, 전쟁으로 인한 이별 후에도 사랑의 노래를 천리 길 머나먼 곳으로 주고받았다.

임진왜란으로 이별해야 했던 두 연인은 15년 만에 다시 만난다. 스무 살의 꽃다운 처녀가 서른다섯이 될 때까지 독수공방을 한 매창이었다.

기생이라는 신분에도 매창은 그 긴 청춘을 유희경만을 생각하며 수절하였다. 그래서 더 아름다운 사랑으로 보인다.

전쟁이 끝난 후 매창은 수많은 명사들로부터 구애를 받지만 오로지 마음을 바친 늙은 유희경만을 그리움으로 간직한 것이다. 매창의 명성은 전국에 이미 알려져 그녀를 만나보기 위해 부안으로 찾아오는 사대부들이 적지 않았다. 하지만 그녀는 유희경만을 사랑했기에 헤어져 있었던 세월 동안 외로움을 지켜왔다.

유희경의 청으로 매창이 거문고로 연주한 곡은 '장진주'였다. 장진주(獎進酒)란 술을 권하는 "권주가"를 말한다.

권주가로는 이백의 '장진주'가 가장 유명하다.

將進酒(장진주)- 술을 권하는 노래

李白

君不見黃河之水天上來 奔流到海不復回

(군불견황하지수천상래 분류도해불부회)

- 그대는 보지 않는가, 황하의 물이 저 하늘 꼭대기에서 내려와 세차게 흘러 바다에 다다르면 다시 돌아오지 못하는 것을.

君不見高堂明鏡悲白髮 朝如青絲暮成雪

(군불견고당명경비백발 조여청사모성설)

- 그대는 보지 않는가, 저 높으신 분들이 맑은 거울을 들여다보며 아침에는 푸른 실 같았던 게 저녁이 되자 눈이 되어버린 것을 하얘진 머리를 서러워하지만

人生得意須盡歡 莫使金樽空對月

(인생득의수진환 막사금준공대월)

- 인생이 의미가 있으려면 모름지기 진탕 즐겨야 할지니 그 누구도 저 비싼 술잔을 빈 채로 달을 마주하게 해서는 안 되오.

天生我材必有用, 千金散盡還復來

(천생아재필유용 천금산진환복래)

- 하늘이 날 어떤 재목으로든 태어나게 했을 테니 필시 쓸모가 있을 것이고 천금도 다 흩어 써버리면 다시 돌아오는 것.

烹羊宰牛且爲樂, 會須一飮三百杯.

(팽양재우차위락 회수일음삼백배)

- 양을 삶고 소를 잡아서 일단 즐기고 볼 터이니 모름지기 한

번 마셨다 하면 삼백 잔은 들어야 하오.

岑夫子, 丹丘生, 將進酒, 杯莫停.

(잠부자 단구생 장진주 배막정)

- 이보시오, 잠(岑) 선생과 단구(丹丘) 선생, 부지런히 술을 들어 잔들이 멈추지 않게 하시오.

與君歌一曲, 請君爲我傾耳聽.

(여군가일곡 청군위아경이청)

- 그대들에게 노래 한 곡 뽑을 터이니.
그대들은 내게 귀를 기울여 들어주시오

鐘鼓饌玉不足貴 但願長醉不復醒

(종고찬옥부족귀 단원장취불부성)

- 풍악 즐기고 산해진미 맛보는 호화로운 삶은 귀히 여기기에 부족하니 그저 길이 취해서 다시 깨어나지 않기만을 바랄 뿐.

古來聖賢皆寂寞, 唯有飮者留其名

(고래성현개적막 유유음자류기명)

- 옛날부터 내려오는 성인과 현자에게는 다들 무덤덤해도 술 많이 마신 사람만은 그 이름을 남기네.

陳王昔時宴平樂, 斗酒十千恣讙謔

(진왕석시연평락 두주십천자환학)

- 진사왕 조식은 옛날 평락관에서 잔치를 열 때 한 말에 만금이나 하는 술을 마음껏 마시며 왁자지껄 즐겼다지.

主人何爲言少錢 徑須沽取對君酌

(주인하위언소전 경수고취대군작)

- 주인장은 뭐하러 돈 모자랄까 투정이오? 곧장 가서 술 사

다가 이분들에게 따라 드리기나 하시오.

五花馬 千金裘 呼兒將出換美酒

(오화마 천금구 호아장출환미주)

– 저 명품 말 오화마(五花馬)와 천금 짜리 모피 옷도 아이 불러 가져다가 좋은 술로 바꿔 오라 하시오.

與爾同銷萬古愁

(여이동소만고수)

– 그대들과 더불어 저 옛적부터 풀지 못한 시름을 함께 녹여 버리리라.

위의 시에서 맨 마지막 행이 압권이다. 술 마시는 일이 인류의 숙제를 푸는 일이기도 하다니 갑자기 음주의 격이 높아지는 듯하다.

2년쯤 지나 두 사람에게는 헤어져야 할 사건이 생긴다. 임진왜란[81]이 일어난 것이다. 유희경은 서울로 올라가게 되었다.

매창이 유희경과 이별하고 지었다는 다음 시조는 조선 후기

81 임진왜란(壬辰倭亂)은 1592년(선조 25년) 5월 23일부터 1598년(선조 31년) 12월 16일까지 약 7년간 조선과 일본(도요토미 정권) 사이에서 일어난 전쟁이다. 임진왜란은 2차에 걸쳐서 우리나라를 침략한 일본과의 싸움이다. 끈질긴 저항으로 일본군을 몰아내고 승리하여 각성과 자기성찰을 바탕으로 민족의 운명을 새로 개척해나간 계기가 되었다. 그러나 이 전쟁의 결과는 참담했다, 조선은 경복궁과 창덕궁 등 2개의 궁궐이 소실되었고, 인구는 최소 100만 명 이상 감소했으며, 경작지의 2/3가 소멸했다. 문화재의 손실도 어마어마했다. 조선의 도공들이 대부분 일본으로 끌려가서 일본의 도자기 산업에 투입됐다.

옛 시가집(詩歌集)인 『가곡원류(歌曲源流)』[82]에 실려 전하는데, 이별가로서 이보다 더한 절창(絶唱)이 없다는 평가를 받는다. 국어교과서에도 실린 작품이다.

이매창

이화우(梨花雨) 흩뿌릴 제 울며 잡고 이별한 님
추풍낙엽(秋風落葉)에 져도 날 생각는가
천리에 외로운 꿈은 오락가락 하노매

이 시조는 1876년 박효관과 안민영이 편찬한 「가곡원류(歌曲源流)」에 실려 있는데, 시조 아래에 "추석에 촌은이 서울로 돌아간 뒤 소식이 없었다. 이에 이 노래를 지어 수절했다."고 기록되어 있어 매창이 유희경을 그리워하며 지은 시조임을 알 수 있다.

배꽃이 비처럼 떨어질 때 이별한 님이 가을 추풍낙엽으로 이어지는 이별의 시간과 공간이 천리를 뛰어넘어 그리운 임에게로 향하고 있다. 이들의 재회는 기약이 없게 되었다.

매창은 자신의 운명을 한탄하며 다음의 시를 짓는다.

---

82 『가곡원류』(歌曲源流)는 1876년(고종 13년)에 박효관과 안민영이 편찬한 시조집이다. 10여 종의 이본이 있는데, 대표본인 국립국악원 소장본에는 총 865수의 작품(2012년 기준)이 전한다. 시조 및 가사가 남창과 여창으로 나뉘어 편찬 수록되어 있다. 『가곡원류』는 《해동가요》, 《청구영언》과 더불어 한국의 3대 가곡집이다.

自恨薄命(자한박명)- 기구한 운명을 한탄함

擧世[83]好竽我操瑟(거세호우아조슬)
- 온 세상이 피리를 좋아한다지만 나는 거문고를 잡았는데,

此日方[84]知行路難(차일방지행로난)
- 이날 가는 길이 어렵다는 걸 함께 알았지.

刖足[85]三慙[86]猶未遇(월족삼참유미우)
- 무슨 죄를 지었기에 아직도 만나질 못하고 있으니

還將[87]璞玉[88]泣荊山[89](환장박옥읍형산)
- 어째서 다듬지 않은 옥돌이 형산(荊山)에서 울고 있는가?

여기서 '다듬지 않은 옥돌'은 매창 자신을 가리키는 것으로 보인다. 다음 시는 꿈속에서라도 님을 만나고 싶으나 만나지 못하는 안타까움을 표현한 시다.

---

83 擧世(거세)- ① 온 세상. ② 모든 사람.
84 方(방)- 모두, 함께.
85 刖足(월족)- 죄인의 발꿈치를 베던 형벌.
86 刖足三慙(월족삼참)- 발 잘리고 세 번이나 수치를 당함.
87 還將(환장)- 오히려[다시금] ~하다.
88 璞玉(박옥)- 다듬지 않은 옥 덩어리.
89 荊山(형산)- 중국 호북성(湖北省)에 옥석(玉石)이 나온다는 산의 이름 荊山之玉(형산지옥), 형산에서 나는 옥이라는 뜻으로 어질고 착한 사람을 이르는 말.

一片彩雲夢(일편채운몽)
– 한 조각 꽃구름 이는 꿈

覺來萬念差(각래만념차)
– 깨어나니 허망하여라

陽臺何處是(양대하처시)
– 임과 만나는 따뜻한 누대는 그 어느 곳인가

日暮暗愁多(일모암수다)
– 날은 저물어 어둑한데 수심만 짙어지네

送中憶癸娘(도중억계량)

– 길 가면서 계량을 생각노라

一別佳人隔楚雲(일별가인격초운)
– 가인 두고 떠나자니 초운이 막혀 있고

客中心緖轉紛紛(객중심서전분분)
– 나그네 마음 아파 잠 못 드는데,

青鳥不來音信斷(청조불래음심단)
– 기러기 오지 않아 임 소식 끊어지니

碧梧涼雨不堪聞(벽오량우불감문)
– 오동잎에 찬 빗소리 차마 못 듣겠네.

위의 시는 유희경이 길을 가면서도 연인 계량을 생각하는 마음이 곡진하다.

贈別(증별)- 이별에 드림

堪嗟[90]時事已如此(감차시사이여차)
- 아! 일이 이미 이렇게 되었으니,

半世功夫學畵油(반세공부학화유)
- 반평생 공부는 그림만 배우네.

明日浩然[91]歸去後(명일호연귀거후)
- 날이 밝으면 훌쩍 떠나 버리신 뒤에

不如[92]何地[93]又羈遊(불여하지우기유)
- 어느 곳인들 나그네 머무는 곳만 못하리.

籠鶴(농학)- 새장 속의 학

一鎖樊籠[94]歸路隔(일쇄번농귀로격)
- 새장에 한번 갇혀 돌아갈 길 막혔으니,

崑崙何處閬風[95]高(곤륜하처랑풍고)
- 곤륜산 높은 낭풍(閬風)은 어느 곳인가

---

90 堪嗟(감차)- 감당하기 어려운 슬픔. '아하' 등의 감탄사로도 씀.

91 浩然(호연)- ① 넓고 큰. ② 물이 그침이 없이 흐르는 모양.

92 不如(불여)- 1.…만 못하다. 2.…하는 편이 낫다.

93 何地(하지)- 어디서.

94 樊籠(번롱)- 새장. 번뇌에 묶여 자유롭지 못함.

95 閬風(낭풍)- 곤륜산(崑崙山)의 꼭대기에 있다는 신선이 산다는 곳.

青田[96]**日暮蒼空斷(청전일모창공단)**

- 푸른 논에 해지니 푸른 하늘 끊겼는데,

緱嶺[97]**月明魂夢**[98]**勞(구령월명혼몽노)**

- 구령의 밝은 달은 꿈결에도 고달프네.

瘦影[99]**無儔愁獨立(수영무주수독립)**

- 파리한 그림자 짝 없이 수심으로 홀로 섰는데,

昏鴉[100]**自得滿林噪(혼구자득만림조)**

- 황혼의 까마귀는 스스로 만족하며 숲 가득 지저귀네

長毛病翼摧零盡(장모병익추영진)

- 긴 털에 병든 날개가 꺾여 다 떨어져도

哀淚年年憶九皐[101]**(애루년년억구고)**

- 슬피 울며 해마다 깊숙한 물가를 기억하네.

---

96 靑田(청전)- ① 푸릇푸릇한 벼논. 아직 익지 않은 벼논 ② 산 이름. 밭에서 청지(靑芝)가 나고 학의 서식처라 함.

97 緱嶺(구령)- 구씨산을 가리키는데 주나라 영왕(靈王)의 태자 왕자교(王子喬)가 생황을 불어 봉황의 울음소리를 잘 냈는데, 신선 부구공(浮丘公)을 만나 숭산(嵩山)으로 들어가 도술을 배운 지 30여 년 후 백학을 타고 구씨산 마루에 올라가 며칠간 있다가 떠나 버렸다고 한다.

98 魂夢(혼몽)- 꿈자리.

99 瘦影(수영)- 비쩍 마른 그림자, 파리한 그림자. 대개 매화 그림자를 뜻한다. 疎影이라는 표현도 많이 쓴다.

100 昏鴉(혼아)- 황혼의 까마귀.

101 九皐(구고)- 깊숙한 물가. 『시경(詩經)』에 나오는 말로 '학이 우는 깊은 못'을 말함.

「총학」 시는 매창 자신의 외롭고 답답한 처지를 그대로 드러낸 시로 보인다.

매창은 유희경이 곁을 떠나고 난 뒤 슬픔과 외로움, 그리고 부자유한 자신의 처지를 갇힌 학에 비유한 것으로 해석된다.

두 사람은 첫 만남이 있은 지 15년이 지나 다시 만났지만 너무 짧은 재회의 시간이었다. 함께 시를 논했던 유희경은 다시 서울로 돌아갔고, 이것은 이들에게 영원한 이별이 되었다.

病中秋思- 가을에 병들어

空閨養掘病餘身(공규양굴병여신)
- 빈 방에 홀로 남은 외로운 병든 이 몸은

長任飢寒四十年(장임기한사십년)
- 외롭고 춥고 떨며 굶주린 사십 년 인생

借問人生能幾許(차문인생능기허)
- 묻노니 인생은 그 얼마를 사는가

胸懷無日不沾巾(흉회무일불첨건)
- 가슴속에 맺힌 설음 눈물 흘려 안 운 날이 없었네

매창은 이 시를 마지막으로 38세로 영원히 잠들었다.

유희경은 "정미(丁未: 1607년)에 다행히도 다시 만나 즐겼는데 이제는 슬픈 눈물 옷을 함빡 적시누나"하며 그녀의 죽음을 안타까워 했다. 만남은 짧았지만, 두 사람에게는 '시'라는 공통의 언어가 있어 그들의 가슴 속에 품은 사랑은 평생을 이어갈 수 있었다.

유희경은 절명시를 써가면서 죽어간 이매창을 생각하니 가슴이 먹먹해졌다.

그토록 뜨거웠던 한 여인의 진실한 사랑을 지켜주지 못한 자신이 한스러웠다.

그리도 고결하고 슬기로웠던 이매창!

유희경은 탄식과 후회와 그리움이 밀려오자 붓을 들어 시를 썼다.

유희경

明眸皓齒翠眉娘(명모호치취미랑)
- 맑은 눈 하얀 이 푸른 눈썹 계랑아

忽逐浮雲入杳茫(홀축부운입묘망)
- 홀연히 뜬구름 따라 간 곳이 아득하구나

縱是芳魂歸浿色(종시방혼귀패색)
- 꽃다운 넋은 죽어서 저승으로 갔는가

誰將玉骨葬家鄉(수장옥골장가향)
- 그 누구가 너의 옥골을 고향에 묻어주랴

황진이에 버금가는 명기이자 조선의 3대 여류 시인의 한 사람으로 꼽힌 매창이었다.

그녀와 교류하던 문인들, 특히 허균은 매창의 죽음을 슬퍼하며 다음과 같은 두 편의 애도시를 남겼다. 허균과는 남녀관계가 아니라 진정한 친구로 10년간 교류했다. 누구보다도 매창을 이해하고 아껴준 사람이 허균이다. 이때가 1610년 여름이었다.

哀桂娘(애계랑) 2수

허균

1.

妙句堪擒錦(묘구감금금)
- 신묘한 글귀는 비단을 펼쳐 놓은 듯하고

清歌解駐雲(청가해주운)
- 청아한 노래는 머문 구름도 풀어 헤치네

偸桃來下界(투도래하계)
- 복숭아를 딴 죄로 인간세계로 내려오더니

竊藥去人群(절약거인군)
- 불사약을 훔쳐서 인간 세상을 떠났네

燈暗芙蓉帳(등암부용장)
- 부용꽃 휘장에 등불은 어둡기만 하고

香殘翡翠裙(향잔비취군)
- 비취색 치마에는 아직 향기 남아있는데

明年小桃發(명년소도발)

– 이듬해 작은 복사꽃 필 때쯤이면

誰過薛濤[102]墳(수과벽도분)

– 누가 설도의 무덤을 찾으리

설도는 중국의 대표적인 여류 시인인데, 매창을 높여주기 위해 '설도의 무덤'으로 쓴 듯하다.

---

102 설도(薛濤, 768?~832)는 당나라의 여류 시인이다. 어려서부터 총명하고 음률에 밝아 나이 8세에 시를 지었다고 한다. 14세에 아버지가 죽고 가세가 기울어 16세에 기녀가 되었다. 기녀로서 설도는 당시 명사들과 교류했는데, 특히 설도가 열여덟 살 때 서천절도사로 부임해 온 위고(韋皐)라는 이가 그녀를 몹시 아껴, 자주 막부(幕府)에서 여는 연회에 그녀를 불러 시를 짓도록 하였다. 나중에 위고의 조카 위정관이 과거에 급제해 관리가 되었을 때 설도가 그에게 보낸 구애의 시가 위고의 귀에 들어가게 되고, 위고는 설도에게 배신감을 느껴 그녀를 송주로 보내버렸다. 설도의 문집으로《금강집(锦江集)》5권이 있었다고 하나 지금은 전하지 않는다.《전당시(全唐诗)》에 그녀의 시집 한 권이 수록되어 있다. 그녀는 백거이(白居易)·원진·우승유(牛僧孺)·영호초(令狐楚)·장적(張籍)·두목(杜牧)·유우석(劉禹錫) 등의 문인과도 교류하며 명기(名妓)로 알려졌다. 장위(張為)가 지은 시인주객도(詩人主客図)에는 설도의 시를 '청기아정(清奇雅正)'이라 평하며 가도(賈島)·방간(方干)·항사(項斯) 등과 같은 반열에 두었다. 원(元)의 신문방(辛文房)은 설도의 시를 두고 '정(情)이 필묵에 가득하고 한원숭고(翰苑崇高)'하다고 하였으며, 청(清)의《사고제요(四庫提要)》에서는「주변루(籌邊楼)」라는 시에 여성으로는 보기 드문 우국(憂国)의 정이 담겨 있다고 하였다.

2.

凄絶班姬[103]扉(처절반희비)

– 처절한 반희(班姬)는 부채만 흔들고

悲凉卓女琴(비량탁여금)

– 처량히 들리는 탁녀(卓女)[104]의 거문고 소리.

飄花空積恨(표화공적한)

– 바람에 떨어진 꽃은 허공에 한처럼 쌓이고

衰蕙只傷心(쇠혜지상심)

– 쇠혜(衰蕙)는 다만 마음만 상하다네.

蓬島雲無迹(봉도운무적)

– 봉도(蓬島)엔 구름의 자취도 없는데

溟滄月已沈(명창월이침)

– 푸른 바다엔 달도 이미 기울었네.

他年蘇小擇(타년소소택)

– 지난해엔 소소(蘇小)의 집에 있던

殘柳不成陰(잔류불성음)

– 버들가진 그늘을 못 이뤘네.

고사의 인용이 지나치게 많은 것이 흠이지만, 계랑을 항아(姮娥), 설도(薛濤)에 비유하고 그녀의 죽음을 탄식하고 있다.

---

103 반희- 반첩여로, 전한의 12대 황제인 제의 후궁으로 불행하게 죽었다.
104 탁녀- 탁문군.

허균은 “계생은 부안의 기생인데 시를 잘 짓고 음율이 뛰어났으며, 또 거문고를 잘 탔다. 성품이 고개(孤介)하여 음란한 것을 좋아하지 않았다. 내가 그 시재(詩才)를 사랑하여 사귀되 막역한 사이였다. 비록 웃고 희롱하였어도 음란한 지경에 이르지 아니하였다. 그래서 오래 사귀었으나 그 사이가 벌어지지 않았다. 이제 그녀의 죽음을 듣고 흐르는 눈물을 억제하지 못하여, 두 수의 시를 지어 슬픔을 대신한다.”라고 쓴 기록에서도 계랑의 뛰어난 시재와 그 정숙한 몸가짐을 알 수 있다. 참고로 설도의 시 한편을 보기로 하자.

送友人(송우인)-벗을 보내다

설도

水國蒹葭夜有霜(수국겸하야유상)
- 수향의 갈대에 밤 되니 서리가 내려

月寒山色共蒼蒼(월한산색공창창)
- 달빛 차가운 산색과 더불어 하야네.

誰言千里自今夕(수언천리자금석)
- 누가 말했나 천리 기약이 오늘 밤에 끝이라고

離夢杳如關塞長(이몽향여관색장)
- 이별의 꿈은 먼 관문과 요새만큼 아득하구나

마지막 행이 매우 독특하고 참신하다.

교산(蛟山) 허균(許筠)은 유희경(劉希慶)을 가리켜 "당대의 문진(文陣)들이 극찬한 대문장가"라고 평했고 조선 최초로 서양과 천주교를 소개한 지봉유설(芝峰類說)을 쓴 지봉(芝峰) 이수광(李睟光, 1563~1628)은 "그의 시가 댓잎같이 청결하고 성숙되어 있다."고 칭찬했다.

유희경의 집은 지금의 종로구 숭인동 낙산(駱山)에 있는 청룡사(青龍寺, 단종비 정순왕후가 살던 곳)에 있는 정업원구기(淨業院舊基) 아래 시냇가에 있었는데, 문 앞으로 흐르는 개울물이 맑고 시원하여 물가에 있는 바위로 대(臺)를 삼아 이를 침류대(枕流臺)라 하고, 이곳에서 이름 있는 문인들과 시로써 교류하였다.

매창은 평소에 "나는 거문고와 시가 참말 좋아요. 이후에 내가 죽으면 거문고를 함께 묻어주세요."라고 했는데, 그 말에 따라 그녀의 무덤에 거문고를 함께 묻었다고 한다.

유희경은 임진왜란을 맞아 의병을 일으키는 등 바쁜 틈에 매창을 다시 만날 여유가 없었다. 비록 짧은 기간이었지만 진정 마음이 통했던 연인을 떠나보낸 매창의 깊은 마음은 하루도 유희경을 잊을 수가 없었다.

아래의 이매창의 시는 님에 대한 그리움을 넘어서 서러움과 한(恨)으로 남았다.

洛下風流客(낙하풍류객)

– 서울에서 내려 온 풍류객과

淸談交契長(청담고계장)

– 맑은 얘기로 맺은 언약 오랜데,

今日飜成別(근일번성별)

– 오늘 홀연히 작별하니

離盃暗斷腸(이배암단장)

– 이별의 술잔에 남몰래 애간장이 끊어지네.

一片彩雲[105]夢(일편채운몽)

– 한 조각 꽃구름을 꿈꾸다

覺來萬念差(각래만념차)

– 깨고 나니 온갖 생각 스치는데,

陽臺[106]何處是(양대하처시)

– 즐기던 곳 무릇 어느 곳인가?

日暮暗愁[107]多(일모암수다)

– 날 저무니 남몰래 수심만 가득하네.

---

105 彩雲(채운)- 꽃 구름. 여러 빛깔로 아롱진 고운 구름.

106 陽臺(양대)- ① 해가 잘 비치는 데 ② 남녀(男女)의 정교(情交)를 의미(意味).

107 暗愁(암수)- 남모르게 품은 수심(愁心). 남이 모르는 걱정거리.

驚覺夢邯鄲[108](경각몽한단)

– 부귀영화 꿈꾸다 놀라서 깨어

沈吟[109]行路難(침음행로난)

– 속 깊이 생각하니 사는 길 어렵네.

我家樑上燕(암가양상연)

– 내 집 기둥 위 제비는

應喚主人還(응환주인환)

– 응당 주인이 돌아오라 지저귀네.

江臺卽事[110](강대즉사)– 강가 정자에서 일어난 일

四野秋光好(사야추광호)

– 사방 들판에 가을빛이 좋아

獨登江上臺(독등강상대)

– 혼자서 강 위 정자에 올랐네.

風流何處客(풍류하처객)

– 어디서 온 풍류객인지

携酒訪余來(휴주방여래)

– 술병을 들고 날 찾아오네.

---

108 邯鄲之夢(한단지몽)- 한단에서 꾼 꿈이라는 뜻으로 인생(人生)의 부귀영화(富貴榮華)는 일장춘몽같이 허무(虛無)함을 이르는 말.

109 沈吟(침음)- 속으로 깊이 생각함.

110 卽事(즉사)- 눈앞 사물을 즉흥으로 읊음.

매창은 결국 병을 앓는다. 병을 앓으면서도 시를 짓는다.

病中(병중)- 병중에

不是傷春病(불시 상춘병)

– 봄날 탓에 병이 난 게 아니라

只因憶玉郎[111](지인어옥랑)

– 오로지 님이 그리워서라네.

塵寰[112]多苦累[113](진환다고누)

– 어수선한 세상에 괴로움이 많은데,

孤鶴未歸情[114](고학미귀정)

– 외로운 학은 아직 고향에 돌아오질 않네.

誤被浮虛說[115](오피부허설)

– 그릇된 소문이 나돌면서

還爲衆口喧(환위중구훤)

– 도리어 여러 입에 오르내리는데,

空將愁與恨(공장수여한)

– 속절없는 시름과 한으로

---

111 玉郎(옥랑)- 여자가 사랑하는 임을 부르던 애칭.

112 塵寰(진환)- 티끌세상.

113 苦累(고루)- ① (일 따위가) 고되다. ② (일을) 고생스럽게 생각하다. ③ 힘이 들다. ④ 괴로워하다.

114 歸情(귀정)- 귀향.

115 虛說(허설)- 거짓말. 빈말.

抱病[116]掩柴門(포병엄시문)
– 병을 안고 사립문을 나가리라.

매창은 유희경의 편지와 시를 읽고 또 읽었다.

자신을 잊지 않고 있는 유희경이 눈물나도록 고마웠다.

유희경의 마지막 편지가 오고 매창이 홀로 있은 지 10여 년 동안 잠시 이귀에 마음을 준 일이 있지만, 진정으로 뜨거운 사랑을 준 사람은 유희경뿐이었다. 매창의 유희경에 대한 그리움은 견딜 수 없는 고통이 되어서인지 결국 아래의 절명시를 남기고 죽는다.

이때가 1610년 매창의 나이 38세였다.

絶命詩(절명시)- 죽음을 앞둔 시

結約挑園洞裏仙(결약도원동이선)
– 도원에 맹세할 땐 신선 같던 이 몸이

豈知今日事凄然(기지금일사처연)
– 이다지도 처량할 줄 그 누가 알았으랴.

坐懷暗恨五絃曲(좌회암한오현곡)
– 애달픈 이 심정을 거문고에 실어 볼까

萬意千事賦一篇(만의천사부일편)
– 가닥가닥 얽힌 사연 시로나 달래볼까.

---

116 抱病(포병)- 병을 늘 지님. 몸에 늘 지닌 병.

塵世是非多苦海(진세시비다고해)

- 풍진 세상 고해에는 말썽도 많아

深閨永夜苦如年(심규영야고여년)

- 홀로 새는 이 밤이 몇 해인 듯 길구나.

藍橋欲暮重回首(남교욕모중회수)

- 덧없이 지는 해에 머리를 돌려보니

靑疊雲山隔眼前(청첩운산격안전)

- 구름 속에 첩첩 청산 눈앞을 가리우네.

매창(梅窓)의 유작시(遺作詩)

위의 시는 유희경이 매창의 무덤에 성묘를 한 다음 집으로 돌아와 보니, 누군가의 정성 어린 손길에 의해 궤연(几筵)[117]이 모셔져 있고 궤연 옆에는 매창의 마지막 작품인 위의 절필(絶筆) 유작시(遺作詩)가 놓여 있었다고 한다.

허균도 매창의 죽음을 안타까워했다. 허균은 원래 자유분방한 영혼의 소유지였다. 그는 재주가 출중하여 여러 차례 과거에 장원급제했지만 굽힐 줄 모르는 대쪽 같은 성격과 사회의 비판 탓에 다섯 차례나 관직에서 파직당했다. 허균의 집은 서울이고 외가는 강릉이지만 나그네 생활을 하는 동안에는 대부분 호남에서 보냈다고 한다.

117 几筵(궤연)- 죽은 이의 혼령을 위하여 차려 놓은 영궤(靈几)와, 영궤에 딸린 모든 물건.

국문학사의 새로운 지평을 열었던 『홍길동전』을 집필한 곳도 부안 우반동 선계안골에 있는 정사암이라고 한다.

허균이 이매창을 알게 된 것은 그의 큰형 허성이 전라도 관찰사로 재직 중이던 1601년이었다. 이때가 허균이 33살, 매창이 29살이었다.

이들은 시를 통하여 애틋하고 순수한 우정을 나누게 된다.

당시에 대해 허균은 그의 글에서 다음과 같이 기록하고 있다.

“신축년(辛丑年) 1601(선조34)년 벼슬을 내놓고 부안에 왔는데 비가 쏟아져서 그곳에 머물렀고, 그때 매창을 만나 시(詩), 가(歌)를 주고받으며 즐겼다.”

그런 그가 매창과는 깊이 교유하면서도 선을 넘지는 않았다고 한다. 그는 매창에 대하여 말하기를 비록 천한 기생이지만 인격을 대우하고 그의 시를 좋아할 뿐이다.

매창의 재주를 사랑하고 정의(情誼)가 막역하여 농담을 할 정도로 터놓고 얘기도 하지만 지나치지 아니하였으므로 오래도록 우정이 가시지 아니하였다.

매창이 그토록 사랑했던 유희경(劉希慶, 1545~1636)은 조선 선조 때의 현사(賢士)로. 자는 응길(應吉), 호는 촌은(村隱)이다. 13세에 아버지를 잃고 묘를 지켜 하루도 떠나지 않으므로 이웃 승려가 토막을 지어주었고, 어머니 병간호도 극진했다. 일찍 남언경에게 문공의 가례를 배워 모든 예문에 밝았으며, 특히 상례(喪禮)에 밝았으므로 국상(國喪)이나 양반, 평민의 상에 이르기까지 장례에 관한 한 모두 그에게 문의하였다.

임진왜란 때 일본의 침략에 크게 분개하여 의사(義士)들을 모아 군사를 도왔고, 광해군 때 이이첨(李爾瞻)이 폐모(廢母)의 소를 올리기를 간청하였으나 거절하고 절교하였다. 유희경은 비록 노비 출신의 천민이지만, 한시를 잘 지어 당시의 사대부들과 교류하였다. 인조반정 후 인조는 유희경의 절의를 가상히 여겨 가의대부(嘉義大夫)로 승진시켜 주었다. 93세에 사망했는데, 한성판윤이 추증되었다. 시는 한가롭고 담담하여 당시(唐詩)에 가깝다는 평을 듣는다.

허균(許筠)의 『성수시화(惺叟詩話)』를 살펴보면 유희경을 '천인으로서 한시에 능통한 사람'으로 적혀있다.

문집으로 『촌은집(村隱集)』 3권이 전하며 그 밖의 저서로 『상례초(喪禮抄)』가 있다.

이런 걸 보면 아무리 신분제도가 엄존했던 조선시대지만, 유희경처럼 천민출신이라도 공부를 하면 신분 상승이 가능했다는 걸 알 수 있다.

고견, 손진식(2014)에서는 한·중 양국의 대표적인 기녀 시인인 이매창과 설도의 시작품을 비교하여, 그들의 삶과 시에 함축된 내면적인 정서, 문학 세계에 대한 고찰을 하였다. 이매창과 설도의 현전하는 작품은 각각 58수와 91수이다. 그들이 노래한 주제를 보면 설도의 경우에는 시인 묵객 및 사대부들과 수창 증별하는 작품이 큰 비중을 차지하는 데 비하여, 이매창의 경우는 여성으로서의 사랑과 그리움이라는 애정의 내적 갈등의 작품이 큰 비중을 차지한다. 이 논문에서는 수창증별시(酬唱贈別詩), 자연시, 애정시 등으로 주제를 유형화하여 그 특성을 고찰하였다. 그들은 기녀 신분과 천부적 재질, 명원(名媛), 그리고 비슷한 유교적 봉건사회에의 예속이라는 공통점을 지니고 있다. 수창증별시의 경우, 이매창은 주로 기녀로서의 불안정한 사랑과 그로 인한 고달픈 심경을 표상하고 있는 데 비하여, 설도는 당대의 시인 묵객들과 교류하면서 이별에 따른 그리움 등 정서를 다양하게 표출했는데 그 이면에는 수창증별시를 창작하는 것이 하나의 즐거움이었으며, 유려한 필치가 그 특징이다.

산수 경물을 담은 자연시에서 이매창은 자연 경물을 완상하면서 여유롭게 눈에 포착되는 경물을 근경에서 원경으로, 또는 원경에서 근경으로 시선을 이동하며 사실적으로 묘사하고 있다. 이에 비하여 설도는 자연 풍광을 즐겨 시적 소재로 차용하여 작품으로 형상화하였는데, 자연 경물은 단순한 서경적 묘사의 대상에 그친 것이 아니라 자연 경물에서 환기되는 관념을 자신의 정서와 일치시켜서 자연과 동화된 경지에 이른다. 애정시는 이별의 정회와 임과 재회의 소망 등 다양한 내적 감정을 표현하고 있다. 이매창의 작품에서는 인생관이나 애정에 대하여 소극적이고 피동적인 애원(哀怨)한 정서를 드러내고 있는 반면에 설도는 적극적이고 주동적인 사랑의 모습을 보여준다."고 하였다.

매창의 시에서 유독 눈물이 많이 등장하는 것은 위의 설명을 뒷받침해 주고 있다.

病中愁思(병중수사)- 병 중 근심스런 생각

空閨[118]養拙[119]病餘身(공규양졸병여신)
- 독수공방 슬픔을 숨기니 병이 몸에 남아

長任飢寒四十春(장임기한사십춘)
- 늘 굶주림과 추위에 맡긴 지 사십 년 세월이네.

借問[120]人生能幾許[121](차문인생능기허)
- 묻노니 인생은 얼마나 살 수 있는가

胸懷無日不沾巾(흉회무일불첨건)
- 가슴속 생각에 눈물 적시지 않는 날이 없네.

매창은 이 시를 마지막으로 영원히 잠들었다.

유희경과의 15년 별리의 세월은 그녀에게는 너무나도 가혹했다. 그래서였을까? 한 조각 마음이라도 준 사람이 있었으니 김제에 군수로 내려온 이귀였다. 이귀는 명문 집안 출신으로 글재주가 뛰어났다. 허균이 해운판관이 되어 부안에 들러 매창을 만났을 때 이귀는 이미 파직된 지 서너 달 뒤였다. 이귀는 훗날 인조

118 空閨(공규)- 오랫동안 남편 없이 여자 홀로만 쓸쓸히 있는 방.
119 養拙(양졸)- ① 자기의 단점을 숨기다. ② 결점을 감추다.
120 借問(차문)- 남에게 물어 봄.
121 幾許(기허)- 얼마쯤. 얼마 가량.

반정으로 광해군을 몰아내고 병조판서와 이조판서를 지내는 인물이다.

허균은 매창에게 진정한 친구로서 수많은 편지를 보내며 걱정하고 위로하였다.

1592년 이별했던 촌은과 매창은 1607년 15년 만에 다시 만난다. 그 긴 세월 동안 매창의 애간장을 녹였던 촌은이 63세의 노인이 되어 나타났지만 매창은 더 없는 사랑을 그대로 간직하고 있었다. 그러나 유부남이었던 유희경은 오래 머물 수 없었다. 그 옛날 헤어지면서 열흘만이라도 시를 논하면서 재회할 것을 약속하였기에 다시 만나게 된 것이다

重逢桂娘(중봉계랑)

유희경

從古尋芳自有時(종고심방자유시)
- 예로부터 꽃향기 찾을 때 있다지만

樊川何事太遲遲(번천하사태지지)
- 번천(당나라 시인 두목)은 어인 일로 이리도 더딘고

吾行不爲尋芳意(오행불위심방의)
- 내가 가는 것은 꽃향기 찾아가는 뜻만 아니라

唯趂論詩十日期(유진논시십일기)
- 오로지 시를 논하자던 10일의 약속을 좇음이라오

환갑을 지낸 유희경이 매창과의 어렵고도 중요한 만남을 이야기하고 있다.

다시 만남이 매창과 문학을 논하기 위해서라고 단정하고 있다.

15년 전 매창은 헤어지면서 열흘만이라도 더 머물며 시를 논하자고 애원한 적이 있었다. 촌은은 그 약속을 핑계로 15년 만에 잠깐 재회했지만, 또다시 이별한 후 다시 만나지 못했다.

3년 후인 1610년 매창이 38세의 젊은 나이로 세상을 떠났기 때문이다.

촌은은 매창의 부고를 듣고 「도옥진(悼玉眞)」이라는 애도시 칠언절구를 읊는다.

悼玉眞(도옥진)- 옥진을 애도함

유희경

香魂忽駕白雲去(향혼홀가백운거)
- 향기로운 넋 홀연히 흰 구름 타고 갔네.

碧落微茫歸路賒(벽락미망귀로사)
- 하늘나라 아득히 머나먼 길 떠났구나

只有梨園餘一曲(지유이원여일곡)
- 다만 배나무 정원에 한 곡조 남아 있어

王孫爭設玉眞歌(왕손쟁설옥진가)
- 왕손들 옥진의 노래 다투어 말한다오.

유희경이 매창의 죽음을 잊지 못해 '옥진'이라는 양귀비의 이름을 빌려 지은 시이다. 그러나 그 오랜 세월 동안 너무도 애태우고 그리워했던 유희경을 향한 매창의 뜨거운 사랑에 비하면 유희경의 애도시는 시의 제목이나 내용에서 남의 얘기하듯 정성과 애틋함이 많이 부족해 보인다. 양귀비의 이름을 빌려 자신에 대한 애도시를 쓴 자체도 매창으로서는 받아들이기 어려웠을 것 같다.

여성 문제에 오랫동안 관심을 갖고 연구해온 이화형 교수의 「이매창, 순수를 말하다」가 조선의 명기 이매창의 삶을 다음과 같이 평가한다.

"아무나 쉽게 꺾을 수 있는 꽃이라는 의미로 기생을 노류장화에 비유했듯이, 조선 사회에서 기생은 최하위의 신분으로 여겨졌다. 그런 배경에도 이매창은 양반의 전유물로 여겨지던 한시를 창작하는 데 능통했으며, 거문고 연주에 뛰어난 재주를 보였다. 조선 최고의 명기이자 순수를 지향한 예술인이었지만, 신분적 질곡 속에 고독과 비애를 안고 살아야 했던 그녀의 굴곡진 삶을 이 책에서 조명한다."

허균은 매창의 재주를 높이 평가하여 그녀를 세상에 드러내는 데 큰 역할을 했으며, 그들은 서로를 평생의 벗으로 삼았다.

매창은 명실상부한 조선 최고의 명기로서 이귀, 임서, 한준겸, 권필 등 유명 시인과도 시를 주고받았다.

이매창은 시를 통해서 자유를 갈망하고 순수한 세상을 꿈꾸었으며, 그녀의 수많은 작품이 오늘날에도 널리 사랑받고 있다. 현실적으로는 결핍과 모순이 가득한 세상에 끊임없이 부딪쳐야 했고, 기생이라는 신분이 갖는 운명적 한계를 벗어나지 못했으나, 평생 맑고 깨끗한 정신으로 시와 거문고를 놓지 않았던 매창은 그녀의 이름인 매화처럼 은은한 향기를 품은 채 조선을 대표하는 순수 서정 시인으로 뚜렷이 남았다. 그가 지은 수 백편의 시들 중 고을 사람들에 의해 전해져 오던 시 58편을 부안 고을 아전들이 모아 목판에 새겨 『매창집』을 개암사에서 간행하였다.

매창은 부안읍 남쪽에 있는 봉덕리 공동묘지에 그와 동고동락했던 거문고와 함께 묻혔다.

매창의 묘는 지방기념물 제65호가 되었다. 그 뒤 지금까지 부안 사람들은 이곳을 '매창뜸'이라고 부른다. 매창이 죽은 후 45년 만에(1655) 그의 무덤 앞에 비석이 세워졌다.

제4장

김부용의 사랑과 문학

4.1 김이양과 교제 중의 작품들

김부용(金芙蓉, 1812~1861)은 평안도 성천에서 무산(巫山) 12봉의 정기를 받고 가난한 선비의 외동딸로 태어났다. 네 살 때부터 숙부에게서 글을 배우기 시작해 열 살 때는 당시(唐詩)와 사서삼경을 통달했다고 한다. 그러나 열 살 때 부친을 여의고 그다음 해 어머니마저 잃으니, 부용은 퇴기의 집에 입양되어 들어가 기생의 길을 걷게 되었다. 열 두 살에 기적에 오르고, 열다섯 살엔 시문과 노래와 춤에 능통할 뿐만 아니라, 얼굴마저 고와 천하의 명기가 되었다. 시서화(詩書畵) 삼절(三絶)의 예술인이었고 호를 운초(雲楚)라 하였다. 운초는 한번 배우면 둘을 깨우칠 만큼 영특하였고, 용모도 몹시 아름다워 뭇 남성들의 가슴을 태웠다.

그러나 운초는 오만하지 않고 누구에게나 정성으로 대하고, 물리치되 서운함이 없도록 하였다. 16살에 글짓기 백일장에서 장원을 하여 일반인에게도 이름이 알려지게 되었다. 이름이 세상에 알려지자 많은 풍류객이 찾아와 운초의 재기(才技)를 칭찬하고, 수령의 수청을 독차지해 동료 기생들의 시샘을 받았다. 그러나 정작 본인은 노류장화의 외로움과 설움으로 슬픈 나날을 보냈다.

삼호정 동인과 함께 시도 썼다.

그러던 중 열아홉 살이 되었을 때 운초에게 일생일대의 전환기가 왔다. 성천에 신임 사또가 부임해 왔는데, 그는 정사에만 힘쓰는 명관(名官)으로, 운초의 특출한 용모와 재주를 아껴 자기 스승인 평양감사 김이양(金履陽)에게 그녀를 소개하였다.

김이양(金履陽, 1755~1845)은 호가 연천(淵泉)으로, 풍채가 뛰어나고 시문에 능하였으며, 예조판서를 거쳐 평양감사를 하고 있었다. 성품이 너그러운 김이양은 젊었을 때 몹시도 가난하여 굶기를 밥 먹듯 하였다.

하루는 저녁도 못 먹고 굶고 자는데, 도둑이 들어 쌀이 없자 부뚜막을 헐고 솥을 떼어가는 소리가 났다. 부인이 대감을 깨워 살림살이의 전부인 솥을 가져간다고 하자 김이양은 "오죽 가난하면 남의 집 솥을 떼어가겠소. 우리보다 못한 사람인 것 같으니 내버려 둡시다." 하였다. 마침 이 소리를 들은 도둑은 크게 깨달아 솥을 그냥 두고 갔으며, 그 후로 열심히 일하여 부자가 되었다. 훗날 그 도둑은 김이양이 과거에 장원으로 급제하고 옥당 학사(玉堂學士)로 있을 때 은혜를 갚고자 찾아와 둘은 그 후 백년지기처럼 친하게 지냈다 한다.

수청을 들라면 어쩌나하고 가슴조이는 부용에게 신관사또 유관준(劉寬埈)은 뜻밖에도 김이양대감을 아느냐고 물었다. (대감이란 원래 정2품 이상의 관직에 오른 이를 일컫는 호칭이었으나

종2품 평양감사직에 있는 김이양을 대감으로 호칭하는 것은 정2품 판서를 이미 역임한 후이기 때문이다.) 명성은 익히 들었지만 뵈온 적은 없고 대감님의 시는 많이 읽었노라고 대답하니 '대감께서도 네 시를 좋아하시는가 보다'면서 두루마리 편지 한 장을 내민다.

편지는 평양감사로 있는 김이양대감이 그의 제자이면서 자기 관하로 부임해 온 성천부사 유관준을 반기고 축하하는 편지였는데 말미에 그곳에 시재가 뛰어난 동기(童妓)가 있다고 들었다면서 잘 돌보아주라는 당부와 함께 그 동기가 지은 시라는 오언시(五言詩) 한 수가 적혀 있었다.

芙蓉堂聽雨(부용당청우)- 부용당에서 빗소리를 듣다

明珠一千斛(명주 일천두)
– 옥구슬 일천 말을

遞量琉璃盤(체량유리반)
– 유리 쟁반에 쏟는구나.

箇箇團圓樣(개개단원양)
– 알알이 동골 동골

水仙九轉丹(수선구전당)
– 신선의 환약이런가.

언제 지었는지 잘 기억도 안 나지만 자기가 지은 것이 분명한 오언시였다. 곰곰이 생각해보니 이 시는 몇 년 전 성천 백일장에서 장원을 했던 시였다. 마침 소낙비가 내려 못에 가득한 연잎을 때리는 소리가 한결 운치를 더하자 백일장의 시제(詩題)가 '부용당청우'가 되었고 그 때 자리를 같이 했던 부용도 마지못해 한 수 읊었던 바로 그 시였다.

위의 시는 김부용이 천재적인 시인임을 유감없이 보여주는 시다. 이 시에 대해 김이양 대감이 부용의 시가 맞느냐고 확인했다는 일화도 있다. '정말이지 시는 이렇게 쓰는 거구나'하는 말이 절로 나오도록 한다. 빗방울을 '옥구슬'로 비유하기도 하고 '신선의 환약' 으로 은유한 데 대하여 김대감이 감탄하였던 것이다.

이것을 김이양대감께서 어떻게 아셨으며, 생면부지의 천하기 짝이 없는 어린 기생을 신관사또께 잘 돌보아 주라고 당부까지 하셨단 말인가. 생전 처음 사람대접을 받아보는 감격에 부용은 그만 자기도 모르게 왈칵 눈물이 솟았다.

그때 왔던 서울손님도 김이양대감의 제자였는데 어린 부용의 시재에 놀라고 기특히 여겨 스승에게 고했고 스승은 이를 잊지 않고 있었는데 또 다른 제자가 그곳 성천으로 부임해 오자 문학소녀의 처지를 애석히 여겨서 기억을 더듬어 이런 편지를 썼던가 보다. 이후 부용은 수청 들 걱정은 말끔히 사라지고 신관사또의 시우(詩友)가 되어 가끔 부용당으로, 강선대로 불려나갔다.

이날도 사또의 부름을 받고 부용당에 나아가 시를 짓게 되었다. 좀 전에 부용정 둑길을 걸어오는데 선비들이 연꽃이 고우냐. 부용이 고우냐 하다가 연꽃이 곱다고 하면서도 연꽃은 보지 않고 자기만 쳐다보던 것을 상기하면서 은근히 자기 과시를 해보고 싶어서 다음과 같은 시를 읊었다.

戱題(희제)- 웃기는 이야기

芙蓉花發滿地紅(부용화발만지홍)
– 부용(연꽃)이 피어 연못 가득 붉으니

人道芙蓉勝妾容(인도부용승첩용)
–사람들 부용꽃이 나보다 더 예쁘다네

朝日妾從堤上過(조일첩종제상과)
– 아침에 제방 따라 걸었더니

如何人不看芙蓉(여하인불간부용)
–사람들은 부용꽃은 보지 않네 (나만 쳐다보네).

아래의 시들은 운초에 대한 김이양의 사랑을 보여주고 있다.

贈雲楚(증운초)- 운초에 주노라

김이양

珪世吳中始定緣(규세오중시정연)
– 왕년에 오강 땅에서 인연 맺었고

今年又在海西邊(금년우재해서변)
- 금년에 또 물가에 함께 있노라

我聞嗟晩逢謙益(아문차만봉겸익)
- 나와의 만남 늦었다고 겸손하게 말했더니

樊素[1]終難謝樂天(번소종난사악천)
- 번소는 끝내 백낙천을 못 떠났소

酌酒猶賢俗呂對(작주유현속여대)
- 술 따르는 현숙함이 세속 상대보다 어질고

論詩不下開元前(논시불하개원전)
- 시를 논함이 당나라 때 못지 않네

閑宵隱几流淸聽(한소은궤유청청)
- 고요한 밤 책상 기대 읊는 소리 맑고 밝아

朗誦豳風[2]七月[3]篇(낭송빈풍칠월편)
- 시경 빈풍 칠월 편을 낭랑히 외고 있네

백거이[4]는 810년에 당 헌종이 신라의 헌덕왕(憲德王)에게 보

1 번소는 백낙천 집의 기생으로 가무에 능했다고 함.

2 빈풍의 빈은 기산 북쪽 낮은 들이 있었던 주나라의 발상지이다. 빈 땅을 중심으로 유행했던 노래들로 주나라 창업시대의 것이다.

3 7월 편은 농촌의 모습을 그린 월령가의 '7월의 노래로, 7월엔 화성이 서쪽에 기울고 8월엔 갈대를 베도록 되어 있다.

4 백거이(白居易, 772~846)는 당나라의 시인. 자(字)는 낙천(樂天), 호는 취음선생(醉吟先生), 향산거사(香山居士) 등으로 불리었다. 가난한 학자 집안에서 태어나 어려서부터 두뇌가 명석하여 5, 6세 때 이미 시를 지었다. 10세에 집을 떠나 장안(長安) 부근에서 교육을 받았다. 29세에 진사과(進士

내는 국서를 황제를 대신해 지었으며, 821~822년 사이에 신라에서 온 하정사[5] 김충량(金忠良)이 귀국할 때 목종(穆宗)이 내린 제서(諸書)도 그가 지었다. 항저우에서 재직하는 동안 항상 나무 위에 올라 참선하여 '새둥지'라는 뜻의 '조과'란 별명을 가진 '도림선사'와의 일화가 재미있다. 백거이가 도림선사에게 불법을 묻자 '나쁜 짓은 하지 말고, 착한 일은 다 하라'고 하였다. 이에 백거이가 '세 살 어린애도 아는 이야기'라며 일축하니, 도림선사가 '세 살 아이도 알지만, 여든인 노인도 평생을 통해 실천하기 어려운 것'이라고 하여 백거이가 크게 깨달았다고 한다. 백거이는 842년에 형부상서(刑部尙書)를 마지막으로 71세에 관직에서 물러나 74세에 자신의 시 3800여 수를 모아 「백씨문집」 75권을 펴내고 바로 이듬해 생을 마쳤다.

참고로 백거이(백낙천)의 시 한두 수를 보자

科)에 합격하고, 32세에 황제 친시(親試)에 합격하였으며, 그 무렵에 지은 「장한가(長恨歌)」는 장안의 자랑거리일 정도로 유명하다.

5 하정사는 조선시대 원단(元旦)에 명나라나 청나라에 보내던 사절 또는 사신. 하정사(賀正使)·정단사(正旦使)라고도 하였다. 동지사(冬至使)·성절사(聖節使)와 더불어 삼절사(三節使)의 하나이다. 이는 나라에 무슨 일이 있을 때마다 보내던 임시사절이 아니라 정례사행(定例使行)이었다.

感興(감흥)- 흥을 느낌

백낙천(백거이)

吉凶禍福由來曲(길흉화복유래곡)
- 길흉화복은 그 이유가 있을 것이니

但要深知不要憂(단요심지불요우)
- 원인을 알되 결과를 겁내지 말라

只見火光燒潤屋(지견화광소윤옥)
- 불이 나서 큰 집을 태우긴 하여도

不聞風浪覆虛舟(불문풍랑복허주)
- 바람은 빈 배를 뒤집진 못한다

名爲公器無多取(명위공기무다취)
- 명예는 여러 사람의 것이니 많이 탐하지 말라

利是身災合小求(이시신재합소구)
- 이득은 몸의 재앙이니 적당히 탐하라

雖異匏瓜難不食(수이포과난불식)
- 사람은 표주박과 달라서 안 먹을 수 없지만

大都食足早宜休(대도식족조의휴)
- 배가 부르면 그만 먹어야지

自覺 2首 1 중 네 번째 시

畏老老轉逼(외노노전핍)
- 늙음이 두려우나 늙음은 갈수록 닥치고

憂病病彌縛(우병병속박)
– 병날 것 염려되나 병은 더욱 속박해 온다

不畏復不憂(부외부부우)
– 두려워 말고 또 근심하지도 말자

是除老病藥(시제노병약)
– 이것이 늙음과 병을 없애는 약이니라

보는 바와 같이 백거이는 교훈이 되는 시도 많이 썼다. 백거이는 『여원구서(與元九書)』에서 자신의 시를 풍유시, 한적시(閒適詩), 감상시, 잡률시의 4종류로 분류하였다.

"사물을 접하면서 느낀 모든 찬미, 풍자, 흥(興), 비(比)에 관한 것과 무덕(武德)에서 원화(元和)까지 시사를 제재로 삼고 '신악부'라 제목을 붙인 것을 합한 150여 수를 '풍유시'라 하였고, 공직에서 물러나 홀로 지내거나 병을 핑계로 물러나서 한가하게 거처하면서 분수를 알고 몸을 잘 보전하며 마음이 끌리는 대로 읊은 것 100수를 '한적시'라 하였다. 또 사물이 밖에서 끌어당기고 정감이 안에서 움직여 느낌이 닿는 대로 찬탄하여 읊조린 것 100수를 '감상시'라 하였으며, 5언, 7언, 장구(長句), 절구의 400여수를 '잡률시'라 하였다.

다시 운초 김부용의 얘기로 돌아가자.

戱贈雲楚(희증운초)- 재미로 운초에 주다

김이양

門前連理樹(문전 연리수)

- 문 앞에 연리수가 있는데

樹上雙鵲巢(수상쌍작소)

- 까치 한 쌍 나무 위에 둥지를 틀어 다정하네

戶牖相隱映(호용상은영)

- 지게 창문 마주놓고 그윽히 비추이고

枝幹密綷交(지간밀재교)

- 가지와 줄기에 은밀하게 사귀네

김이양과의 만남은 당연히 운초의 생애에 중요한 전기를 마련해 주었다. 기녀 생활에 종지부를 찍은 것은 물론이고, 한 남자와의 사랑은 운초의 시 세계에도 큰 변화를 가져올 수밖에 없었다. 기녀 시절의 운초의 시는 여러 가지 감회가 주류를 이루었다면, 김이양을 만난 후에 지은 시 그리고 화답한 시들은 58년이란 나이 차이가 무색할 정도로 서로의 절절한 사랑의 마음을 담고 있다. 당시는 사또가 부임하면 곧 직속상관에게 부임 인사를 하는 것이 정례로 되어 있어, 신임 사또는 정무가 대략 파악되자 운초를 데리고 평양으로 김이양을 찾아갔다.

특별히 아끼는 제자가 오자 김이양은 그를 위해 대동강 가 '연광정'에서 환영 연회를 베풀어 주었다. 이 자리에서 신임 사또는 부용을 소개하였는데, 시문을 통해 일찍이 김이양의 인품을 흠모해 온 부용은 평양에 머물면서 김이양을 돌보아 드리라는 사또의 명에 기쁜 마음으로 따랐다. 처음에 김이양이 나이를 들어 부용의 공양을 거절하자, 부용이 "뜻이 같고 마음이 통한다면 연세가 무슨 상관이겠습니까. 세상에는 삼십객 노인이 있는 반면, 팔십객 청춘도 있는 법입니다."라고 말하여 김이양이 감동하여 부용을 거두게 되었다. 김이양은 총명하고 아름다운 부용을 끔찍히 사랑하였고, 부용 역시 연만한 감사의 공양에 정성을 다하였다. 두 사람은 서로 마음을 나누며 정답게 지냈다. 부용은 평소에 시문을 통해 존경해 왔던 김이양 대감을 만나 결국 그의 소실을 자청하였다. 이때가 1831년이었는데, 운초가 19세, 김이양이 77세였다. 58살이라는 나이 차이는 이들에게 아무런 장애도 안 될 만큼 두 사람은 서로 진정한 사랑을 했다.

김이양 대감의 손자가 김현근으로, 조선의 23대 왕 순조의 친여동생인 명온공주의 남편이다. 따라서 명온공주에게 김이양대감은 시조부가 되고, 김대감에게 명온공주는 손부가 되는 것이다. 이와 같이 김이양은 왕의 사돈이고 홍문관제학, 판의금부사, 좌참찬, 함경도관찰사 등을 역임한 고위관료였다. 본관은 안동. 초명은 김이영(金履永)이었으나 예종과 이름이 비슷하여 피휘(避諱: 임금의 이름을 피함)하기 위해 김이양(金履陽)으로 개명할 것을 청해 왕의 허락을 받았다.

김이양은 1812년(순조 12) 함경도관찰사로 있으면서 그 지방의 기강 확립에 힘쓰는 한편, 고장 주민들의 민생고 해결에 노력하였다. 또한, 이듬해에는 계문(啓文: 왕에게 드리는 형식을 갖춘 글)을 올려 변경 지방 군사제도의 불합리성을 지적하고, 시정하도록 건의하는 동시에 어염선세(漁鹽船稅)와 둔전세 및 마필의 헌납을 감면해 주도록 주청하여 허락을 받았다. 1815년 차대(次對: 임금의 요청에 의한 임금과의 대좌)에서는 함경감사 때의 경험을 들어 국경지방 군사제도 개선을 주장, 허락을 받았다. 같은 해 예조판서와 이조판서를 지내고 이듬해 호조판서가 되어 토지 측량의 실시와 세제 및 군제의 개혁, 화폐제도의 개선을 강력히 주장하였다. 1819년 홍문관제학이 되었고, 이듬해 판의금부사를 거쳐 좌참찬(정2품 벼슬)에 올랐다.

술기운이 거나한 노대감은 "너는 '노랑유부'라는 시를 아느냐?"고 묻는다. 부용은 "성수패설에 나오는 '노랑유부'라는 시라면 일찍이 접해 본바 있습니다."라고 아뢰고 낭랑한 목소리로 서슴없이 읊조린다.

老郎幼婦(노랑유부)- 늙은 신랑과 어린 신부

二八佳人八九郎(이팔가인팔구랑)
- 열여섯 아리따운 신부에 일흔둘 신랑

蕭蕭白髮對紅粧(소소백발대홍장)
- 호호백발과 붉은 단장 마주했네.

忽然一夜春風起(홀연일야춘풍기)

– 홀연히 한 밤에 봄바람 일어나니

吹送梨花壓海棠(취송이화압해당)

– 하얀 배꽃 날아와 붉은 해당화를 누르네

노대감은 허공을 보고 허탈하게 웃으며 "나는 팔구랑(72세)보다도 다섯 살이나 더 많으니라." 한다. 이에 부용은 "소첩도 이팔가인(16세)보다 세 살이 많사옵니다." 하면서 다시 "붉은 꽃이나 흰 꽃이나 봄을 맞아 새롭게 피는 꽃은 다 같은 꽃이옵니다."하는 것이 아닌가.

침묵의 시간이 길어지면서 어색한 분위기라도 깨려는 듯, 대감은 도연명의 사시(四時)라는 시의 한 구절을 인용하여 "너는 이미 춘수만사택(春水滿四澤; 봄물이 못에 가득하다)이로구나." 하고 조용히 속삭인다. 이에 부용은 그 대구를 인용하여 "대감께서도 하운다기봉(夏雲多奇峰; 여름구름의 봉우리가 기묘하다)이옵니다."하고 응수한다. 그래서 노랑은 싱그러운 봄을 새롭게 맞았다.

그런데 김대감이 호조판서에 제수되어(1816) 한양으로 가게 되었을 때 부용을 기적(妓籍)에서 빼내 양인(良人)의 신분으로 만들어 주고, 정식으로 부실(副室)로 삼고, 곧 부르겠다는 약속만 남기고 떠나게 된다. 그러나 아무리 기다려도 대감한테서는 그 후 몇 달이 지나도 소식이 없었다. 운초는 님을 기다리는 동안 하루하루가 고통이었다. 이별의 슬픔과 그리움을 담아 계속 시를 쓰며 버텼는데, 이들 시는 나중에 「운초당시고」에 담겼다.

<送別>

南國芳菲天際夢(남국방비천제몽)
- 아름다운 남쪽 나라 저 하늘가 꿈에 보고

東明律呂月中閒(동명율여월중한)
- 동명고 음악소리 달 속에 들으리라

閒鷗從似無情緒(한구종사무정서)
- 한가로운 갈매기는 무정한 듯하다마는

猶自曉曉鳴素群(유자효효명소군)
- 소리 슬피 울어 벗 찾는 듯 헤매인다

부용은 갈매기 울음소리도 자기의 심정을 노래하는 것 같이 들린다. '벗을 찾아 슬피 우는 갈매기'가 흡사 자신과 닮은 것 같다.

또 다른 시도 비슷하다.

垂楊深處倚窓開(수양심처의창개)
- 실버들 휘늘어진 창에 기대어

所院無人長綠苔(소원무인장록태)
- 님 없는 집에는 이끼만 낀다

簾外時開風自起(염외시개풍자기)

– 주렴밖엔 봄바람이 절로 불어와

幾回錯誤故人來(기회착오고인래)

– 님 오시나 속은 게 몇 번이던고

이 시도 부용의 심정을 잘 나타낸 명시다. '님 없는 집에는 아끼만 낀다', '주렴밖엔 봄바람이 불어와' 무슨 소리를 내니 님이 오셨나 하고 나가보면 아무도 오지 않아 실망한 것이 몇 번이었나? 매우 실감 나고 공감하게 되는 구절이 아닌가?

이런 심정을 더 적극적으로 표현한 기막힌 시를 쓴다. 글자 하나를 한 행에, 또 한 자를 그다음 행에, 두 글자씩 두 행, 세 글자씩 두 행, 이런 식으로 쓰다가 마지막은 18자씩 두 행을 써서 총 36행의 긴 연시(戀詩)를 써서 아래에서 보는 바와 같이 높은 탑 같이 만든 시를 썼다. 이른바 '보탑시(寶塔詩)'이다.

창의적이고도 기발한 발상이다. 아마 이런 시도는 한국에서도 처음이지만, 세계사에서도 처음이 아닐까 한다.

탑모양을 한 이 장시(長詩)는 하루빨리 님을 만나게 해달라고 불탑 앞에서 부처님께 간절히 비는 탑의 형상을 시각적으로 나타낸 것이 아니었을까? 시 제목은 '부용상사곡'이다.

芙蓉相思曲

別
思
路遠
信遲
念在彼
身留玆
紗巾有淚
雁書無期
香閣鍾鳴夜
鍊亭月 上時
依孤枕驚殘夢
望歸雲 遠離
日待佳期愁屈指
晨開情札泣支
容貌憔悴把鏡下淚
歌聲嗚咽對人含悲
銀刀斷弱腸非難事
珠履迭遠眸更多疑
朝遠望暮遠望郎何無信
昨不來今不來妾獨見欺
浿江成平陸後鞭馬 過否
長林變大海初乘船欲渡之
見時少別時多世情無人可測
好緣短惡緣長天意有誰能知
一片香雲楚臺夜神女之夢在某
數聲良摥柰樓月弄玉之情屬誰
欲忘難忘强登浮碧樓可惜紅顔老
不思自思乍倚牡丹峯每歎綠鬢衰
獨宿空房下淚如雨三生佳約寧有變
孤處香閨頭雖欲雪百年貞心自不移
罷春夢開竹窓迎花柳少年總是無情客
推玉枕攪香衣送歌舞者 莫非可憎兒
千里待人難待人難甚矣君子薄情豈如是
三時出門望出門望悲哉賤妾苦懷果何其
惟願寬仁大丈夫決意渡江舊緣燭下欣相對
勿使軟弱兒女子含淚歸泉哀魂月中泣相隨

[사진 7] 부용상사곡

시탑의 내용은 다음과 같다.

別(별)

– 이별합니다

思(사)

– 그립습니다

路遠(노원)

– 길은 멀고

信遲(신지)

– 믿음의 글월은 더디 옵니다

念在彼(념재피)

– 생각은 님께 있으나

身有玆(신유자)

– 몸은 이곳에 머물러 있습니다.

紗巾有漏(사건유루)

– 비단수건은 눈물에 젖었건만

雁書無期(안서무기)

– 가까이 모실 날은 기약이 없습니다

香閣鍾鳴夜(향각종명야)

– 향각에서 종소리 들려오는 이밤

鍊亭月上時(연정월상시)

– 연관정에 달이 떠오르는 이밤

依孤枕驚殘夢(의고침경잔몽)

– 쓸쓸한 베개에 의지했다가 잔몽에 놀라 깨어

望歸雲悲遠離(망귀운비원리)

– 돌아오는 구름을 바라보니 멀리 떨어져 있음이 슬픕니다

日待佳期愁屈之(일대가기수굴지)

– 만날 날 수심으로 날마다 손꼽아 기다리며

晨開情受札泣之(신개정수찰읍지)

– 새벽이면 정다운 편지 펼쳐보며 턱 괴고 우옵니다

容貌憔悴破鏡下淚(용모초췌파경루)

– 용모는 초췌해져 거울을 대하니 눈물뿐이고

歌聲鳴咽對人含悲(가성명인대인함비)

– 목소리도 흐느끼니 사람 기다리기가 이다지도 슬픕니다

掣銀刀斷弱腸非難死(체은도단약장비난사)

– 은장도로 애간장을 끊어 죽는 건 어렵지 않으나

攝珠履送遠眸更多疑(섭주이송원모경다의)

– 비단실 끌며 먼 하늘 바라보니 궁금한 게 많습니다

朝遠望暮遠望郎何無信(조원망모원망랑하무신)

– 아침에도 멀리 바라보고 저녁에도 멀리 바라보니 낭군은 어찌 그리 신의가 없으십니까?

昨不來今不來妾獨見詐(작불래금불래첩독견사)

– 어제도 아니 오시고 오늘도 안 오시니 첩만 홀로 속고 있는 것은 아닌가요?

浿江成平陸後鞭馬尚過否(패강성평육후편마상과부)

- 대동강이 평지가 된 뒤에나 말을 몰고 오시렵니까?

長林變大海初乘船欲渡之(장림변대해초승선욕도지)

- 장림이 바다로 변한 뒤 노를 저어 배를 타고 오시렵니까?

見時小別時多世情無人可測

(견시소별시다세정무인가측)

- 이별은 많고 만남은 적으니 세상사 누가 알 수 있으며

好緣短惡緣長天意有誰能知

(호연단악연장천의유수능지)

- 악연은 길고 호연은 짧으니 하늘의 뜻을 누가 알 수 있습니까?

一片香雲楚臺夜神女之夢在某

(일편향운초대야신여지몽재모)

- 운우의정 나누던 무산에 발길이 끊기니 선녀의 꿈은 어디에 있는지요?

數聲良甥奈樓月弄玉之情觸誰

(수성양생내루월농옥지정촉수)

- 월하봉대에 피리소리 끊기었으니 농옥의 정을 어떤 여자와 나누고 계시나요?

月下鳳臺簫聲斷弄玉之情觸誰

(월하봉대소성단 농옥지정촉수)

- 달 아래 봉대에는 피리소리 끊겼으니 농옥의 정을 누구와 나누고 계시나요

欲忘亂忙强登浮碧樓可惜紅顔老
(욕망난망강등부벽루가석홍안노)
- 잊고자 해도 잊기가 어려워 억지로 부벽루에 오르니 안타깝게도 홍안만 늙어가고

不思自思頻倚牡丹峯每歎綠髮衰
(불사자사빈의목단봉매상연발쇠)
- 생각하지 말자 해도 절로 생각 나 몸을 모란봉에 의지하니 슬프도다 검은 머리 자꾸 쇠해가고

獨守空房下淚如雨三生佳約寧有變
(독숙공방하루여우삼생가약영유변)
- 홀로 빈방에 누우니 눈물이 비 오듯 하나 삼생의 가약이야 어찌 변할 수 있으며

孤處香閨頭雖欲雪百年貞心自不移
(고처향규두수욕설백년정심자불이)
- 혼자 잠자리에 누웠으나 검은 머리 파뿌리 된들 백년 정심이야 어찌 바꿀 수 있습니까?

罷春夢開紗窓迎花柳少年總是無情客
(파춘몽개사창영화류소년총시무정객)
- 낮잠을 깨어 창을 열고 화류소년을 맞아들여 즐기기도 했으나 모두 정 없는 나그네 뿐이고

推玉枕攬香衣頌歌舞者類莫非可憎兒
(추옥침람향의송가무자류막비가증아)
- 베개를 밀고 향내 나는 옷으로 춤을 춰 봤으나 모두 가증한

사내뿐입니다.

千里待人難待人難甚矣君子薄情豈如是

(천리대인난대인난심애군자박정기여시)

– 천리에 사람 기다리기 어렵고 사람 기다리기 이토록 어려운데 군자의 박정은 어찌 이다지도 심하십니까?

三時出門望出門望悲哉賤妾苦心懷果何

(삼시출문망출문망비재천첩고심회과하)

– 세시에 문을 나가 멀리 바라보니 문을 나가 바라보기 애처로운 천첩의 심정은 과연 어떻겠습니까?

惟願寬仁大丈夫決意渡江舊綠燭下欣相對

(유원관인대장부결의도강구록촉하흔상대)

– 오직 바라옵건대 관대하고 인자하신 대장부께서는 구연의 촛불 아래 흔쾌히 대해주시고

勿使軟弱兒女子含淚歸泉孤魂月中泣相隨

(물사연약아녀자함루귀천고혼월중읍상수)

– 연약한 아녀자가 슬픔을 머금고 황천객이 되어 외로운 혼이 달 가운데서 울지 않게 하여 주시옵소서.

김부용은 비록 신분은 기생이었으나 학식이 높고 매우 명석하지 않았나 추측된다. 할아버지보다도 나이가 많은 김대감을 뜨겁게 사랑하면서 평생 절개를 지켰다. 그리고 그 사모의 정을 모두 詩作에 쏟아부었다. 그리하여 이런 詩塔도 쌓게 되었다. 이런 시탑을 쌓은 것은 역시 김부용의 천재성을 나타낸다.

이별을 한 운초는 재회의 날만 기다리며 외로움과 그리움의 나날을 보냈다. 몇 달이 가도 대감한테선 소식이 없자 원망도 많이 했다. 멀리 있는 님을 생각하니 보고싶기도 하고, 때론 잊지 않았나 의심도 되고, 때론 걷잡을 수 없는 이별의 슬픔으로 뜬눈으로 밤을 새우기도 했다. 부용은 피를 토하는 듯한 애절한 심정을 시로 써서 인편으로 보냈다.

이 시가 부용이 남긴 가장 아름다운 '부용상사곡'이라는 보탑시(寶塔詩)이다. 보물을 쌓듯이 차례차례 쌓아 올린 보탑시는 한국에서도 처음이지만, 세계적으로도 처음일 것이다. 지금보다 소식 전하기도 어렵고, 만나기도 힘든 그 옛날이라 애절함이 더욱 깊었을 것이다. 아무리 기다려도 오지 않는 김이양 대감을 원망하며 눈물로 하루하루를 힘들게 보내던 중 하루는 한양에서 예조참판 강순황이 평양에 왔다.

그는 이곳에 명기 부용이 있다는 소식을 듣고, 부용을 만나보고자 하였고, 부용은 강순황 참판이 일찍부터 부용의 시를 감탄하여 오던지라 두 사람은 기쁨에 취해 밤늦도록 시를 주고받았다. 그러나 헤어질 때가 되자 그는 연모의 정이 솟구쳐 떠나가는 부용을 배웅하며,

魂逐行人去(혼수행인거)
– 나의 혼은 그대를 좇아가고

身空獨依門(신공독의문)

- 빈 몸만 문에 기대어 섰소

라고 읊었다. 어쩔 수 없이 보내야 하는 자신의 안타까운 심정을 솔직히 노래한 것이다. 그러자 부용도 화답하기를,

驢遲疑我重(여지의아중)
- 나귀 걸음 느리기에 내 몸 무거운가 했더니

添載一人魂(첨재일인혼)
- 남의 혼 하나를 함께 싣고 있었소

라고 응수하여 어떤 사대부에도 뒤지지 않는 실력을 나타냈다.

戒酒戒詩(계주계시)- 술을 삼가고 시를 삼가다

酒過能伐性(주과능벌성)
- 술이 지나치면 본성을 해치고

詩巧反窮人(시교반궁인)
- 시에 뛰어나면 사람이 궁해진다.

詩酒雖爲反(시주수위반)
- 시와 술이 비록 벗이 된다 하여도

不疎亦不親(불소역불친)
- 멀리도 가까이도 말았으면 하노라

이런 시도 남성이 쓸 것 같은 내용이다.

四絶亭

亭名四絶却然疑(정명사절각연의)
- 정자 이름을 사절이라 하니 당치 않다

四絶非宜五絶宜(사절비의오절의)
- 사절이 아니라 오절이어야지

山風水月相隨處(산풍수월상수처)
- 산과 바람 물과 달이 함께 있는 곳이라면

更有佳人絶世奇(갱유가인절세기)
- 거기에 절세의 가인이 있어야지

평안남도 성천의 신성강변에 있는 '사절정'이라는 정자에서 산풍수월(山風水月) 네 가지가 있다면 자신 같은 절세가인이 있어야 하니 '5절'이 되어야 한다는 내용이다. 매우 수준 높은 유머를 구사하고 있으며, 유머 속에 자신의 존재를 드러내고 있다.

여기서도 그녀의 천재성이 드러난다.

雨中書懷(우중서회)- 빗소리를 들으며

一別成都惱遠思(일별성도뇌원사)
- 한번 서울로 떠나 이별하니 생각은 하염없고

庭花如雨滴(정화여우적)

– 뜰 꽃은 떨어져서 비 내리듯 하는구나

鵲數聲罷夢(작수성파몽)

– 처마 밑 까치 소리에 어린 꿈 깨고 보니

夢中歸路細如絲(몽중귀로세여사)

– 꿈에 본 길 희미하게 실낱처럼 떠오른다

春風忽駘蕩(춘풍홀태탕)

– 봄바람은 화창하게 불어오고

山日又黃昏(산일우황혼)

– 산에는 또 하루 해가 저문다

亦如終不至(역여종부지)

– 오늘도 님 소식은 끝내 없건만

猶自惜關門(유자석관문)

– 그래도 아쉬워 문을 못 닫소

이 시는 첫행과 4행만 7언이고 나머지 6행은 모두 5언으로 구성된 특별한 형식의 시다. 이렇게 하여 독창성을 확보하기도 한다.

懷家兄(회가형)– 오빠생각

月正當樓夜更寒(월정당루야경한)

– 달은 누대에 비치고 방은 더욱 차가워

古園秋思在雲端(고원추사재운단)

- 그리운 내 고향은 저 멀리 구름에 있도다

蒼葭水闊音書斷(창가수활음서단)

- 갈대는 푸르고 강물은 넓은데, 고향 소식 끊어져

直到天明獨倚欄(직도천명독의난)

- 홀로 난간에 기댄 채로 날은 벌써 밝아 오는도다

이 시는 작가가 상당히 나이 많은 사람으로 읽힌다. 이것은 그만큼 김부용의 생각이나 시가 원숙하다는 것을 보여준다

餞春(전춘)- 봄을 보내다

芳郊前夜餞春回(방교전야전춘회)

- 어제 밤 교외에서 봄을 보내고 돌아와

不耐深水强把酒(불내심수강파주)

- 깊은 시름 견디지 못해 억지로 술잔을 잡았다

獨有榴花紅一樹(독유유화홍일수)

- 오직 붉은 한 나무에 석류꽃 남아

時看蜂蝶到場來(시간봉접도장래)

- 때때로 벌 나비 담장 넘어 찾아오는 것 보인다

붉은 한 나무에 남은 석류꽃 하나가 마치 자신의 모습인 듯 하다.

부용이 지은 시를 더 보기로 하자.

芙蓉堂 1(부용당 1)

蓮花蓮葉覆紅欄(연화연엽복홍난)
- 연꽃 연잎은 붉은 난간 뒤엎고

綺閣依然江木蘭(기각의연강목난)
- 비단 누각에 여전히 목란이 피었네

潑潑遊魚偏戱劇(발발유어편희극)
- 펄펄 뛰는 물고기 웃음을 만들고

有時跳上緣荷盤(유시도상연하반)
- 때론 푸른 연잎 위로 뛰어오르네

芙蓉堂 2(부용당 2)

朝起芙蓉宿雨滋(조기부용숙우자)
- 아침에 보니 연꽃은 밤새 내린 비에 더 많아지고

乍晴高館燕差池(사청고관연차지)
- 잠깐 비 개인 높은 집엔 제비가 오락가락

灑落珠璣千萬顆(쇄락주기천만과)
- 맑디 맑은 물방울 천만 알

微風傾瀉碧琉璃(미풍경사벽유리)
- 살랑 바람에 푸른 유리 위로 떨어지네

'맑디맑은 물방울 천만 알 살랑바람에 푸른 유리 위로 떨어지네'.

비가 오면 누구나 어떤 감회나 생각이 있을 것이다.

때로는 시상도 떠올려보고 어느 비오는 날 있었던 특별한 추억도 떠올릴 수 있을 것이다. 그러나 김부용같은 시상과 표현은 어디에서도 접한 적 없다. 김부용의 시적 감각이 대단하다. 천재적이라 해도 부족함이 없다.

芙蓉堂 3(부용당 3)

清歌一曲海天賜(벽가일곡해천사)

- 맑은 노래 한 곡조 바다 하늘이 내려주시니

十二紅欄泛月華(십이홍란범월화)

- 열두 구비 붉은 난간에 달빛이 출렁이며

雲母屛頭銀燭下(운모병두은촉하)

- 운모 병풍 은촛불 아래

佳人步步出蓮花(가인보보출연화)

- 아름다운 이의 걸음걸음마다 연꽃이 피어나네

이 시도 너무나 아름다운 시다. 시를 어떻게 써야 하는지를 보여주는 것 같다.

아래의 시들도 모두 비슷한 분위기를 선사한다.

淸流端合鏡新粧(청류단합경신장)
- 맑은 강물이 모여들어 거울처럼 단장하네

山學峨鬟草學裝(산학아환초학장)
- 산은 쪽진 머릿결 같고 풀밭은 치마같네

別浦來翔無數鳥(별포래사무수조)
- 헤어지는 강나루 수많은 새들이 날아와

芳洲時有不知香(방주시유부지향)
- 꽃들 만발한 물가엔 알 수 없는 향기 가득하네

紗窓睡能月輪西(사창수능월륜서)
- 창문 아래 잠을 깨어 보니 둥근 달은 기울어

漢水雲烟夢離迷(한수운인몽리미)
- 한강물 구름같은 세월 꿈결인 듯 아득하다

林下淸風簾莫起(임하청풍염막기)
- 숲속 맑은 바람 일어나 문발을 치켜올리니

芳心寂寞一鷦棲(방심적막일초서)
- 내 마음 고요함 속에 비비새 한 마리 쉬어 가네

松窓月入衾還薄(송창월입금환박)
- 소나무 창가로 달빛 스며들어 이불이 얄팍한데

梧葉風飜露更光(오엽풍번로경광)
- 오동잎 바람결에 흔들리며 이슬 더욱 빛나고

春燕秋鴻都是信(춘연추홍도시신)

– 봄에는 제비 가을에는 기러기 꼭 약속을 지키는데

來須怊悵枉回腸(내수초창왕회장)

– 미리 실심한 채 애간장을 녹여 무엇 하나

위의 시 3수도 모두 주옥같다. 어디 한군데 허술한 데가 없고 시적이지 않은 곳이 없다.

제비와 기러기가 각각 봄과 가을에 반드시 나타나는 걸 보며 미리 애간장 태우지 말고 님도 반드시 오실 거라 믿어본다.

花開花落摠無私(화개화락총무사)

– 꽃이 피고 지는 것은 모두 자신 위하는 것 아니건만

魚鳥沈浮竟爲誰(어조침부경위수)

– 물고기 뛰고 새가 날아오르는 건 누구를 위함인가

款乃一聲山更暮(관내일성산경모)

– 공경스런 말 한마디 속에서 산은 또 저물고 있으니

那堪千里動秋恩(나감천리동추은)

– 가을 깊어 천리를 달려가는 이 마음 어찌 견디나

여기서도 부용의 재기가 드러난다. 꽃이 피고 지는 것, 물고기 뛰고 새가 날아오르는 것은 누굴 위한 것인지 의문을 품는 것이 부용이 아니면 생각해 낼 수 없는 의문이다. 님에게 하고 싶은 말

한마디에 또 하루가 가고 천리를 멀다 않고 님에게 달려가고 싶은 마음을 참고 기다리기가 너무 벅차다.

今宵明月與誰看(금소명월여수간)
- 오늘밤 밝은 달을 누구와 함께 바라보나
自是浮好人會難(자시부호인회난)
- 이곳저곳 흘려다니는 인생 만나기도 어려워라
風露滿天人不見(풍로만천인불견)
- 바람과 이슬 하늘에 가득하건만 만나볼 그분 없으니
盧花十里水漫慢(노화십리수만만)
- 갈대꽃 십리길에는 강물소리만 질편할 뿐

밝은 달을 함께 볼 님이 없으니 허전하고 서글픈 마음만 들어 강물 소리마저 즐겁게 들리지 않는다.

因緣(인연)

都是非緣是夙緣(도시비연시숙연)
- 인연 아닌 인연 맺어온 인연
旣緣何不趁衰前(기연하불진쇠전)
- 피치못할 인연이면 젊어서나 만나지
夢酒說夢眞安在(몽주설몽진안재)
- 꿈속에서 꿈을 꾸니 진실은 어디 있나

生亦無生死固緣(생역무생사고연)
- 살아도 산 게 아니요 진실로 죽은 것을

水樹月明舟泛泛(수수월명주범범)
- 달 밝은 수정배 둥둥 떠 있고

山房酒宿鳥綿綿(산방주숙조면면)
-술익은 산방에 새는 지저귀는데

誰知燕子樓中淚(수지연자누중루)
- 누각에서 홀로 우는 남모르는 이 슬픔

洒遍庭花作杜鵑(쇄편정화작두견)
- 방울방울 뿌리는 눈물 두견새로 피어나리

58년 차이의 남편을 만나고 또 이렇게 떨어져 있으니 온갖 잡념이 생긴다.

이렇게라도 만난 것이 인연인가 싶다가도 인연이라면 좀 진작 만났으면 얼마나 좋았을까? 하는 생각을 한다.

어쨌든 지금 옆에 있다면 그래도 잡념이 덜 생길텐데, 멀리 떨어져 있으니 공연히 외롭고 슬퍼져 '내가 죽으면 두견새가 되려나' 하는 생각이 든다.

秋事(추사)- 가을에

醉下西樓步石矼(취하서루보석강)
- 서루에서 취한 채 내려와 징검다리 건너니

江風引雨入寒牕(강풍인우입한창)
- 강바람 비를 몰아 차가운 창문에 들어오네

芙蓉斗帳靑無寐(부용두장청무매)
- 부용 휘장 속에 잠은 오지 않고

秋水長天雁一雙(추수장천안일쌍)
- 하늘가 가을 물결 위로 기러기 한 쌍 날아가네

이와 같이 김대감과 떨어져 있는 동안 부용은 그리움과 슬픔과 외로운 마음을 모두 시작에 쏟아 부었다.

아예 연인이 없는 것과, 있는데 떨어져 있는 것은 전혀 다르다. 더구나 만난 지 얼마 되지 않아 헤어져 있어야 하니 너무 고통스럽다.

자리에 누워도 잠은 오지 않고 가을 물결 위로 기러기 한 쌍 날아가던 모습이 생각난다.

4.2 김대감과 재회 후의 작품들

드디어 대감한테서 상경하라는 연락이 왔다. 두 사람은 다시 만나 쌓인 회포를 풀고 남산 중턱에 신방을 차리고 그곳을 '녹천당'이라 불렀다. 정원에 나무가 워낙 많았기 때문이다. 거기서 김대감의 친구들을 불러 함께 즐기며 놀았다. 이후 김이양과 운초는 김이양의 한강가 별장 일벽장에서 한양 최고의 경화사족(京華士族)들과 어울려 여유 자적한 생활을 하였다.

이때 함께 한 예술인 중 금원(錦園) 경혜(景惠), 죽서(竹西), 경산(瓊山), 금춘(錦春) 등 삼호정시단 동인들도 있었다.

김이양과 부용은 약 15년 간 성천과 한양에서 살았다. 이때 찾아온 김대감의 친구들은 부용을 '초당마마'라 불렀고, 부용은 김대감을 '老爺(노야)'라고 불렀는데, 노야와 교제를 하던 많은 노정승들은 초당마마와 함께 즐기는 것을 무척이나 좋아하였다.

어리면서도 시재가 뛰어나고, 인물 또한 고와 부용은 그들의 귀여움을 독차지하였다.

그리고 대감이 급제한 지 60년이 되는 해에 회방(回榜)잔치도

열었다.

어느 날 대감은 부용을 천안 태화산으로 데리고 가서 조상들께 참배를 시켰다. 아마도 정식으로 김대감의 가족으로 받아들인다는 뜻이었을 것이다. 둘이 꿈같은 생활을 하던 중 대감의 나이 91세가 되었을 때 부용의 손을 꼭 잡고 영원히 눈을 감았다. 그들이 깊은 인연을 맺은 지 15년이 된 1845년 이른 봄이었다. 이때 부용의 나이 33세였다. 존경하고 사랑하는 님을 잃은 부용은 방안에 제단을 모시고 밤낮으로 고인의 명복을 빌며 참절의 아픔을 다시 시로 표현하면서 16년을 더 살며 지조를 지켰다.

운초는 대감이 죽은 후 그를 애도하는 시에서 “15년 함께 지내오다 오늘 돌아가시니 백아[6]가 이미 끊은 거문고 내 다시 끊노라”라고 한 시구를 보면 운초에게 연천은 남편이면서, 그의 거문고 타는 재능을 인정해 주던 ‘지기(知己)’였다.

부용의 시는 한시로만 350수에 달해 질과 양 면에서 대단한 것으로 평가받고 있다.

황진이와 매창은 이름이 널리 알려져 있을 뿐 아니라 황진이의 ‘청산리 벽계수’와 매창의 ‘이화우(梨花雨) 흩날릴제’라는 시조는 국어 교과서에 수록되기도 했다. 그러나 부용의 이름이 널리 알려지지 못한 것은 그동안 그녀의 한시가 번역되지 못해 읽기 어렵다는 데 원인이 있었다.

---

6 백아- 伯牙絶絃을 말하는 것으로 중국 춘추시대의 유명한 거문고 연주자 백아가 그의 친구 종자기의 죽음을 애도해 거문고의 현을 끊어 버린 이야기.

부용의 한시(漢詩)가 김지용, 김미란 부녀에 의해 1996년에 「운초의 시와 문학세계」라는 이름으로 번역, 출간되어 어렵기만 했던 그녀의 한시를 세상 사람들이 볼 수 있게 되었다. 아버지는 부용의 한시를 번역하고 딸은 부용시를 연구하면서 부녀 합작으로 만들어진 이 책은 부용 시를 이해하는 데 큰 역할을 하였다. 번역을 맡은 아버지 김지용 씨는 일본 경도대학에서 문학박사 학위를 받고, 청주대학 국문과 교수, 연세대 문과대학 강사를 역임했고, 대표 저서로는 「정다산(丁茶山) 문학 연구」, 「한국 여류 한시」, 「박지원의 문학사상」 등이 있다.

부용의 한시를 연구하여 '부용 시'로 박사 학위를 받은 딸 김미란 씨는 연세대학 국문과를 졸업하고 동 대학원에서 박사 학위를 받고, 현재 수원대학에서 국문과 교수로 재직 중이다. 당시 이들 부녀가 책을 낼 수 있는 자금이 없다는 사실을 알게 된 김성열 씨가 주선하여 전 광덕사 주지 고 임성복 씨가 자신이 가지고 있던 금을 내놔 이 자금을 가지고 어렵게 출판을 하게 되었다고 한다.

책 500부 중 342부를 1999년에 천안문화원(원장 민병달)에 기증했었는데 이듬해 문화원이 해체되면서 귀중한 이 책이 모두 사라져 버렸다고 한다.

운초 김부용의 시는 다른 여성 시인과 달리 밝고 감정의 절제가 잘 된 것이 특징이다. 무엇보다 나라와 사회를 생각하는 시를 많이 썼다. 김부용의 시 세계는 연천 김이양대감을 만나기 이전

기녀 시절의 시와, 연천을 만난 이후의 시들로 양분될 정도로 연천은 그에게 큰 의미를 지니고 있다. '조선역대여류문집'에 부용의 한시 329수가 전해 온다.

나라와 사회의 안녕을 생각하는 시들은 사대부를 무색케 한다는 평을 들을 정도로 김부용의 한시는 무게가 있고 선이 굵다. 인간의 근본을 다룬 철학적인 시도 있다. 특히, 다른 여성 시인들과는 달리 칠언 율시가 가장 많아 그의 문장력이 대단하다는 것이 문단의 평가다. 또한 어려운 한자도 많이 사용된 것으로 보아 그녀의 한자 실력 또한 대단했던 것 같다.

작품집 『芙蓉集』에 수록된 350여 수의 시는 여성문학의 정수(精髓)로 꼽힌다.

김부용의 시를 더 보기로 하자.

自寬(자관)-스스로 너그러우면

鏡裏癯容物外身(경리구용물외신)
- 거울 속 야윈 얼굴은 몸 밖의 사물이고

寒梅影子竹精神(한매영자죽정신)
- 차가운 매화의 그림자는 대나무의 정신이다

逢人不道人間事(봉인불도인간사)
- 사람을 만나도 인간의 일을 말하지 않으니

便是人間無事人(편시인간무사인)
- 편한 사람이 곧 세상을 탈 없이 사는 사람이로다

매우 철학적인 시다. 거울에 나타나는 얼굴은 자신의 본모습이 아니고 매화가 추위 속에서 피는 것은 대나무처럼 굳건함이 있기 때문이고, 사람을 만나도 보통 속내를 다 드러내지 않으니 모든 일에 대범하고 너그러운 사람이 탈 없이 사는 사람이다.

山行時値久旱(산행시치구한)
- 산행하다가 오랜 가뭄을 생각하며

東風行到綠楊灣(동풍행도녹양만)
- 봄바람이 푸른 버들 골짜기에 불어오니

重疊春山碧四環(중첩춘산벽사환)
- 겹겹 봄산에는 사방이 푸르르네

峯上飛泉千仞磵(봉상비천천인간)
- 봉우리 위에서 날아 떨어지는 샘물은 천길 물줄기

願成霖雨灑人間(원성림우쇄인간)
- 사흘 장맛비처럼 세상을 적셔주었으면

봄을 맞이하여 산행을 하다가 폭포를 보니 오랜 가뭄이 생각난다. 이 물이 그대로 비가 되어 세상을 적셔주면 얼마나 좋을까 하는 바람을 갖게 된다는 것이다.

詠斑竹怨(영반죽원)- 반죽을 노래함

二妃[7]昔追帝(이비석추제)
– 옛적에 두 왕비 임금님을 따라서

南奔湘水間(남분상수간)
– 남쪽으로 달려가 상수 사이를 헤매었지

有淚寄湘竹(유루기상죽)
– 눈물이 흘러서 상수 대나무를 적시니

至今湘竹斑(지금상죽반)
– 지금의 상수 대나무는 얼룩져 있구나

雲深九疑廟(운심구의묘)
– 구의묘는 구름 속에 깊고

日落蒼梧山(일락창오산)
– 창오산에는 해가 저문다

餘恨在江水(여한재강수)
– 남은 한이 강물 속에 있으나

---

7 이비(二妃)는 순임금의 두 왕비로 요임금의 두 딸인 아황(娥皇과) 여영(女英)이다. 순임금이 창오산에서 죽자 아황과 여영도 숙상강(宿湘江)에서 따라 죽었다. 두 왕비의 눈물이 흘러 대나무가 얼룩졌다는 '반죽의 고사'를 묘사하였다. 구의묘(九疑廟)는 순임금의 사당이며 창오산(蒼梧山)은 순임금이 죽은 곳이다. 따라서 이 시는 "숙상반죽의 전설"이라는 대나무에 얽힌 슬픈 이야기를 노래한 것으로 아황과 여영의 절개를 그린 작품이다. 이 시는 손곡 이달의 시집에도 들어 있어 이달의 시인지 운초의 시인지 확실하지 않다고 한다. 이달은 조선시대 선조 때 시인으로, 호는 손곡이다. 한시의 대가로 문장과 시에 능하고 글씨에도 조예가 깊었으나 신분적 한계로 벼슬은 한이학관(漢吏學官)에 그쳤다.

滔滔去不還(도도거불환)

- 도도히 흐르는 물은 다시 돌아오지 않네

歸來亭(귀래정)

解紱[8]歸來早(해불귀래조)

- 벼슬 내려놓고 일찌감치 돌아오니

亭開一水分(정개일수분)

- 정자 열린 곳에 물길 두 갈래로 갈렸다

溪山知有主(계산지유주)

- 계곡과 산은 주인 있는 줄 알고

鷗鷺得爲群(구로득위군)

- 갈매기와 백로들은 무리 지어 난다

秫熟先充釀(기열선충양)

- 기장 익어 먼저 술 빚어내고

心閑欲化雲(심한욕화운)

- 마음 한가로워 구름같이 자유롭다

菟裘[9]終老計(토구종노계)

- 이곳에 은거하여 끝까지 늙어가려 하나

非是傲徵君(비시오징군)

- 부름 받았던 선비들을 업신여기진 않으리라

---

8 '해불'은 '제복을 벗는다'의 의미로 벼슬에서 내려오는 것을 뜻한다.

9 노후에 여생을 보내는 곳.

'해불(解紱)'은 벼슬에서 물러나는 것이고 '토구(菟裘)'는 벼슬을 내놓고 은거한 곳이나 노후에 여생을 보내는 곳을 말한다. 중국 노나라 은공(隱公)이 토구의 땅에서 은거하였다는 데서 유래한다. 이 시는 정자가 지어진 배경을 나타내는가 하면 자연친화적인 주인의 사상을 나타내는 것으로 볼 수도 있다. 은거해서 살지만 술을 빚고 구름처럼 자유롭게 사는 모습을 나타내고, 충군의 마음을 잃지 않는 조선 사대부 선비들의 태도를 볼 수 있다. 따라서 이 시는 낙향해서 한가롭게 사는 선비의 모습을 노래한 작품이다. 사실 이런 이야기는 보통 남자들에게만 해당되는 얘기지만, 부용은 그런 남자들의 마음도 헤아려 볼 줄 아는 여성 선비라 할 수 있다. '귀래정'이라는 정자 이름을 보고 생각이 여기까지 미친 것이다.

秋思(추사)- 가을 생각

霜落眞珠[10]樹(상락진주수)
– 서리가 진주(삼척)의 나무에 떨어지니

聯城盡一秋(연성진일추)
– 성안에는 온통 가을

心情金輦[11]下(심정금년하)
– 마음은 임금 곁에 있는데

---

10 진주는 삼척의 옛 이름.

11 왕이 타는 수레.

形役[12]海天頭(형역해천두)

– 몸은 바닷가에 매였네

不制傷時淚(불제상시루)

– 아픈 마음 달랠 길 없어 눈물 흘리니

難堪去國[13]愁(난감거국수)

– 서울 떠난 근심도 견디기 어려워라

同將望北極[14](동장망북극)

– 장군과 함께 북쪽 하늘을 바라보니

江山有高樓(강산유고루)

– 강 위에는 죽서루만 높이 솟아 있네

'진주'는 삼척의 옛 이름이다. '금년' 은 왕이 타는 수레이고, '형역'은 몸이다. '거국'은 서울을 뜻하고, '북극'은 왕이 거처하는 궁궐을 의미하며 '죽서루'는 고려 충렬왕 때 삼척에 지어진 누각이다. 비록 몸은 임금 곁을 떠나 있지만 마음만은 늘 임금을 그리워하고 나라를 걱정한다는 내용이다. 이 시는 여성이 지었다고 보기 어려운 남성의 우국충정이 엿보이는 시다. 김부용의 시는 위의 '부용상사곡' 등 몇 작품을 빼고는 대부분 우국충정이나 대장부의 기개를 보여주는 씩씩한 시가 많다.

12 몸.

13 서울.

14 궁궐.

癸未北亂(계미북란)- 계미년 북쪽의 난

干戈縱異書生事(간과종이서생사)

– 전쟁이 비록 선비 일과 다르지만

憂國還應鬢髮蒼(우국환응빈발창)

– 나라 걱정에 오히려 머리털만 희어지네

制敵此時思去病[15](제적차시사거병)

– 적을 제압할 때는 곽거병을 생각하고

運籌今日憶張良[16](운주금일억장량)

– 계책을 짜는 오늘은 장량을 그리워하네

源城戰血山河赤(원성전혈산하적)

– 경원성에 흘린 피 산하를 붉게 물들이고

牙浦妖氣日月黃(아포요기일월황)

– 아산보의 요상한 기운 해와 달을 흐렸어라

京洛微音[17]常不達(경락미음상불달)

---

15 곽거병(霍去病, BC 140~117)-전한(前漢)- 무제 때의 명장으로 흉노토벌에 큰 공을 세웠다.

16 장량(張良)은 중국 한나라의 고조 유방의 공신으로 자는 자방(子房)이다. 한나라 고조 유방으로부터 "군막에서 계책을 세워 천리 밖에서 벌어진 전쟁을 승리로 이끈 사람은 장자방(張子房)이다."라는 극찬을 받았다고 한다. 원성(源城)은 경원성이고 아포(牙浦)는 아산보이다. 경락(京洛)은 한나라와 당나라 때의 수도인 낙양을 말하나, 일반적으로 수도를 나타내는 말로 쓰인다.

17 미음(微音)은 아름다운 덕행과 언어에 따른 좋은 평판인데, 여기서는 '좋은 소식'의 뜻이다.
이 시는 1583년 경원에서 일어난 니탕개의 난을 배경으로 전쟁의 참상과

– 서울에 좋은 소식 항상 이르지 않으니

江湖春色亦凄凉(강호춘색역처량)

– 이 강산 봄빛 또한 쓸쓸하구나

간과(干戈)는 전쟁의 의미로, 여기서는 1583년 함경도 경원에서 일어난 니탕개(尼湯介)의 난을 말한다. 니탕개의 난은 1583년 조선 6진 회령 지방에서 여진의 니탕개가 일으킨 난이다. 이는 임진왜란 직전 조선이 직면한 최대 규모의 전란이었으며, 조선은 이 난 이후 문제로 거론된 여러 방위 체제를 재검토하여 진관체제[18]에서 제승방략[19]으로 전환하게 되는 계기가 되었다.

니탕개(尼湯介)는 자신의 부족 등을 규합해 대규모로 아산보와 경원진 일대를 침입했다. 당시 조선의 변방 장수들의 횡포와 여진족 내부의 세력 다툼이 원인이었다. 니탕개와 조선의 전투는 장장 7개월 동안 진행되었다. 당시 니탕개 세력의 규모는 최대 3만여 명에 달했다. 그리고 전투의 과정에서는 양군의 충돌뿐만

나라를 걱정하는 작자의 심정이 잘 드러난 시이다.

18 진관체제(鎭管體制)는 15세기 세조 이후 실시되었던, 지역 단위의 방위 체제이다. 진관법이라고도 한다. 진관체제를 한 문장으로 표현하면 '수령(지방관)이 각각 군대를 거느리는 것'이다. 이 체제는 소규모 적의 침략과 내륙을 방어하는 데는 효과적이지만, 대규모 적의 침략을 방어하기에는 한계가 있었다.

19 제승방략(制勝方略) 은 전쟁 초기에 적보다 우세한 병력을 집중 운영하여 적을 제압하고 적지로 전과를 확대하기 위해 전술을 펼치는 것으로 분군법(分軍法)이라고도 불린다. 조선 초기 여진족을 제압하기 위해 함경도와 같은 북방에서 시행되었다.

아니라 외교적 교섭이 진행되기도 했다. 하지만 외교적 교섭은 조선과 니탕개 양측에서 원하는 바를 동시에 달성할 수 있는 방안을 도출하지 못했다. 결국 니탕개군은 방원보(防垣堡) 전투에서 조선군에 크게 패배했다. 방원보 전투를 마지막으로 니탕개의 난은 종료되었다.

경원성에 사는 여진족이 전(前) 진장(鎭將)을 비난하는 소문을 퍼뜨리면서 민심을 선동하여 반란을 일으켰으나 은성부사 신립(申砬)과 첨사(僉使) 신상절(申尙節) 등이 일어나 여진족을 격퇴하였을 뿐만 아니라, 두만강 너머로까지 추격하여 그 소굴을 소탕하였다.

보는 바와 같이 김부용은 여성다운 시도 썼지만, 나라를 생각하는 대장부 같은 시도 많이 썼다. 이런 시를 통해서 김부용은 가장 여성스러움을 보여주는 '부용상사곡'부터 가장 남성다운 기개를 보여주는 이런 시에 이르기까지 그 생각의 폭과 깊이가 대단하다는 것을 알 수 있다. '여성대장부'라 할 만하다.

贈兵使(증병사)- 병마사에게(1592년경[20])

將軍[21]號令急雷風(장군호령급뇌풍)
- 장군의 호령은 천둥바람 같고

萬馘[22]懸街氣勢雄(만괵현가기세웅)
- 수많은 적의 머리 거리에 거니 기세도 웅장하다

鼓各聲邊吹鐵笛[23](고각성변취철적)
- 북과 뿔피리 울리는 곳에 태평소도 울리고

月涵滄海舞魚龍(월함창해무어룡)
- 달이 큰 바다에 잠기니 어룡도 춤을 춘다

'장군(將軍)'은 개선장군이고, '만괵(萬馘)'은 적의 수많은 수급을 벤 것이다. '철적(鐵笛)'은 철로 된 피리다. 이것은 주로 호신용으로 쓴다. 길이가 65cm로 입에 대고 불면 소리가 나므로 이것을 연주용으로 쓸 수 있지만, 적을 방심하게 하는 데 좋은 효과를 가져온다. 철적은 피리라서 철관의 형태를 하고 있다. 파이프 속은 비어서 가볍고, 잘 부러지지 않아 공격뿐 아니라 다른 금속 무기 공격을 막을 수도 있다. 여러 가지 악기 소리를 통해서 전쟁의 분위기를 청각적으로 그리고 있고, 승전의 기쁨을 어룡이

---

20 1592년이라면 임진왜란이 시작된 해이므로 우리가 왜적을 쳐낸 것을 이름인지는 확실하지 않다.

21 개선장군.

22 수많은 적의 수급을 베다.

23 쇠로 만든 잣대. 태평소.

춤추는 것으로 묘사하고 있다, 따라서 이 시는 개선장군의 위엄과 승전의 기쁨을 묘사한 작품이다.

呼韻贈妓(호운증기)- 어린 기생에게 시를 지어주다

二八嬋娟所念奴[24] (이팔단연소념노)
- 열여섯 아리따운 어린 명창

苧杉輕渾雪肌膚(저삼경휘설기부)
- 모시 적삼 엷으니 흰 살결 눈부셔라

可憐桂葉低雙翠[25](가련계엽저쌍취)
- 가련하구나 취교 아래 계수 잎 같은 눈썹으로

明月誰家唱鷓鴣[26](명월수가창자고)
- 달 밝은 밤 어느 집에서 자고새 노래를 부르려나

념노(念奴)는 중국 당나라 현종 때 노래를 잘하던 기녀다. 쌍취(雙翠)는 한 쌍의 물총새 깃털로 만든 머리장식 깃털이다. 자고(鷓鴣)는 자고천(鷓鴣天)이라는 곡명이다. 이 시는 3행의 "가련(可憐)"이라는 시어에서 알 수 있듯이 어린 기녀의 처량한 신세를 가엽게 보고 쓴 작품이다.

---

24 명나라 때 노래를 잘 하던 기생.

25 한 쌍의 머리 장식 깃털.

26 '자고천'이라는 곡명을 말한다.

樓上(누상)- 누각 위에서

紅欄六曲壓銀河(홍란육곡압은하)
- 붉은 난간 여섯 구비 은하수에 눌리고

瑞霧霏微濕翠羅(서무비징습취라)
- 상서로운 안개는 풀풀 날려 푸른 장막을 적신다.

明月不知滄海暮(명월부지창해모)
- 밝은 달빛에 창해가 저무는 줄 모르겠는데

九疑山下白雲多(구의산하백운다)
- 구의산 아래는 흰 구름도 많다.

구의산은 순(舜)임금과 그의 부인인 아황(娥皇)과 여영(女英)의 이별의 슬픔이 간직된 곳이다. 아황과 여영은 요(堯)임금의 두 딸로 순임금의 첫째 왕비와 둘째 왕비였다. 순임금이 창오(蒼梧)에서 죽자, 아황과 여영이 숙상강(肅湘江)을 건너지 못하고 슬피 울다가 순임금을 따라서 상수(湘水)에 빠져 죽어 대나무 마디를 물들이고 상수의 신이 되었다고 한다. 달이 임을 상징한다면 흰 구름에 가려 보이지 않는 달처럼 보이지 않는 임에 대한 원망과 그리움을 노래한 작품이다.

秋恨(추한)- 가을의 한

絳紗[27]遙隔夜燈紅(강사요격야등홍)
- 붉은 비단 너머로 한밤의 등불만 밝고

夢覺羅衾一半空(몽각나금일반공)
- 꿈에서 깨어나니 이불 한쪽이 빈자리네

霜冷玉龍[28]鸚鵡[29]語(상냉옥룡앵무어)
- 차가운 서리에 새장의 앵무새 울고

滿堦梧葉洛西風(만계오엽낙서풍)
- 섬돌 가득 오동잎이 가을바람에 떨어진다

"임의 부재"로 인한 외로움과 이별의 한을 노래한 시다. '이불 한 쪽이 빈자리네'로 모든 걸 설명해 준다.

'차가운 서리', '가을바람' 들이 가을의 풍광을 잘 나타내 주고 있다. 작가의 외롭고 쓸쓸한 기분을 묘사한 작품이다.

停筆(정필)- 붓을 놓고

天邊淸風爽(천변청풍상)
- 하늘가 맑은 바람 시원하고

---

27 강사(絳紗)- 붉은 비단으로 된 휘장.

28 옥룡(玉龍)- 새장.

29 앵무(鸚鵡)는 앵무새지만, 여기선 작자 자신을 비유.

良宵月影團(양소월영단)
- 좋은 달밤 그림자 둥글도다

雁應愁路遠(안응수로원)
- 기러기는 정녕 먼 길을 걱정하고

鷗亦恐盟寒(구역공맹한)
- 갈매기도 첫 추위를 두려워하는구나

江草因醫識(강초인의식)
- 강가의 풀은 의학으로 알았고

山芳替畵看(산방체화간)
- 산의 방초는 그림을 대신하여 보았노라

暗思心內事(암사심내사)
- 마음 속 일을 곰곰이 생각하며

停筆仰雲端(정필앙운단)
- 붓을 놓고 구름 끝 쳐다보노라

追用前韻呈淵泉相公(추용전운정연천상공)
- 예전 시에 차운하여 연천 상공께 드림

當世文章是謫仙(당세문장시적선)
- 당세의 문장으로는 귀양 온 이백이지만

淵泉浩浩出靑蓮[30](연천호호출청련)
- 연천상공 호탕한 문장은 이백보다 낫다네

30 이백(李白, 701~762)은 당나라 시대의 시인이다. 자는 태백(太白), 호는 청

分明雪夜寒梅下(분명설야한매하)

– 눈빛 환한 밤 차가운 매화 아래

一斗呼來又百篇(일두호래우백편)

– 한 말술 마시며 또 시 백 편 짓네

연천(김이양대감)을 추앙하는 부용의 마음이 잘 드러난 작품이다. 즉 연천 김이양이 이백을 능가하는 문장을 짓고 술을 마시며 많은 시를 지을 수 있는 사람으로 묘사하고 있다.

奉和淵泉先生(봉화연천선생)

– 연천선생 시에 답하여 올림

空山秋意會淸宵(공산추의회청소)

– 빈 산에 가을 기운 맑은 하늘 만나니

野草蟲吟轉寂寥(야초충음전적요)

– 들에 풀벌레 울음소리 도리어 적막하네

枕席單凉仍不寐(침석단량잉불매)

련거사(靑蓮居士)이다. 두보와 함께 중국 역사상 가장 위대한 시인으로 꼽힌다. 이 두 사람을 합쳐서 "이두(李杜)"라고 칭하고 이백을 "시선(詩仙)"이라 부른다. 현재 약 1,100여 수의 시가 남아 있다. 그의 시문학과 관련된 주제는 도교, 술 등이 유명하다. 이백은 고시와 절구를 특기로 했다. 그의 절구는 '신품'이라고 평해졌고, 그의 시는 스케일이 크고, 또한 박진감이 있으며, 때때로 환상적이다. 그의 시는 매우 자유로우며 일필휘지로 시를 지었다고 한다. 동시대에 살았던 11세 연하의 시성(詩聖) 두보가 1자 1구의 조탁에 뼈를 깎는 고심을 기울인 것과는 대조적이다.

- 베개와 이부자리 홑겹이 서늘하니 끝내 잠을 못 이루는구나

獨看斜月掛松梢(독간사월괘송초)

- 홀로 저무는 달 본다 소나무 끝에 겨우 걸려있는

暮春出東門(모춘출동문)

- 늦은 봄에 동문을 나서며

日永山深碧艸薰(일영산심벽초훈)

- 날은 길고 산은 깊어 풀 향내 짙어졌으니

一春歸路査難分(일춘귀로사난분)

- 봄이 가버린 길이 묘연해 찾아내지 못하겠네.

借問此身何所似(차문차신하소사)

- 그대에게 묻노니 이내 몸이 무엇 같던가!

夕陽天末見孤雲(석양천말견고운)

- 저녁노을 하늘 끝에 외로운 구름만 보이네.

이 시에서는 둘째 행 '봄이 가버린 길이 묘연해 찾아내지 못하겠네'가 매우 창의적이다.

또한 4행의 '외로운 구름'이란 구절도 참신한 표현이다.

惜春(석춘)- 가는 봄을 아쉬워하며

孤鶯啼歇雨絲斜(고앵제헐우사사)
- 외로운 꾀꼬리 울기를 그치고 실비는 비껴내리는데

窓掩黃昏暖碧紗(창엄황혼난벽사)
- 저녁노을이 창에 덮이자 푸른 비단이 따뜻해라

無計留春春已老(무계유춘춘기로)
- 가는 봄 붙잡아 둘 계책이 전혀 없으니

玉甁聯揷假梅花(옥병련삽가매화)
- 꽃병에다가 매화나 꽂아 두어야겠네.

이 시도 매우 창의적이다. '저녁노을이 창에 덮이자 푸른 비단이 따뜻하다', '가는 봄 붙잡아 둘 계책이 전혀 없으니 꽃병에 매화나 꽂아두어야겠네'는 모두 참신한 발상이고 표현이다. 여기서도 천재성이 드러난다.

落梅(낙매)- 지는 매화

玉貌氷肌冉冉哀(옥모빙기염염애)
- 옥같은 얼굴 얼음같은 살결이 애틋하게 여위었는데

東風結子綠生枝(동풍결자록생지)
- 봄바람에 열매 맺고 푸른 가지도 돋았네.

纏綿[31]不斷春消息(전면부단춘소식)
- 단단한 자연 이치 끊기지 않고 봄 소식을 알려주니

猶勝人間恨別離(유승인간한별리)
- 인간 세상의 한스런 이별보다 오히려 나으리

이 작품 역시 창의력이 넘친다. 매화를 '옥 같은 얼굴 얼음 같은 살결'로 묘사하고 겨울 동안 잎과 꽃이 지고 난 다음을 '애틋하게 여위었다' 라고 재치있게 표현하였다. 또한 자연은 계절마다, 해마다 빠짐없이 약속된 변화를 갖다 주지만 사람은 한 번 이별하면 다시 만나기 어렵다. 그러므로 인간의 이별은 한을 남긴다는 내용을 '떨어지는 매화'를 보면서 다시 생각하게 된다는 내용이다.

자연을 보면서 인간 세상을 돌아보는 것은 흔히 할 수 있는 일이지만, 이렇게 생각하고 표현하는 것은 누구나 할 수 있는 일이 아닐 것이다.

勝妾容(승첩용)[32]- (인간)부용의 용모가 이겼다.

芙蓉花發滿池紅(부용화발만지홍)
- 연꽃이 곱게 피어 못 가득히 붉고나

31 纏綿(전면)- 실이나 노끈 따위가 친친 뒤엉킴.

32 인간 부용이 연꽃보다 곱다.

人道芙蓉勝妾容(인도부용승첩용)
- 사람들이 연꽃 보고 나보다 곱다 하네

今日遇從堤上過(금일우종제상과)
- 오늘 우연히 둑 위를 거니는데

如何人不看芙蓉(여하인불간부용)
- 어찌하여 사람들은 꽃은 안보고 (나만 보는가.)

관중이 모두 박장대소를 한다. 얼굴도 시도 아름답지만 그 발상이 더욱 귀엽지 아니한가. 유관준 사또가 흔연히 일어나 오늘의 잔치이름은 '승첩용연'으로 한다고 선포하고 연회장소를 풍치 좋은 강선대로 옮겼다. 술잔이 돌아가며 춤과 노래가 무르익자 사또가 자작시 한 수를 읊는다. 과연 선비들의 놀음이다.

勝妾容宴(승첩용연)
- 연회에서 (인간)부용이 이기다

성천부사 劉寬埈(유관준)

成都美妓玉羅裳(성도미기옥라상)
- 성천의 예쁜 기생 아리따운 비단 치마

幅幅春風步步香(폭폭춘풍보보향)
- 폭폭이 춘풍이요 걸음마다 향기로다

黃鶴金獅迎相舞(황학금사영상무)
- 황학무 금사무 어울려 돌아가니

降仙樓上降仙娘(강선누상강선랑)
- 강선루 위에는 선녀가 하강한 듯

부용에 대한 최대의 칭송을 한다. '선녀가 하강한 듯 하다니 더 이상의 찬가는 없을 것이다.

過山村(과산촌)- 산마을을 지나다가

花落流水似天台[33](화락유수사천태)
- 흐르는 시냇물에 꽃이 떨어지니 천태산 같고

千尺危巖屹古臺(천척위암흘고대)
- 천 척 높은 바위까지 우뚝 솟았네.

四顧山空人語絶(사고산공인어절)
- 사방을 둘러봐도 산이 텅 비어 말소리는 들리지도 않고

林風吹作雨聲來(임풍취작우성래)
- 숲에서 바람이 불어와 비 오는 소리를 내네.

---

33 천태산(天台山)- 충북 영동과 충남 금산군의 경계선에 있다. 우리나라 인기 명산 39위이며 아름다운 바위가 많다.

香山途中(향산도중)[34]- 묘향산 가는 길에

桃花馬上石榴裙(도화마상석류군)

- 복숭아꽃 안장 위에 석류무늬 치마로

一路繁華四使君[35](일로번화사사군)

- 한 길에 나서니 네 분의 사신 행렬 화려키도 하다

未入仙區心已醉(미입선구심이취)

- 신선이 있는 곳 가기 전에 이미 취해

碧雲蒼樹査離分(벽운창수사리분)

- 푸른 구름 푸른 나무들 분간키 어렵구나

묘향산의 아름다움을 간접적으로 표현한 시다. '신선이 있는 곳 가기 전에 이미 취해'가 그 예다. '푸른 구름 푸른 나무 분간키 어렵구나'도 숲이 많은 묘향산을 짐작할 수 있다.

杏花村(행화촌)[36]- 살구꽃 피는 동네

輕舟一葉泊平沙(경주일엽 박평사)

- 일엽편주를 모래밭에 대니

---

34 향산(香山)은 묘향산을 말하며, 영변에서 북쪽으로 130리쯤에 있다.

35 사사군- 네 명의 사신.

36 행화촌은 살구꽃이 피는 마을로, 조선에 살구꽃이 안 피는 마을이 없지만, 한시에서는 주막을 의미한다. 두목(杜牧)이 지은 '청명' 시(淸明詩)에 '주막이 어디 있냐고 물으니 살구꽃이 핀 곳을 가리키네' 라는 시가 유명해지면서 '봄 경치의 주막'을 의미하게 됐다.

流水青山進士家(유수청산 진사가)
- 청산유수가 진사의 집일세

未刦村中名己好(미겁촌중 명기호)
- 마을에 닿기도 전에 이름부터 좋고

東風紅落滿庭花(동풍홍락 만정화)
- 봄바람에 떨어진 꽃잎들이 뜨락에 가득해라

보는 바와 같이 김부용의 시는 허난설헌과는 아주 결이 다르다. 삶 자체가 다르기도 했지만, 성향이 달라 보인다. 허난설헌이 감수성 강한 전형적인 여성시, 신선시를 썼다면 김부용은 시 자체만 보면 남성 시인이 썼는지 여성 시인이 썼는지 모를 정도의 애국시를 많이 썼다고 할 수 있다. 즉 그녀의 시에서는 아녀자의 전형적인 모습은 조금만 보이고 남성 작가가 쓴 것같이 보이는 작품이 대다수이다. 그만큼 안목과 생각이 넓으며, 나라와 사회를 생각하는 당당한 생활 태도가 애국적인 대장부 같다.

淸明(청명)

杜牧(두목)

淸明時節雨紛紛(청명시절우분분)
- 청명절에 비가 어지러이 내리는데,

路上行人欲斷魂(노상행인욕단혼)
- 길 가는 사람들 혼이 빠졌나

借問酒家何處有(차문주가 하처유)
– 술집이 어디인지 물어보았더니

牧童遙指杏花村[37](목동요지행화촌)
– 목동이 멀리 살구꽃 핀 마을을 가리키네.

이 시는 두목이 844년 9월, 황주 자사에서 지주 자사로 전임되었는데, 그때 귀지현(貴池顯) 서쪽 행화촌을 배경으로 지은 시다.

중국 전역에서 행화촌(杏花村), '살구 꽃 피는 마을'이라는 지명은 헤아릴 수 없이 많다. 하지만, 두목의 시 '청명'에서 언급한 '행화촌'은 여러 가지 고증 자료를 검토한 결과 안후이성(安徽省)의 귀지현(貴池顯) 서쪽 제산 부근에 있다고 한다. 이곳은 살구나무가 숲을 이루고 있는데, 주루(酒樓)의 깃발이 펄럭이는 가운데 현지 태수가 지은 행화촌방과 천평호반에 접한 '육각행화정' 내에 두목이 지은 '청명' 한시가 적힌 편액이 걸려있다고 한다.

두목(杜牧, 803~853)은 당나라 중기의 시인으로 자는 목지(牧之), 호는 번천(樊川)이다. 섬서성 장안 사람으로 <번천집> 22권이 있다. 두목은 당나라 중기의 대표 시인의 대명사인 '大李杜(이백, 두보)', '小李杜 (이상은, 두목)' 중의 한 사람으로 매사에 구애받지 않는 성격의 소유자로 정치적 식견도 뛰어났으며, 문학적으로는 산문도 잘 썼으나, 시적 재능도 뛰어났다고 한다.

---

37 행화촌은 살구꽃 피는 마을이지만, 주막을 뜻한다.

이번엔 대이두(大李杜)의 한 축인 두보의 시 한 편만 보자

揚子江(양자강)

두보

衆水會涪萬(중수회부만)

- 부주와 만주 지역 물길 모이어

瞿塘爭一門(구당쟁일문)

- 구당협[38] 한 골짝을 내리 치닫네.

朝宗人共挹(조종인공읍)

- 조종 의리 사람들 모두 지키니

盜賊爾誰尊(도적이수존)

- 도적 무리 너희를 누가 높이랴.

孤石隱如馬(고석은여마)

- 외로운 바위 보니 말이 숨었나

高蘿垂飮猿(고라수음원)

- 덩굴 끝의 원숭이 물을 마시네.

歸心異波浪(귀심이파랑)

- 고향 향한 마음은 물결 아닌데

---

38 구당협- 충칭시 펑제현의 백제성에서 후베이성 이창시 남진관까지 193km의 사이에, 8km에 이르는 가장 상류의 《구당협(瞿塘峽)》, 45km에 이르는 《무협(巫峽)》, 그리고 66km에 이르는 가장 긴 《서릉협(西陵峽)》이 연속하는 세 협곡 중의 하나로 명승지이다.

何事卽飛翻(하사즉비번)
– 어인 일로 이처럼 요동을 치나.

위 시는 두보의 나이 53세 때인 당(唐) 대종(代宗) 영태(永泰) 1년(765)에 운안(雲安)에 머물러 있으면서 쓴 것으로, 소용돌이 치며 세차게 흐르는 양자강을 보고 일부 몰지각한 무리가 권력에 눈이 어두워 살육전을 벌이는 현실과, 고향을 떠나 타향을 떠도는 자신의 고독한 처지를 한탄한 내용이다. 또한 "양자강을 보니 문득 고향 생각이 나는데, '고향'은 생각만 해도 가슴이 설레고 두근거린다."로 표현하고 있다.

다시 김부용으로 돌아가자.

送人(송인)– 임을 보내며

春風驛路雨如絲(춘풍역로 우여사)
– 봄바람 부는 역로에 실처럼 비가 내리는데,

日暮西樓唱竹枝(일모서루 창죽지)
– 날 저문 서루에서 죽지사를 부르네.

君去試看淸浿上(군거시간 청패상)
– 그대 가면서 맑은 대동강 위를 보소

衣冠猶似井田時(의관유사 정전시)
– 정전을 갈던 그 시대의 옷차림과 비슷하다오.

자연의 의구함과 함께 사람도 크게 달라진 것이 없음을 느끼는 순간이다.

題烈女[39]金氏旌門(제열여김씨정문)
- 김씨의 열녀문에 붙여

古木荒山集亂烏(고목황산집난오)
- 늙은 나무 거친 산에 까마귀들이 어지럽게 모여들었는데

前當猛虎遂捐軀(전당맹호수연구)
- 사나운 호랑이 앞에 자기 몸을 내던졌네.

金玉貞姿氷雪操(구옥정자빙설조)
- 금옥처럼 정숙한 자태 빙설 같은 정조 지녔기에

不知有我但知夫(부지유아단지부)
- 내가 있는 것은 알지 못하고 다만 지아비만 알았네.

열녀를 칭송하는 내용으로, '빙설 같은 정조'가 매우 인상적이고 최고의 찬사이다.

39 열녀 김씨는 호랑이에게 물려가는 남편을 구하고 대신 죽어 조정에서 정문을 세워 그 절의를 귀감으로 삼았다.

孤墳1- 외로운 무덤

寒梅孤着可憐枝(한매고착가련지)
- 가느다란 가지 끝에 매화 한 송이

滯雨顚風困委垂(체우전풍곤위수)
- 끊임없는 비바람에 외로이 떠네

從今落地香猶在(종금낙지향유재)
- 힘겨워 땅에 져도 감도는 향기

勝似楊花蕩浪姿(승사양화탕랑자)
- 부랑한 버들꽃과 견주지 마오

매화의 고귀함을 읊은 시다. 사실 버들꽃 한 송이는 매화 한송이에 비하면 초라하기 그지없다. 여기서 '매화'는 고인으로 볼 수도 있다.

曉起(효기)- 새벽에 일어나

籬下黃華發(이하황화발)
- 울타리 밑에 국화 피고

遙空一色秋(요공일색추)
- 먼 하늘 모두 가을빛이네

傾河連北極(경하연북극)
- 북극엔 은하수가 닿고

缺月掛西樓(결월괘서루)
- 이지러진 달은 서쪽 누각에 걸렸네

歸雁撓人夢(귀안요인몽)
- 돌아가는 기러기 울음소리에 어지럽고

寒蛩惹客愁(한고야객수)
- 쓸쓸한 귀뚜라미 소리 나그네 시름 자아내네

文章眞小技(문장진소기)
- 시 짓는 실력 참으로 작은 재주일 뿐

晩覺拙身謀(만각졸신모)
- 내 몸 하나 추스를 수 없음을 늦게서야 깨닫네

김이양이 83세로 벼슬에서 물러나자 임금은 그에게 '봉조하(奉朝賀)'라는 벼슬을 제수하였다. 그 벼슬은 종2품에 해당하는 직위로, 종신토록 품격에 해당하는 녹을 받고 국가의 의식이 있을 때는 조복(朝服)을 입고 참여할 수 있는 특별한 예우직(職)이다.

김대감이 벼슬에서 물러나 한가한 생활을 하자 그와 부용은 원앙새처럼 다정하게 지냈다.

그러나 노익장을 자랑하던 봉조하대감도 흐르는 세월과 더불어 나날이 늙어가는 것을 막을 수는 없었다.

김대감이 89세가 되자 과거에 급제한 지 60년을 기념하는 회방(回榜)잔치가 열렸다. 잔치 후 김대감은 부용을 데리고 천안 조상의 묘를 참배하였다. 아마도 정식으로 가족으로 맞아들인다는 뜻이었을 것이다. 1844년(헌종 10)에는 만 90세가 되어 궤장(几杖)[40]이 하사되었으며, 죽은 후에는 영중추부사(領中樞府事)[41]에 추증되었다.

연천과 부용이 깊은 인연을 맺은 지 15년이 되는 1845년 이른 봄 김대감은 91세의 천수를 누리고 부용의 손을 잡고 눈물을 흘리며 눈을 감았는데, 이때 부용의 나이 33세였다. 김이양은 생전에 쓴 시, 서, 잡문 등을 수록한 「오석집(梧石集)」을 남겼는데, 이 책은 3권으로 된 필사본이며, 현재 국립중앙도서관에 비치되어 있다.

존경하고 사랑하는 님을 잃은 부용은 방안에 제단을 모시고 밤낮으로 고인의 명복을 빌며 애통한 심정을 시로 달랬다.

風流氣槪湖山主(풍류기개호산주)
– 풍류와 기개는 호산의 주인

經術文章宰相材(경술문장재상재)
– 경술과 문장은 재상의 재목

十五年來今日流(십오년래금일류)
– 십오 년 정든 님 오늘의 눈물

---

40 궤장- 70세 이상의 고위직 관리였던 사람에게 임금이 하사하는 검은 가죽 장식의 편안한 의자인 오피궤(烏皮几)와 비둘기를 새긴 지팡이인 구각장(鳩刻杖)을 말한다.

41 영중추부사- 중추부의 수장으로 정1품의 벼슬.

峨洋一斷復誰栽(아양일단복수재)
– 끊어진 우리 인연 누가 다시 이어줄고

부용은 어느날 꿈에 그리운 님을 뵙고 다정한 시간을 함께 보낸 후 다음과 같은 시를 읊었다.

二十年前夢裡人(이십년전몽리인)
– 20년간 그리던 님을 이제사 꿈에 보니

海天相對白頭新(해천상대백두신)
– 서로간 상대하니 백발이 새로 났네

從此無心傷歲暮(종차무심상세모)
– 이제라도 헤어진다면 서러워 말고

一樽談笑別生春(일준담소별생춘)
– 잔 들어 담소하며 봄을 보내소서

부용은 고인과의 인연을 회상하면서 일체 외부와의 교류를 끊고, 오로지 고인의 명복만을 빌며 16년을 더 살았고, 그녀 역시 님을 보낸 녹천당에서 눈을 감았다.

그녀는 임종이 다가오자 대감의 자손들을 불러, "내가 죽거든 대감마님이 있는 천안 태화산 기슭에 묻어주오."라고 하고는 눈을 감았다. 대감의 후손들이 운초의 소망대로 김대감이 묻힌 천안 태화산 광덕사 뒷산에 김대감 묘에서 내려다보이는 태화산

기슭에 운초의 묘[42]를 조성하였다. 운초는 「오강루소집」, 「대황강노인」, 『운초당시고』 등을 남겼다.

김부용의 한시(漢詩) 350수(247편)가 김지용(金智勇). 김미란(金美蘭) 부녀에 의해 1996년에 「운초의 시와 문학세계」라는 이름으로 번역, 출간되어 어렵기만 했던 그녀의 한시를 세상 사람들이 볼 수 있게 되었다. 아버지는 한시를 번역하고 딸은 부용시를 연구하면서 부녀 합작으로 만들어진 이 책은 부용 시를 이해하는 데 큰 역할을 했다.

부용 추모 사업은 향토사가 김성렬 씨가 중심이 된 천안향토문화연구회가 1974년부터 1995년 4월까지 21년 동안 한 해도 거르지 않고 행사를 해 왔다. 이후 추모사업이 오락가락하다가 2013년부터 4월에 천안문협이 주관하여 다시 추모제를 지낸다.

실전(失傳)한 운초 김부용의 묘소를 찾게 된 사연은 1975년 중반쯤에 정비석 소설가가 「명기열전(名妓列傳」을 쓰면서 시작되었다. 그 과정에서 부용의 남편인 김이양 대감의 무덤이 고향인 천안군 광덕면에 있다는 기록 하나만 가지고 광덕면을 수 차례 답사하여 당시 광덕면 광덕리에 살면서 젊어서부터 봉조하 김이양 대감의 묘소를 관리해온 서상욱(徐相旭)씨의 도움으로 대감과 운초의 묘소를 찾았다. 당시 천안에서 동방서적을 운영하던 김성열씨 노력으로 봉분이 개축되었으며 비석도 세워졌다. 백방

42 운초 묘에 얽힌 일화.

으로 노력한 김성열씨의 덕으로 천안 문인협회와 더불어 지금은 많은 단체나 개인들이 진달래꽃이 만발하는 4월이 되면 천안 광덕산 운초의 묘를 찾아 많은 시인 묵객들이 향을 사르고 그의 시향(詩香)에 젖는다.

원래 광덕산은 '광덕사'란 절이 있어서 묘소를 쓰기엔 불가능했다. 하지만 당시 조선 최고의 벼슬 봉조하를 지냈고, 임금의 장인인 김이양대감의 권세를 막을 자는 없었다. 광덕사 대웅전 뒤로 올라가 경치 좋은, 그야말로 명당에 본부인과 합장하여 장사지냈고, 운초는 부군 묘역에서 내려다 보이는 능선 아래 묻혔다. 그러나 추상같던 권력과 명예도 허망한 세월이 흘러 자손들조차 찾지 않는 대감의 묘소엔 쓰러진 석물과 잡목만이 무성하여 지금은 그 묘소 자리조차 아는 사람이 드물다. 특히 김대감은 직계자손이 없어 더욱 그렇게 되었을 것이다.

한편 350여 수의 주옥같은 시를 남긴 운초 김부용은 다시 태어나 수많은 등산객들의 참배를 받고 있다. 명심보감에 "사람은 살아서 백 년 살기가 어렵고, 죽어서 봉분을 백 년 지키기가 어렵다"고 했지만, 김부용묘는 팬들의 정성으로 깨끗하게 잘 보존되고 있다. 태화산에서 광덕사 경내로 들어가는 길과 뒷산으로 올라가는 삼거리 오른쪽에 '조선시대 여류 시인 운초 김부용묘 가는 길'이라고 쓴 나무푯말이 흰 바탕에 검은 글씨로 씌어 있다. 산마루에 정갈한 무덤이 한 기 있는데, 그 옆 묘비에는 '시인 운초 김부용묘'라고 쓰여 있다. 무덤은 조그맣고 동그라니 예쁜 모습으로 참배객들을 맞아준다고 한다.

김부용묘

한편 350여 수의 주옥같은 시를 남긴 운초 김부용은 다시 태어나 수많은 등산객들의 참배를 받고 있다. 명심보감에 "사람은 살아서 백 년 살기가 어렵고, 죽어서 봉분을 백 년 지키기가 어렵다"고 했지만, 김부용묘는 팬들의 정성으로 깨끗하게 잘 보존되고 있다. 태화산에서 광덕사 경내로 들어가는 길과 뒷산으로 올라가는 삼거리 오른쪽에 '조선시대 여류 시인 운초 김부용묘 가는 길'이라고 쓴 나무푯말이 흰 바탕에 검은 글씨로 씌어 있다. 산마루에 정갈한 무덤이 한 기 있는데, 그 옆 묘비에는 '시인 운초 김부용묘'라고 쓰여 있다. 무덤은 조그맣고 동그라니 예쁜 모습으로 참배객들을 맞아준다고 한다.

[사진 8] 운초당시고

지금까지 조선시대 네 명의 천재 여류 시인들의 삶과 작품을 살펴보았다. 허난설헌, 이매창, 이옥봉, 김부용 이 네 명의 천재 시인들의 작품을 통해서 이들의 위대한 예술적 재능을 볼 수 있었다. 남녀 차별이 유난히 심했던 조선시대에 이만한 업적을 남긴 여성 조상님들의 시적 능력과, 진취성 및 학구적인 태도 그리고 어려움을 극복하는 지혜와 굳은 의지를 높이 평가하지 않을 수 없다.

오늘날 우리가 누리고 있는, AI로 대표되는 최첨단 과학시대에 자칫 인간성 자체를 잊어버리기 쉬운 터에 몇 백년 전의 천재 시인들이 남긴 작품을 볼 수 있다는 건 축복이다. 다만 한글이 반포된 지 2,3백년이 지난 시점에도 한글로 쓴 소설, 수필 등의 작품은 대부분 작자미상이고, 한자를 이용해 시를 쓴 한시(漢詩)만 작가의 이름을 알 수 있는 현실이 안타깝다. 그래도 이렇게 주옥 같은 한시 작품을 남겨주신 조상님들께 우선 감사하고, 이들 선각자들의 정신적 유산이 오늘날 한국이 세계적 선진국으로 우뚝 서게 해준 토대가 되지 않았을까? 하는 생각으로 이 천재들에게 머리숙여 이 책을 올린다.

참고 문헌

고견·손진식(2014), 이매창과 설도의 한시 비교 연구, 충남대 인문과학연구소.

공민식(2024), 「이옥봉 행적」의 문체적 성격 연구, 「한문학논집」 67권.

김명희(1986), 허난설헌의 시문학 연구, 동국대 박사학위논문.

김성남(2003), 許蘭雪軒, 동문선.

김지숙(2000), 허난설헌 연구, 강원대학교 석사학위논문.

김지용·김미란(1996), 운초의 시와 문학세계.

박무영(2004), 조선의 여인들: 부자유한 시대에 너무나 비범했던, 돌베개.

박영순(2024), 조선시대의 여성문인들, 역락.

박지연(2006), 이옥봉 한시 지도 방안 연구, 아주대학교 석사학위논문.

심석보(2013), 허난설헌의 한시 연구.

이광호(2011), 이옥봉 한시 연구, 강원대학교 석사학위논문.

이난희(2023), 여성 선비와 여중 군자, 다할미디어.

이숙희(1987), 허난설헌의 한시 연구, 시문사.

이은솔(2014), 맥락을 활용한 한시 정서 체험 교육방안 연구 - 이매창·유희경의 한시를 중심으로, 이화여자대학교 교육대학원 석사학위논문.

이혜순 외 6인(1999), 한국고전여성작가 연구, 태학사.

이화형(2023), 이매창, 순수서정으로 빛나다, 푸른사상사.

임기연(1992), 이옥봉 연구, 성균관대학교 석사학위논문.

정관순(1989), 이매창 한시 문학 연구, 경남대학교 석사학위논문.

진성근(1984), 이매창과 허난설헌 문학의 대비연구, 단국대학교 교육대학원 석사학위논문.

최기숙(2022), 이름 없는 여자들, 책갈피를 걸어나오다, 머메이드.

태선경(1999), 이옥봉 한시 연구, 연세대학교 석사학위논문.

허경진(1993), 운초 김부용 시선, 여강출판사.

허미자(1979), 한국여류시문학 연구, 단국대학교 박사학위논문.

허미자(1988), 이매창 연구, 성신여대 출판부.

허미자(1996), 한국여성문학연구, 태학사.

황혜경(2008), 허난설헌 한시를 통해서 본 여성의식, 국민대학교 교육대학원 석사학위논문.

저자

박영순(朴榮順)

경북 예천 출신. 현재 고려대 명예교수.
미국 일리노이대 언어학박사.
버클리대, 하버드대 객원교수 역임.
고려대학교 교수로 정년퇴임.
한국어세계화재단 이사장 역임, 현재 국제한국어교육문화재단 이사장, 국제 펜 한국본부 이사, 작가교수회 부회장.
국어학, 국어교육학 관련 저서 38권.
장편소설 4권, 단편소설집 2권, 수필집 2권, 시집 1권 출간.
수상: 손소희문학상, 세종문화상, 서울특별시문화상.
e-mail: ysp1380@naver.com

조선시대 4대 천재 여류 시인들
- 허난설헌·이매창·이옥봉·김부용의 사랑과 문학

초판1쇄 인쇄 2025년 10월 15일
초판1쇄 발행 2025년 10월 25일

지은이 박영순
펴낸이 이대현
편집 이태곤 권분옥 임애정 강윤경
디자인 안혜진 최선주 김다윤
마케팅 박태훈

펴낸곳 도서출판 역락
출판등록 1999년 4월 19일 제303-2002-000014호
주소 서울시 서초구 동광로 46길 6-6 문창빌딩 2층 (우06589)
전화 02-3409-2060
팩스 02-3409-2059
홈페이지 www.youkrackbooks.com
e-mail youkrack@hanmail.net

ISBN 979-11-7396-191-5 03810

정가는 뒤표지에 있습니다.
잘못된 책은 바꿔드립니다.